漂流児童

福祉施設の最前線をゆく

石井光太
Ishii Kota

潮出版社

漂流児童——福祉施設の最前線をゆく◆目次

装幀　Malpu Design（清水良洋）
図版　Malpu Design（宮崎萌美）

漂流児童——福祉施設の最前線をゆく

はじめに

新聞やテレビの報道では、連日のように虐待《ぎゃくたい》、難病、貧困、発達障害など児童福祉に関する問題が取り上げられている。

児童相談所に寄せられる虐待相談件数、年間約一三万件。
国内のシングルマザーの数、約一二〇万人。
一人親家庭の二組に一組、子供の六人に一人が貧困。
小中学校を長期間欠席している生徒、約二〇万人。
通常学級の生徒の一五人に一人が発達障害。

このような統計を、一度は目にしたことはあるだろう。
統計は、日本の未来に対する警告だ。メディアによってそれらが報じられる度に、政府も国民も将来に危機感を募《つの》らせ、支援に力を入れて子供たちを救おうと声を合わせる。そんなことを長らくつづけてきたはずなのに、なぜか問題は同じようにつづいている。

私はノンフィクションの書き手として、これまで児童虐待、少年事件、貧困、小児医療といった現場を巡り歩いてきた。そこで出会った子供たちの多くが、右記のような児童福祉の問題と密接なつながりをもっていた。

ある虐待家庭の子供は、貧困のただ中でご飯さえろくに食べさせてもらっていなかった。ある少年事件の犯人は、発達障害を抱えた不登校児だった。ある引きこもりの子供は、知的障害と自傷癖があった。社会から一歩外れたところに、様々な困難を抱えている子供たちがあふれていたのだ。

社会には、「レール」と呼ばれる、模範的な生き方がある。子供たちは親の愛情を受け、経済的に支えてもらい、学校で知識や経験を身につけることで、一人前の大人に成長して社会で活躍するという考えである。

社会のレールに沿って生きることが悪いとは思わない。程度の差こそあれ、大勢の人たちがレールの上を歩んで、それなりに充実した人生を過ごすことができている。人生を豊かなものにさせる方法の一つであることはたしかだ。

しかし、いつの時代にも、レールからこぼれ落ちてしまう人は一定数いる。何かしらの事情で、レールを踏み外してしまったり、他人に突き落とされてしまったり、あるいは最初からそこに乗せてもらえなかったりするのだ。

問題は、レールの上を歩く人々の目には、落ちていった子供たちの行方がほとんど映らないことだ。レールから外れた瞬間、彼らはブラックホールに吸い込まれるように見えなくなってしまう。

レールの下には、児童福祉と呼ばれるセーフティネットがかけられている。児童養護施設、少年院、フリースクール、障害児入居施設、院内学級……。こぼれ落ちた子供たちは、そういう場所に引っかかって生きていくとされているのだ。

だが、どれだけの人たちが、児童福祉の現場でくり広げられている光景を知っているだろうか。

セーフティネットでは、誰がどのように子供たちに手を差し伸べているのか。支援は本当に役に立っているのか。子供たちはどんな悩みや苦しみを抱いて生きていくことになるのか。

おそらく大半の人たちが具体的なことを知らないはずだ。

現在、児童福祉がここまで脚光を浴びているのはなぜか。社会には、格差、犯罪、病理などたくさんの問題が横たわっているが、児童福祉がそれらと根深く関わっているからだ。それは、ホームレスの三割以上が知的障害者、刑務所の受刑者の四割が中卒といった統計を引き合いに出せば、容易に明らかになるだろう。

社会問題の渦中にいる人々の中には、幼少期に不利益を被《こうむ》っている者が少なくない。逆に言えば、レールからこぼれ落ちた人々を社会がきちんと支えてこなかったことが、今の社会問題を生んでいる側面があるのだ。

こうしたことを解決していくには、児童福祉を充実させることで、子供たちの不利益を軽減させる必要がある。それには公的資金をつぎ込むようなハードとしての対策だけでなく、同じ社会で生きる私たちの理解を広めるといったソフトの対策も不可欠だ。

私は思う。まず必要なのは、私たち一人ひとりが、児童福祉について具体的に知ることなのではないか、と。そこでどのようなことが行われ、どこに課題があり、何に可能性を見いだせるのかを把握することが、レールからこぼれた子供たちの人生を光り輝かす第一歩になると考えるのだ。

これから、私はそんな信念をもって日本全国の児童福祉の現場を訪れ、レポートしていきたいと思う。

取材と執筆に当たって決めた条件の一つは、児童福祉の中でも「最前線」と呼ばれる場所に行くことだった。そこで見える現実こそが、日本が進むべき道のりを示してくれるはずだからだ。児童福祉の未来は、そのまま日本の未来なのだ。

今、子供たちに何が起きていて、社会はどうそれに向き合おうとしているのだろうか。

第一章

子供の救出

捨てられる子供たち──特別養子縁組

茨城県土浦市の土浦駅から車で五分ほど行った丘の上に、六軒の木造の平屋が二列に並んでいた。決して新しいとはいえないが、昔ながらの懐かしさを感じさせる古い家屋だ。

六軒のうち二軒は、NPO法人「Babyぽけっと」が利用する妊婦の寮だ。出産直前の妊婦たちが全国から集まってきて、お産までの期間─平均一カ月前後─身を隠すようにして生活をする場所だ。

彼女たちは普通の妊婦とは違い、何かしらの問題を抱えており、お産の前から赤ん坊を養子に出すことを決めてここに来ている。病院で無事に出産を済ますと、一度だけ赤ん坊を抱きしめてから、見ず知らずの夫婦に特別養子縁組に出す。Babyぽけっとはそんな母親と、特別養子を望む夫婦の架け橋をしているのである。

寮の奥に建つ新築の一戸建ての家が事務所だ。二〇一五年の七月一四日、私が訪れると、事務所には親と別れたばかりの三人の赤ん坊がミルクを求めて声を上げて泣いていた。明日、明後日には養親に託されることになっている。

事務所の中を代表の岡田卓子《おかだたかこ》（56歳）はミルクとオムツを持って駆け回っている。その最中にも携帯電話にはひっきりなしに電話がかかってくる。電話の主は、神奈川県川崎市に暮らす二〇歳の妊婦からだった。

彼女は妊娠三七週で、いつお産がはじまるかわからない状況だった。にもかかわらず、親に妊娠を隠したいとの一心で、これまで病院にさえ行っていないという。数カ月前に妊娠が発覚して電話で相談してきたものの、岡田の「病院へ行きなさい」という指示を無視して連絡が途絶え、出産直前になって再び助けを求めてきたのだ。

岡田は電話越しに大きな声を張り上げた。

「保険証が扶養《ふよう》家族になってるなら、どうやったって親にはバレるの。だから、ご両親にちゃんと説明して病院へ行きなさい！　相手の男性の名前を言えない事情があるなら、性犯罪に遭って妊娠したって嘘つけばいいじゃないの。それが無理なら、今すぐにでも家を出て、うちの支援者の家に泊まらせてもらって。とにかくいつ生まれるかわからないんだから、病院へ行かなきゃダメ！」

女性は嗚咽《おえつ》するばかりで、「できません」「考えてみます」とくり返すばかりで電話を切っては、またしばらくして泣きながらかけてくる。出産が迫ってパニックに陥り、どうしていいかわからなくなっているのだろう。

岡田がため息をついて生後五日の赤ん坊にミルクをあげていると、再度女性から電話がかかってくる。やはり親に説明はできないし、支援者の家に泊まれば親に怪しまれるので家から離れられないという。

岡田は声を荒らげた。

「あんた、いま赤ちゃんが生まれたら、どうするつもりなの！　あんたが死んじゃうかもしれないのよ。赤ちゃんだって死んじゃう。そしたら誰がどうやって責任とるのよ！」

こうしたやりとりが、朝から晩まで、すでに二日間もつづいているのだ。その間にもお産は刻一刻と近づいてくる。

私はその光景を見ながら、少し前に岡田がこう漏らしたのを思い出した。

「うちに駆け込んでくる女性は、常識の通じない子がすごく多いのよ。時には見捨てたい気持ちになるけど、赤ちゃんの命もかかってるからね。それに、彼女たちもうちしか行き先がないから」

現代社会の中で、行き場のなくなった妊婦と胎児。それを受け止めるのが、彼女の役割なのだ。

二〇一五年、Ｂａｂｙぽけっとは創設五周年を迎えた。近年国内では特別養子縁組を仲介する団体は少しずつ増えてきており、全国に一九団体（取材時。以下同）あるといわれている。

多くの団体が財団などから助成金をもらっているのに対し、Ｂａｂｙぽけっとは「活動の制約を受けたくない」という理由で、これまでずっと自前で運営してきた。

全国に広がる会員を「北陸ブロック」「関東ブロック」「中部ブロック」など地域ごとに分けてまとめてボランティア・スタッフに支えてもらい、一人五〇〇〇円の年会費を運営資金に充ている。職員が組織を運営するというより、会員たちみんなで協力して支える仕組みだ。
その信頼は厚く、常に三〇組前後の夫婦が養子を求めて待機しており、去年だけで七一件の特別養子縁組を行った。全国での特別養子縁組の成立件数が、毎年三〇〇件〜四〇〇件台ということを考えると、少なくない数である。

図① 特別養子縁組と普通養子縁組の違い

普通養子縁組		特別養子縁組
「家」の存続など、主に当事者の都合により子どもを迎え入れるため	目的	実親が子どもを育てることが著しく困難な場合に子供の福祉を守るため
基本的に当事者と親権者間による契約	成立	裁判所に申し立てを行い、審判の結果認められた場合
制限なし	養子の年齢	原則、裁判所申し立て時点で6歳未満
成年または婚姻している未成年 成年の場合は未婚でも可	養親の年齢	婚姻している夫婦で、一方が25歳以上
実親と養親の2組の親を持つ。養子は養親の姓を名乗る	実親との関係	養親だけが親子の関係となる 養子は養親の姓を名乗る
実親と養親の両方の名前を記載 書面には「養子」「養女」と記載	戸籍上の続柄	養親のみ記載される 書面には「長男」「長女」と記載
実親と養親の2組の扶養義務、相続権を持つ	相続	養親のみの扶養義務、相続権を持つ
養父母または15歳以上の養子の協議でいつでも可能	離縁	原則として離縁はできない ただし、養親の虐待などがあれば、養子、実親、検査官の請求により離縁できる
特になし	養育試験期間	6か月以上
実親のまま	親権	養親に変わる。法律上、実親との縁は切れる
縁組事項について記載	身分事項欄	養子縁組の記載なし 民法817条の2と記載される

「Babyぽけっと」HPを参考に作成

留意したいのが、Ｂａｂｙぽけっとが行う「特別養子縁組」は、一般に知られている「普通養子縁組」とは異なるという点だ。

普通養子は、実親との親子関係を残したまま、養子として別の家庭に入る制度である。たとえば、跡継ぎのいない農家に、親戚の四番目の子供が養子として入るようなケースだ。子供は農家の養子でありながら、実親の子供でもあるため、二つの家の相続権をもつことができる。

一方、特別養子縁組は、より福祉としての意味合いが濃い。親に育児を放棄された子供が、別の夫婦に引き取られて実子として育てられる時につかわれる制度だ。六歳未満の子供が対象で、養親は家庭裁判所で特定の手続きを経て、子供の実親との親子関係を解消させ、自分たちの子供として迎え入れる。この場合、子供は実親との相続権が解消され、養親との相続権だけをもつことになる。

Ｂａｂｙぽけっとに集まる妊婦たちは、子供を手放すだけあって、それぞれ特殊な事情を抱えている。彼女たちはどういう経緯でここにやってきたのか。

現在、寮で暮らす三人の女性を紹介したい。（以下仮名）

伊坂万里阿（19歳）

出産予定日は、二週間後。長い黒髪で、細身の目鼻立ちのくっきりした女の子。

栃木県高根沢町の一軒家で、六人きょうだいの三番目として生まれ育った。高校三年の時、同じ学年の恋人と交際中に生理が来なくなったことに気づく。卒業が目前だったのに加え、妊娠を信じたくない気持ちから、誰にも言わず現実から目をそらしていた。

卒業後も生理は止まっていたため、六月に病院へ行ったところ妊娠が発覚した。付き合っていた男性からは「中絶してほしい」と言われたが、すでに妊娠九カ月にさしかかっていて、法的に不可能だった。

万里阿が産むしかないと答えると、彼は「俺のせいでおまえの人生を台なしにしちゃった。ごめん」と泣くばかりで、結婚しようとも、養育費を払うとも言わなかった。何度問い詰めても、責任をとる意志を示さない。

万里阿は愛想を尽かして彼と別れ、自分一人で何とかしようと、インターネットでＢａｂｙぽけっとを探し当てて連絡した。岡田からは未成年であるために親の承諾が必要と言われた。未成年の場合は特別養子縁組によって本人の戸籍から子供の名前を消しても、祖父母の戸籍には「孫」として載ってしまうので黙っているわけにはいかないし、出産の際に保険証を提出しなければならないからだ。

彼女は渋々母に打ち明けた。母はこう答えた。

「仕方ないね。彼氏も若いから責任をとりたくないんでしょ。もう責めたってどうしようもないわ。今ならやり直しがきくから、産んで養子に出しなさい」

こうして万里阿は出産一カ月前にＢａｂｙぽけっとの寮に入った。元恋人とはもう連絡さえ取っていないという。

彼女は次のように語った。

「彼氏は泣いてばかりで何にも役に立たないから『もういいや』って思いました。養子に出すことも知らないはずです。Ｂａｂｙぽけっとに来たのは、地元の人に知られたくないから。バレなければ、何もなかったこととしてやっていけます」

吉野未夢（23歳）

出産予定日は三週間後。肥満体型。

岩手県一関市で生まれたものの、間もなく母親が病死。自営業の父のもとで、弟と三人で暮らした。

地元の高校卒業後、元同級生に「デリヘル（デリバリーヘルス）で働かないか」と誘われて、二年間盛岡で風俗嬢として働く。だが、想像していたより客がつかず、儲けもよくなかった。そこで、彼女は東京へ行ってデリヘル嬢をしている女性の誘いで、鶯谷《うぐいすだに》のデリバリーヘルスに勤めることにした。

新しい店は、客がコンドームをせずに膣内射精ができるサービスを売りにしていた。鶯谷の風俗は競争が激しく、肥満で美人とは言い難い女性が働くには、過剰なサービスが要求されるのだ。料金は六〇分で一万一〇〇〇円、月の稼ぎは三〇万〜五〇万円だった。

上京後、ネットで知り合ったホストと同棲をはじめ、ピルを服用することなく毎日二、三人の客を取っていた。本人にはまったく危機感はなく、「これまで避妊しなくても妊娠しなかったから、私は大丈夫って思っていた」という。

二〇一五年に入って、妊娠していることがわかった。客の子なのか、恋人の子なのかさえわからず、その時すでに妊娠八カ月になっていた。つわりもなく、かなりの肥満体だったので、その時期まで妊娠に気づかなかったらしい。

当時、彼女はホストをしている同棲相手からDVを受けていたこともあり、自宅では産めないと判断。故郷の友人に相談したところ、Ｂａｂｙぽけっとの存在を教えられた。そしてアパートから逃げ出し、予定日の一カ月半前から寮に入ったのである。

出産後のことについて彼女はこう語った。

「とりあえず、子供を特別養子に出した後は、もう一回、東京の彼氏のところにもどろうと思います。どうするかはこれから考えます」

佐久間愛華（19歳）

出産予定日は当日。小太りの茶髪の女の子。

千葉県船橋市で生まれ、母子家庭の一人娘として育った。幼い頃は東京と千葉を転々と引っ越しして暮らす日々だった。

地元の公立高校へ通っていたが、単位が足りずに三年生の卒業間際に中退。その後は高校時代から付き合っていた八歳上の建設関係の仕事をする男性と時々会いながら、テレアポのバイトをしていた。

ある日、彼女はしばらく生理がないことが気になり、検査をしたところ妊娠が発覚した。恋人に話すと、最初は結婚しようと言ってくれたが、なかなか話が進まない。不安になって、どうするのかと尋ねると、はぐらかすような回答しかしない。

愛華は怒った。

「結婚するって言ったのに何でごまかしてばかりなの！　もうすぐ子供が生まれるんだよ！」

あろうことか、男性は逆上した。

「おまえみたいな怒りっぽい奴とは結婚できない。もう別れる！」

そしてそのまま行方をくらましてしまったのである。

愛華は堕胎《だたい》しようと病院へ行ったものの、すでに中絶可能な二二週が過ぎてしまっていた。一人で子供を産んで育てることはできない。母親に相談するも、自分もシングルマザーなので育児は手伝えないと言われた。

困ってネットで調べたところ、Ｂａｂｙぽけっとが検索で引っかかった。母親に相談すると、次のように言われた。

「この際、しょうがないんじゃない？　そこで何から何まで面倒みてくれるなら、行って特別養子に出せばいいよ」

そして彼女は親の同意を得て、Ｂａｂｙぽけっとの寮に入ることにした。

女性を支える

Ｂａｂｙぽけっとの寮は、ウイークリーマンションのようなところだ。キッチン、冷蔵庫、洗濯機、布団など生活に必要なものは一通りそろっている。その他、マタニティーウエアや妊婦用の雑誌などもあり、陣痛が来れば提携している病院へ連れていってもらってお産をする。出産に必要な物はすべて用意されているのだ。

しかし、女性たちがそこで出産の日までちゃんと過ごせるかといわれれば、必ずしもそうではない。彼女たちは一〇代の半ばでずっと親のすねをかじってきていたり、長年風俗店で働いていたりしていて、生活能力がないことも珍しくない。アイロンを使う、お風呂にお湯を張る、使用したお皿を洗う、といった当たり前のことができないのである。

たとえば、前出の佐久間愛華は、衣服をまともに洗う習慣がなく、体から異臭を漂わせていた上、お米の炊き方や、洗濯機の回し方を知らなかった。これまでどうやって暮らしていたのかと尋ねると、家庭が荒《すさ》んでいて親に食事をつくってもらったことがなく、幼少期から毎日コンビニの弁当やお菓子だけで腹を満たしてきたという。

また、こうした女性たちは、出産そのものに対する知識にも乏しい。陣痛が来て赤ん坊が出てくるくらいのことしか知らず、帝王切開とか、後産といった言葉の意味がわかっていない。そもそも、特別養子縁組という言葉自体、Ｂａｂｙぽけっとを知って初めて聞いたという子がほとんどだ。

寮でそんな女性たちの相談役となっているのが、Babyぽけっとのスタッフである奥田幸世（30歳）だ。平日は都内の企業で働きつつ、休みの日だけ土浦の事務所に泊まって手伝いをしている。

奥田は言う。

「ここに来る女の子の多くが、社会でうまく生きられない子たちです。インターネットカフェを転々として売春をしていて妊娠をした子とか、虐待の常習犯なのに三回も四回も妊娠している子とか、知的にちょっと弱いかなという子とか。なので、八割くらいの子は、生活能力というか、社会で生きていく能力に乏しいと考えた方がいいかもしれません。逆に言えば、そういう子だからこそ、男性にだまされて捨てられたり、父親のわからない赤ちゃんを何度も身ごもってしまったりするんです。Babyぽけっとは特別養子縁組の団体ですが、こうした実母をきちんと支えて無事に出産まで運んでいくことが求められているのです」

そもそも事情があるからこそ、彼女たちは家でなく、寮にやってきて子供を産もうとするのだ。

普通養子縁組は「家の存続」を目的としていることが多いが、特別養子縁組は「子供の福祉」を守るためにつくられたものだ。そういう意味では、Babyぽけっとが母親ともども支えていかなければならないというのは納得できる。

女性たちから奥田に寄せられる相談内容もそれを反映している。

「女性たちから受ける相談で多いのがＤＶですね。彼氏や夫に暴力を受けていて、それでうちの寮に逃げてきた、あるいは、出産したら帰らなければいけないけど、彼氏や夫のＤＶが怖いからどうすればいいか、といった内容です。結局、どこにも居場所がない子たちばかりなんです」

経済的な相談もよくもちかけられる。

「みんな、お金がありませんね。ずっとホームレスみたいな生活をしていて無一文で転がり込んでくる子も結構います。親がいても、毒親で、まったく支援してもらえないというケースもあるかな。駆け込み寺みたいなものですよ。そういう場合は、会員からの会費や、養親からの支援によって生活費を賄います。困るのは、借金があること。カードローンを何十万円も抱えていたりすると、そっちの面倒まで見なければならなくなります。それも含めての支援なんですよ」

なぜそこまでして実母を支援するのか。

「女性たちも犠牲者ですし、何より子供の幸せが一番です。子供を産むしかないのだとしたら、その子をどうすれば幸せになるかということを一番に考えなければなりません。そのためには、実母を批判するのではなく、きちんとサポートして、特別養子縁組へ導いてあげることが大切なんです」

実は、奥田自身、ここで暮らして赤ん坊を産み、特別養子縁組に出した「ＯＧ」なのである。

奥田は某国立大学を出て企業に就職していたが、バーで知りあった四〇代の男と恋仲になったことで、人生の歯車が狂ったという。羽振りがよく、口のうまい男性だったこともあって同棲したところ、少しして妊娠した。当初は結婚して出産するつもりだった。

だが、妊娠によって体調を崩し、いったん別々に暮らすことにした。するとある日、警察が家にやってきて男性が犯罪者だと教えられた。彼は元々組織売春の元締で、今は中国マフィアと組んでオレオレ詐欺をしているのだという。

警察の話を聞くと、これまで奥田が聞いていた名前や年齢や仕事などはすべて偽りだった。慌てて連絡を取ったが、警察の追跡を察知して解約したらしく、つながらなかった。彼女は失意の底に叩き落とされ、父親のいない子供を産んで育てるわけにいかないと判断し、Ｂａｂｙぽけっとの門を叩いた。

奥田はお産をした時のことをこう語る。

「養子に出す前夜、私は二時間ぐらい赤ちゃんを抱かせてもらいました。涙が出て止まらなかったですね。ごめんね、でも幸せになってねって何度も声をかけました。ちゃんと愛情をもって送り出せたのはよかったと思っています」

Ｂａｂｙぽけっとでは、養子に出す前、女性たちに一度だけ赤ん坊を抱いてから別れることにしてもらっている。どんな事情であれ、女性がわが子を抱けば小さな命の尊さを感じて涙を流すことを知っているからだ。

子供はいつの日か、自分が養子であることを知る日が来る。その時、実の母が別れを惜しんで涙を流して養子に出したのだと知るのと知らないのとでは大きな違いがある。後年、母の涙は、その子にとって掛け替えのない出来事になるはずだ。

奥田はつづける。

「私は自分の子供を育てられませんでしたけど、今でも愛おしく思っています。どんな命でもみんなすばらしい。だからこそ、ここで子供たちが幸せになるためのお手伝いをさせていただいているんです」

この世のすべての命が祝福されて生まれるとは限らない。しかし、たとえ手放すことになっても、できるだけ良い形で送り出すことは可能だ。

それを実現するには、特別養子縁組をきちんと理解し、赤ん坊一人ひとりに当てはめた対応を取り、かつアフターケアができる態勢がなければならない。それがあって初めて赤ん坊は幸せな人生を歩んでいくことができる。

土浦の丘の上で行われているＢａｂｙぽけっとの営みは、まさにそうしたものなのである。

設立の経緯

Ｂａｂｙぽけっとの活動範囲は、特別養子縁組から母親支援までと幅広い。逆に言えば、それだけ活動に膨大な労力がかかっているということだ。代表の岡田は、なぜそのような団体を設立してまで特別養子縁組の普及に力を入れているのか。

それは、岡田自身が養子を育てていることが大きい。

一九五九年、岡田はＢａｂｙぽけっとの本部がある茨城県土浦市で生まれた。地元の学校を出て働き、結婚をして家庭をもったが、子宝に恵まれなかった。

ある日、岡田はひょんなことから近所に暮らす不法滞在のタイ人ホステスが産んだ赤ん坊を預かることになった。彼女は夜の仕事に忙殺されて面倒を見ることができなかったため、夜間だけ岡田が預かってわが子のようにかわいがったのだ。

朝になってタイ人ホステスが迎えに来ると、その子は「おかえり、ママ！」と家を飛び出していった。岡田は、その子の後ろ姿を見る度に寂しさを感じた。三年間、岡田は母親になり代わって世話をしたが、タイ人ホステスは新しい男を見つけて子供を連れて新潟県へ引っ越してしまった。

この経験から、岡田はこれまで以上に子供を育てたいという気持ちが膨らんだ。妊娠できないなら、養子を迎えるしかない。悩んだ末に児童相談所で里親登録をしたが、すでに四〇組が待機していて、自分の番が回ってくるまで何年かかるかわからなかった。

ある日、知り合いから言われた。

「どうせ養子をもらうなら、小学生くらいの子より、生まれたばかりの新生児にした方がいいんじゃない？」

聞くと、広島県に「ベビー救済協会」という団体があり、主に新生児を養子として出すサポートをしているという。

二〇〇〇年の五月、岡田はここへ里親希望の手紙を送ったところ、会長の景山浄子から返事があり、広島まで面接に行くことになった。

面会で、景山はこう言った。

「あんたを気に入った。五日後に長崎県で女の子の赤ちゃんが生まれる予定だから、その子をあげるわ」

岡田は急なことで戸惑った。だが、これを逃したら次はないかもしれないと考え、土浦市に帰って家族を説得し、夜行バスと電車を乗り継いで長崎県の小さな産婦人科医院を訪れた。

産婦人科医院では、すでに女の子が無事に生まれていた。景山は約束通りその子を岡田に渡した。実母については一切教えられなかったが、病院の玄関で後ろ姿を見たところ、水商売風の格好をしている女性だった。

岡田は土浦の家に養子を連れ帰って育てたが、これをきっかけにベビー救済協会の手伝いをすることになった。自分と同じ境遇の夫婦の手助けをしたいという気持ちから、茨城県内の養子をほしがっている夫婦を見つけては景山に紹介したのだ。育児で多忙な中、二年間で七組の夫婦の特別養子縁組の仲介をした。

二〇〇三年、岡田はこうした経験を活かそうと、ベビー救済協会から独立する形で特別養子縁組の団体「ママス&パパス」を設立した。景山が高齢だったことに加えて、運営方法に疑問を抱いていたことも一因だった。

ママス&パパスは間もなく軌道に乗ったものの、アメリカの夫婦への国際養子縁組が半分以上を占めるようになった。また運営に当たっていた仲間たちとの関係もうまくいかなくなった。五年目のある日、彼女は団体を自ら辞した。

二〇一〇年、岡田がもう一度ゼロからスタートしようと決意して立ち上げたのが、Ｂａｂｙぽけっとだった。実家が所有していた建物を、女性たちの寮として貸し出したところ、全国から訳ありの女性たちが集まってきた。

Ｂａｂｙぽけっとの会員は瞬《また》く間に全国に広がり、名古屋に支部もでき、協力病院も七つに増えた。二〇一五年六月に茨城県内のホテルで行われた五回目のシンポジウムと懇親会では、養親や実母やオブザーバーなど合わせて五〇〇名を超す人々が集まるほどの盛況ぶりだった。

このように書くと、あっという間に成功を収めたように思えるかもしれない。だが、一から一〇まで順風満帆に物事が進んできたわけではなく、事例を一つひとつ見れば立ちはだかる壁は数知れない。

実際、寮にやってくる女性は、高校を中退して売春した末に妊娠したり、不倫相手の子供を身ごもってしまったりと、それぞれ込み入った事情を抱えている。彼女たちの多くは、妊娠期間中にこれまでの人生を悔やみ、新たにやり直そうとして巣立っていく。奥田のように、子供たちの幸せを願って、ここのスタッフとなる者もいる。

岡田はそうした女性たちの背中を見ながら、次こそ幸せをつかんでほしいと願う。だが、ごく稀《まれ》にその気持ちを裏切るように、女性が悲しい事件を引き起こしてしまうことがある。

二〇代前半の近藤保奈美（仮名）もその一人だった。保奈美は厳格な家庭で育ち、親との折り合いの悪さから家出をして、風俗で働いていた。そんなある日、客の子供を身ごもってしまい、出産一週間前にBａｂｙぽけっとに駆け込んできたのである。

保奈美は岡田に支えられながら、病院で無事にお産をした。数日後、岡田は病院に駆けつけた保奈美の母親とともに、赤ん坊を特別養子縁組に出すための書類にサインをしてもらおうとした。だが、保奈美はペンを握ったままサインをしようとせず、生まれたばかりの子を愛おしそうに見つめていた。

「本当は育てたいんじゃない？」

岡田がそう尋ねると、保奈美はうなずいて泣きだした。母親も、「娘が育てると言うなら、うちで引き取ります」と言った。実家には祖父母も同居して子育てを手伝ってもらえるという。岡田は可能ならば実母のもとに置いた方がいいと判断し、保奈美に赤ん坊を引き取らせることにした。

それから数カ月して、事件が起きた。保奈美が連れ帰ったはずの赤ん坊が殺害されたのだ。聞いたところによれば、保奈美は実家に帰ったものの、赤ん坊を抱いて再び家出をして、渋谷の風俗店で働きはじめた。勤務中の世話を同僚に頼んだところ、その同僚が「苦しむのが面白かった」と言って赤ん坊の首を絞める虐待をし、窒息死させたのである。

岡田は愕然《がくぜん》とした。良かれと思って下した判断が、最悪の結果を招いたのだ。悔やんでも悔やみきれない一件だった。

このようにBａｂｙぽけっとは、数々の困難にぶつかりながら母親から赤ん坊を引き取り、特別養子縁組に出す事業を行っている。妊娠から出産の間までにどのような事情があったにせよ、生まれてきた赤ん坊には幸せな人生を歩いていく権利があるし、引き取った養親には子供を大事に育てていく責任がある。岡田はそんな気持ちで活動してきたのだ。

Ｂａｂｙぽけっとに養子を望んで会員登録するのは、不妊治療を経ても子供を授かれなかったり、病気で卵巣摘出をしていたりする夫婦だ。会員の数は多いが、養子の数も多いので、通常登録して数カ月から一年以内ぐらいには養子を迎えることになる。

しかし、すべての夫婦が無条件に会員として迎え入れられるわけではない。原則として適切な養育が可能と思われる四〇代半ばまでの夫婦であり、きちんと収入のある職業についていることが条件となる。

夫婦は説明会や面接を経て登録手続きを完了させると、あとは岡田から養子が生まれたという電話がかかってくるのを待つ。特に順番が決められているわけではなく、住まいや家庭環境などを考えて決められる。たとえば実母が愛知県に住んでいるから、赤ん坊は宮城県の会員に養子に出そうというように。

会員は養子を待望しているので、岡田から電話がかかってくると喜んで大騒ぎになる。夫婦の中には、興奮のあまり電話での会話を忘れて後でかけ直してくる者もいるほどだ。だが、稀にそうでないケースもある。養子が障害児だと告げた時、会員が引き取りに難色を示すことがあるのだ。

昨年養子に出した七一人の赤ん坊のうち、三人の子供には口唇《こうしん》口蓋裂《こうがいれつ》や指の先天性奇形などの障害があった。障害の発生率を考えれば、それぐらいは自然だろう。

Ｂａｂｙぽけっとでは、会員登録の際に性別や障害にかかわらず、どのような子であっても養子として引き取って育てるという誓約書にサインをしてもらう。夫婦が自然に赤ん坊を授かれば、性別や障害の有無を選ぶことはできないし、三歳、四歳になって障害が判明することもある。特別養子縁組だけが例外であってはならない。会員はみな、それをわかっているはずだが、いざ障害児だと告げられると態度を翻《ひるがえ》すことがあるという。

今年に入ってこんなことがあった。

四〇代の女性が電話をかけてきて、経済的理由から赤ん坊を育てられないが、中絶するのもかわいそうなので、養子に出したいと言う。岡田は事情を汲《く》んで承諾した。妊娠八カ月の時、彼女のお腹の赤ん坊がダウン症だと判明した。生まれてきた子は、やはりダウン症だった。

岡田は悩んだ末に、「この夫婦なら気にしないだろう」と思った会員を選んで電話をかけた。

「養子に出す赤ちゃんが生まれました。ダウン症ですが元気です。お約束通り養子として引き取っていただけないでしょうか」

夫婦は即答を避けた。そして後日、「普通の、、、クラスに入れられない子はちょっと」と断ってきた。岡田は、普通のクラスに入れるかどうかなんて今の時点ではわかるわけがないだろ、と言いたいのをこらえ、電話を切った。

岡田は仕方なく別の夫婦へ同じような電話をかけたが、四組つづけて断ってきた。みな誓約書にサインしているはずなのに、「夫の兄が反対している」とか「最初から障害だとわかっているのは難しい」と口実をつけてくるのだ。

岡田は断られるのを覚悟して東北に暮らす五組目の夫婦に電話をかけた。何年も不妊治療をして、海外で代理母出産を試みても子供を授かれなかった夫婦だった。夫人は岡田から事情を聞くと、こう答えた。

「ありがとうございます。私たちはどんな赤ちゃんだって歓迎です。だって、私は病気の子さえ産めないんですから」

岡田は、この夫婦の下ならきっと赤ん坊は幸せになると思って、涙がこぼれそうになったという。

この事例からわかるように、特別養子縁組を仲介しようとすれば、障害児の問題を避けて通ることはできない。夫婦が承諾しても、その親やきょうだいが「おまえたちが死んだら誰が面倒を見るんだ」と猛反対することもある。

岡田は語る。

「うちとしては拒否する夫婦に無理やり押しつけることはしませんが、契約を破ることになるので、断れば退会してもらいます。でも、全員が断るわけじゃありませんよ。以前、あるダウン症の子を引き取った夫婦は、『兄がダウン症だったので気にしません』と言ってくださいました。去年生まれた、指に先天性奇形がある子を引き取った夫婦は、『うちの親に話したら、親から〝おまえだって障害があるかもしれないって医者から言われて生まれてきたんだぞ〟って教えられました』って言ってくださいました。特別養子縁組って、こういう夫婦の良心によって成り立っているんです」

赤ん坊を迎える

取材の最終日、神奈川県藤沢市で行われた赤ん坊の引き渡しに同行した。初日に何度も電話をかけてきた川崎市在住の実母は、岡田の説得によって出産まで支援者の家に身を寄せることになった。それが一段落した直後、岡田は別の赤ん坊を抱いて養親のもとへ向かったのである。

赤ん坊を特別養子として渡す際、原則として岡田が直接立ち会うことにしている。育児のノウハウを教えたり、今後の手続きについての注意事項を伝えたりする必要があるからだというが、一番の理由は養親の手に渡される赤ん坊の姿を目に焼きつけたいからだ。

この日、岡田は土浦から電車で三時間かけて藤沢市に暮らす四〇歳の黒澤夫婦（仮名）のもとを訪れることになっていた。生後五日の養子は、山梨県在住のシングルマザーが別れた恋人との間につくった女の子だった。

藤沢駅に到着すると、改札口で黒澤夫婦が目を輝かせて待っていた。夫婦は岡田の姿を見つけると手を振って駆け寄ってくる。岡田が抱いている子を見た途端、涙を浮かべて「かわいい」「よく来たね」と語りかける。夫婦は何年も不妊治療をしたが子供ができず、養子をもらう決断をしたのだという。実子でないにせよ、初めて見る我が子の姿には感じるものがあったのだろう。

この日、黒澤夫婦のマンションでは、両方の両親も駆けつけて赤ん坊の歓迎パーティーが開かれた。集まった人たちはみんな目を潤ませ、代わる代わる赤ん坊を抱いては写真を撮ったり、しゃべりかけたりしていた。

傍《はた》から見ていると、夫は嬉しさのあまり地に足がつかないようだった。子供の顔を見るのに夢中で、岡田が沐浴やミルクのあげ方を教えてもろくに耳を傾けずに失敗ばかりして、妻に「教えてもらっているんだから、ちゃんとやって」と注意される始末だ。

幸せに満ちた光景を前にしていたが、私の胸には一つ気がかりなことがあった。夫婦は、赤ん坊が自分たちとまったく血がつながっていないことを不安には思っていないのだろうか。たとえば、遺伝などについての懸念は抱かないのだろうか。

そんな私の気持ちをかき消したのは、夫の一言だった。夫は赤ん坊を抱いて顔をまじまじと見つめて、こう言ったのだ。

「この子、俺にすごい似てるよ！　目とか頭の形とかそっくり」

隣にいた妻が微笑んで答えた。

「ほんとだ。一緒に過ごすとどんどん似るっていうから、瓜二つになるかもよ！」

夫婦と赤ん坊に血のつながりはない。それでも、二人にはそう見えたのだ。

私はこのやりとりを聞いて、特別養子縁組の一面に触れた気がした。

黒澤夫婦にまったく不安がないといえば嘘だろう。だが、子供がどう成長するかは誰にもわからないし、それは血のつながった実の子にしたって同じことなのだ。大切なのは、親として子供に対して愛情を抱き、それを惜しみなく注ぐことだ。

——この子、俺にすごい似てるよ！

その言葉を聞いた時、夫婦が実の親と変わらない愛情を赤ん坊に抱いていることを認めずにいられなかった。

岡田は、そんな黒澤夫婦の楽しそうなやりとりを微笑みながら見つめている。きっとこんな光景を見たくて必死に活動しているのだろう。

私は、黒澤夫婦に抱かれた赤ん坊の幸せを、心から祈った。

（二〇一五年七月取材）

母と子の逃避——母子生活支援施設

京都府京都市内の住宅街に、コンクリート四階建ての集合住宅がある。ベランダには、布団や子供の服がたくさん干してあり、中から子供たちの遊ぶ楽しそうな声が聞こえてくる。通りから一見する限りは、府営住宅か、少し古めの社宅にしか見えない。

だが、注意すると、この建物には不自然なところがある。入り口が見当たらないのだ。ぐるっと一周してみても、隣接する病院や保育所に挟まれていて、建物につながる通路がどこにあるのかわからない。

それもそのはず。ここは、「野菊荘《のぎくそう》」という母子生活支援施設（旧・母子寮）なのである。母子生活支援施設は、母親が一八歳未満の子供とともに保護と支援を受けながら自立の準備が整うまで暮らす施設である。

もとは戦中に戦災未亡人とその子供を保護する施設としてスタートした。だが、戦災被害者が減るにつれ、代わりに病気で夫を失った母子家庭を引き受けるようになり、ここ三〇年ぐらいは夫のＤＶから逃げてくる母子の保護が主な目的となり、現在は七～八割がＤＶ被害者となっている。

野菊荘の入り口が見当たらないのは、こうした背景による。入居者の中には夫や借金取りに追われている者もいるため、施設は外部の人が簡単には侵入できないよう、入り口をわかりにくくしているのである。

私は施設の職員に電話をかけ、道順を教えてもらってようやく敷地内に入ることができた。

建物の一階の玄関の横には、職員用の事務所が設けられている。ここには母子支援員や児童支援員が常駐していて、母親の相談や子育て支援を行っているのだという。

同じフロアには面談室、学童室、談話スペースもあり、二階から上が入居者の暮らす住居になっている。施設の中を案内してくれたのは、主任の熊谷今日子（38歳）だ。

彼女は入り口についている監視カメラを指さして言った。

「うちには全部で八つの監視カメラが設置されています。ＤＶで逃げている母子のもとに、夫が殴り込みにくるなんてことがあって、施設内で夫による傷害事件が起きたこともありました。それで監視カメラを取り付けた他、警察へのホットラインなども備えられているんです」

暴力をふるう夫が押し入ってくれば、母子だけではひとたまりもない。セキュリティー対策はＤＶ被害者にとって何より重要なのだ。

玄関の正面の談話スペースでは、ここに暮らす子供たちが集まっておしゃべりをしていた。熊谷に気づくと、親しげに話しかけてくる。

「ここには２ＤＫと３ＤＫの部屋が全部で三〇室あります。一部屋に一世帯が暮らしていて、炊事も洗濯も各家庭で別々。とはいえ、子供たちはみな同じ学校へ行っていますし、学童室でも毎日顔を合わせますので、お互いの距離は近いですね」

廊下を奥へ進んで学童室をのぞくと、一〇人ほどの子供たちが職員数人と一緒に鬼ごっこをしていた。彼らは私を見るなり元気な口調で「こんにちは！」と挨拶をしてくる。

熊谷は言う。

「母親はみんなここの建物で暮らしています。でも、メンタルの問題などでずっと子供の面倒をみるのがつらいという人もいますので、そういう家庭の子供は学童室で職員が相手をすることになります」

いわば、集合住宅と子供家庭支援センター、それに学童保育などが一緒になった場所だと言えるだろう。

施設を一通り案内してもらった後、私は一階の面談室で理事長の芹澤出《せりざわいずる》（55歳）に話を聞くことになった。芹澤は民間企業の出身で、一九八八年にここに移って以来、約三〇年にわたって子育て支援に携わってきた人物だ。

芹澤は語る。

「野菊荘は、戦時中の一九四二年に設立されてからずっと母子支援をしてきましたが、今の母子家庭には貧困、ＤＶ、精神疾患、障害などいくつもの問題があります。うちは母子生活支援施設の他、一時保護のためのシェルター、ＤＶ相談支援センター、児童館の運営もしています。多面的な支援でなければ、今日の複雑なニーズには応えられないからです」

現場の仕事についてはこう述べる。

「母子生活支援施設は、母子を保護して生活や養育の支援をするのが役目です。現実には、母親に仕事がなかったり、着の身着のままで逃げてきたりするので、生活はゼロというよりマイナスからの出発です。仕事についている人もほとんどいません。申請中も含めれば、うちでは八五％以上が生活保護世帯ですね」

ただし、現場の支援を困難にするのは、金銭的な問題よりもむしろ母子の精神的な問題だという。

「ＤＶ被害の女性は、精神に深い傷を負っているケースが多いんです。そのせいで生活が困難になっている人もいる。そういう母子はここに来たからといって、すぐに普通に暮らしていけるわけではありません。私たちの役割は、そうした人たちがまず正常に生活していけるようになる支援をすることなのです」

夫の激しいＤＶを一〇年、一五年と受けつづけてきた女性は、極度の恐怖にさらされてきたことで自己決定能力やコミュニケーション能力を失ったり、うつ症状やＰＴＳＤ（心的外傷後ストレス障害）を発症していたりする。職員はそういう女性たちを適切に医療につないだ上で、平穏な日常を少しずつ取りもどさせていく。

同じことは、子供にも当てはまる。彼らも父親から長年にわたって暴力を受けてきたことによって、他人を信頼する、夢を抱くといったことができなくなっている。常に緊張を強いられ、父親が暴力ですべてを解決しているのを見てきているため、攻撃的な性格にもなりやすい。

芹澤が覚えているのは、父親から長年にわたって虐待を受けてきた男の子だ。

その男の子は精神的に極限まで追いつめられ、ある日父親を殺そうと刃物をもち出したことがあった。母親が間一髪のところで取り押さえて福祉事務所に相談し、野菊荘で暮らすことになった。

男の子は、野菊荘に来ても精神が安定しなかった。部屋に引きこもって、他人をみんな敵のように思って一切関わろうとしないのだ。

職員が時間をかけて説得し、ようやく外出できるようになると、今度は夜中に包丁を握りしめて徘徊《はいかい》したり、無抵抗の子供に襲いかかって大怪我を負わせたりという奇行をくり返した。そのため、職員は二四時間体制で対応して、保健センターや精神科医、警察に協力を求めながら、何年にもわたって支援を行うことになった。

「私たちの仕事は、こういう母子が社会で生きていけるための基盤づくりをすることです。ただ、母子が抱えている問題は精神的なものから派生して、金銭、病理、暴力など多岐にわたります。一面的な支援だけでは限界があるので、学校、心理士、病院、弁護士、児童相談所、警察などあらゆるところと連携を取っていかなければなりません。そういう意味では、プライバシーを重んじながら、関係機関と密接に連携していなければいけないのです」

芹澤はさらにつづける。

「もう一つ私たちが直面する現実が、知的障害や精神障害のある母親に対する支援ですね。彼女たちにとって、子育ては容易ではありません。二四時間にわたる乳飲み子の養育や、イヤイヤ期の第一次反抗期の子供の養育は、普通の母親でも大変です。障害のある母親たちは、それ以上に困難です。中には育児がうまくできず、児童虐待やネグレクト（育児放棄）をしてしまうこともある。そういうことにならないように、正しい方向へ導いてあげなければならないのです」

野菊荘で暮らす母親の中には、知的・精神障害を抱えている母親や子供が少なくない。母親で言えば、三〇人中一二人が精神科に通院しており、療育手帳や精神障害者保健福祉手帳をもつ者は九人に上る。子供も同様で四八人中四一人が要支援児童（引きこもり、被虐待、発達障害など）とされ、知的・身体・精神障害の手帳をもつ者は一四人だ。

このような母親は自分だけでは生活や育児が難しく、支援が必要な場合も多い。では、野菊荘の職員は、こういう親子をどのようにサポートしているのだろうか。

芹澤が語る二つの家庭を紹介したい。（以下仮名）

障害をもつ母親

玉木初枝

生まれつき知的障害のある初枝は、実家ではなく、グループホームで暮らしていた。彼女は、若い頃から不特定多数の男と簡単に肉体関係を結んだ。

二〇代の半ばの時、彼女は父親のわからない子供を妊娠した。同時に何人もの男性と関係をもっていたようだ。初枝は、父親不在のまま一人で産むことを主張したため、グループホームを出され、野菊荘に移ることになった。

野菊荘に来たばかりの頃、初枝は重度の強迫神経症があって自分で赤ん坊を沐浴《もくよく》させることができなかった。また、睡眠薬や安定剤を服用しており、一度寝入ってしまうと授乳などができなくなる。そこで、野菊荘の職員がヘルパーと協力しながら一日五回のミルク、沐浴、掃除などの支援を行った。

一年間、初枝は野菊荘で支援を受けながら何とか暮らしていた。だが、ある日、彼女はいきなり無職の男性と結婚した。いつの間にか恋人をつくっており、職員にも言わず、突然結婚届を出してしまったのである。

母子生活支援施設では、夫であっても男性との同居は認められないが、初枝がここを出たところで、自力で子育てができるとは到底思えない。

職員たちは母親や新しい夫、その他関係機関と何度も話し合いの場をもうけ、自立した後もヘルパーや児童相談所のケースワーカーの家庭訪問を受け入れるよう約束させた。複数の関連機関が見守ることにしたのである。

戸島香奈枝

香奈枝は、若い頃から精神疾患を抱えていた。二〇歳そこそこで結婚して子供を産んだものの、やがて夫婦関係が悪化して離婚することになった。

母子家庭となったが、香奈枝の精神状態には大きな波があり、それが悪い時には息子に暴力をふるうことがあった。福祉事務所はそれを問題視し、親子関係を再構築する必要があると判断して、野菊荘に入所させることにしたのである。

入所したばかりの頃、香奈枝は頻繁に子供に手を上げていた。思い通りにならないことがあると、パニックになって暴力をふるってしまうのだ。

職員は、香奈枝に育児能力がないと考え、しばらく代わりに育児をすることにした。食事や遊びだけでなく、夜も一緒に眠るなどした。

そうしていると、香奈枝に変化が生まれた。これまで香奈枝は子供にどう接していいかわからなかったが、職員が代わりにやってくれるのを見ているうちに、だんだんと真似するようになったのだ。声かけをしてみたり、服を着せてあげたりする。少しずつ子供といられる時間が増えてきた。

香奈枝は職員にこう言った。

「これまで私はぜんぶ一人で抱えようとして、それでダメになってました。でも、職員の方々のことを見てたり、他のお母さんの話を聞いたりしてて、もっと楽に接していいんだって思えるようになった。ただ、私もいろいろと下手なので、やってみてダメだったらまた助けてください」

香奈枝は、今も一歩一歩だが、職員の支援を得ながら子供との付き合い方を学んでいる。

芹澤は、言う。

「初枝さんや香奈枝さんの例からわかるように、知的障害や精神疾患を抱えていると、養育にいろんな困難があります。本人がまったく意図していないところで、虐待やネグレクトが起きかねないのです。我々の役割は、そうした母子に対して物理的、精神的な支援をして親子関係をつなぐことだと考えています」

聞きながら、児童相談所の対応との違いを感じた。

児童相談所は親子が一緒に暮らすことを重視してはいるものの、養育困難だと見なした場合は、安全のために引き離すという対処をする。一時保護所、もしくは児童養護施設へ子供を分離させ、その間に家族に受け入れ態勢を整えさせるのだ。

一方、母子生活支援施設は、養育困難だからこそ、母子をともに受け入れて養育を支援するというスタンスをとる。

「どちらが良いか悪いかというのは、ケースによって異なるので言えません。ただ、私としては子供を幼い時期に分離させるのはどうかと思うんです。分離させれば子供の安全は確保できますが、親子間の愛情は育めない。もちろん、ぶつかってばかりいたら大変だと思いますよ。特に思春期の子供にとって、親が障害者だと受け入れることは、非常に困難です。でも、子供が親と育つことができれば、大人になった時に良い関係になれることが多いんです。中学生くらいまではうまくいかなくても、二〇歳くらいになって子供が親の障害を受け入れてサポートしていくようになる。そういう家庭を見ていると、本当によかったなと思います」

この言葉を実感したのは、野菊荘の一室で暮らしている知的障害の女性宅を見学した時のことだ。

その部屋は2DKで玄関を入ったところに台所があり、その奥に和室と洋室が一部屋ずつあった。三〇歳ぐらいの母親と、六歳くらいの娘の二人暮らしだ。

母親は同じく障害のある男性との間に娘を産んだものの、生活が立ちいかなくなり、野菊荘で保護されることになったという。

彼女は障害のせいで片付けができないらしく、床は衣服や食器がちらばっていた。隅には古いダンボールがつみ重なっていて、食べ残しがそのまま台所やテーブルの上に置きっぱなしになっている。会話も困難で、ずっと黙ったままだ。

ふと見ると、奥の部屋に小学生ぐらいの娘が立っていた。娘は知らない大人が入ってきたことにびっくりして、急に泣きべそをかいて母親のもとに駆け寄っていった。

母親はそんな娘を両手で抱き上げてやさしく髪を撫《な》でてあげた。娘の顔からみるみるうちに不安の色が消え去り、安心したように私に向かって微笑む余裕まででてきた。

私はこの光景を目にした時、芹澤の言う親子が同居する大切さを改めて感じた気がした。こうした体験が「愛情を育む」ということであり、そのつみ重ねが子供の人格を育てていくのだ。

現在、日本において児童養護施設等で暮らす子供は約三万人に上るのに対して、母子生活支援施設で暮らす子供は五〇〇〇〜六〇〇〇人にすぎない。圧倒的に、児童養護施設の方が多い。

この理由を芹澤は説明する。

「管轄の違いなんです。母子生活支援施設は、福祉事務所の管轄です。したがって福祉事務所が対応した場合、親子は母子生活支援施設に入ってきます。一方、児童相談所には母子生活支援施設に入所させる権限がありません。このため母子での保護が必要なケースも母子生活支援施設の利用につながらず、子供が母親から切り離されて児童養護施設等に入所となることもあります。特に児童虐待による一時保護については、児童福祉法では母子での一時保護は認められていないのです」

誤解を恐れずに言えば、どちらの機関が介入したかで母子の運命が決まることもあるのだ。

「もう一つの理由は、しっかりとした支援のできる母子生活支援施設の数が少ないことでしょうね。理由としては、労働環境の過酷さがあります。問題を抱える家族を数十世帯、二四時間受け入れなければならない。そこまでできる専門のスタッフをそろえ、環境を整備するのは容易ではないのです」

一般的に、母子生活支援施設が一世帯を受け入れる費用は、児童養護施設や乳児院に比べれば安いと言われている。したがって、母子生活支援施設を増加した方がコスト的にはメリットがあるはずだ。

ところが、現在日本にある二四〇の母子生活支援施設のうち、実際に稼働しているのは一三

○程度しかない。さらに公立の施設が年々減り、民間施設がその受け皿になっている傾向にある。

その原因の一つは、芹澤が語る労働環境にあると考えられている。入居者の多くはＤＶ被害者であり、個人的にも、母子間においても多くの問題を抱えていることが少なくない。本来は個人のニーズに合わせた細やかな対応が求められるが、公立の施設だとそれが難しいのだ。

運営資金の問題もある。母子生活支援施設は、場所を公《おおやけ》にできないため、児童養護施設のように寄付を集めたり、地元の人たちと交流したりすることが容易でない。それゆえ、予算の範囲内でしか活動ができず、職員たちの負担も重くなる傾向にある。

ある自治体では、公立の施設の運営を停止したことで、多くの母子が行き場を失う事態が起きたそうだ。その後、民間の施設ができて受け皿となったが、右記のような事情を踏まえれば、公が民間に投げているように見えなくもない。

私は、児童養護施設と母子生活支援施設を比べてどちらがいいというつもりはない。ただ、行政の縦割りの仕組みや、施設の数という理由だけで、子供を振り分けることについては反対だ。家族のタイプによって、どのような施設が合っているかは違ってくる。子供の将来を本当に考えるのであれば、そのための選択肢はきちんと整えなければならない。

そのためには、母子生活支援施設のあり方について、より多くの人たちが積極的に議論し、関わっていく必要があるだろう。

（二〇一六年四月取材）

丘の上の問題児たち——児童自立支援施設

西日本のとある地方都市から路面電車に乗って無人駅で降り、そこからさらに一〇分ほど車で走っていくと小高い丘が現れる。車が一台通れるぐらいの坂道が頂に向かってつづく。

丘の上には、桜の木に囲まれた鉄筋の校舎が建っている。「市立山川中学校分校」「野原小学校分教室」だ。

校舎からは市街を一望することができる。敷地内には、「すみれ」「ばら」「ぼたん」といった花の名前をつけた長屋のような形の寮が七棟建てられている。三つが女子寮、四つが男子寮だ。山の中の「村」をイメージさせるつくりになっていた。

ここを「公立児童自立支援施設・光山学園（仮名）」と呼びたいと思う。本来は正式名称で記すべきなのだが、現在も様々な事情を抱える未成年が暮らしていることから、内情を詳細に書く代わりに施設名・地名・人名を仮名とすることを、お許しいただきたい。

児童自立支援施設は、かつて非行少年を集めて「感化院」と呼ばれた全寮制の施設で、子供たちの寮から学校までが敷地内にすべてそろっている。法的な定義を紹介すれば、次のようになる。

児童福祉法第44条に基づき、不良行為をなし、又はなすおそれのある児童及び家庭環境その他の環境上の理由により生活指導等を要する児童を入所又は通所させて、個々の児童の状況に応じて必要な指導を行い、その自立を支援し、あわせて退所者について相談等の援助を行うことを目的とする施設。

（全国児童自立支援施設協議会ホームページより一部抜粋）


少年院と比べればわかりやすいかもしれない。

少年院はおおむね中高生の年代が対象であり、家庭裁判所の少年審判によって社会から離して矯正教育を受けることが妥当と判断された少年たちが送致される施設だ。鍵のついた施設に閉じ込められ、厳しい規則の中で生活をする。

一方、児童自立支援施設は、小中学校に通う子供たちが中心だ。本人の性格などを考慮して、「家庭的な環境」で育てる方が適当とされた場合に送られてくる。施設内は開放的で、高い塀もなければ、ドアには鍵もかかっていない。敷地内を自由に行き来することができる。

光山学園は、こうした児童自立支援施設の中でも、明治時代からつづく歴史ある施設だ。かつては少年院と同じように、子供たちは「非行要因」によって入所してきた。だが、一九九八年に教護院から児童自立支援施設に変更された際、子供の入所理由が新たに一つ加わったことで、施設は大きく変わった。それが「環境要因」である。

環境要因を一言で表せば、虐待など家庭の問題である。親が暴力をふるうといった問題があった場合、そこから引き離すために、児童自立支援施設へ子供を送ることがあるのだ。

とはいえ、単に子供を家庭の虐待から救出するのが目的なら、児童養護施設で十分だ。児童自立支援施設に入ってくる子供たちの特徴は、何かしらの問題を抱えていて児童養護施設での集団生活に順応できない点だ。

ベテラン職員の田中浩二（53歳）はこう説明する。

「近年うちに来る生徒たちの特徴は、発達障害と被虐待が多いことです。被虐待とか発達障害といっても、学校や社会でそれなりにやっていっている人はたくさんいますし、有名なスポーツ選手や社長さんになった人もいます。けれど、発達障害に加えて、被虐待の経験まであるとなると、子供たちの抱える問題はより大きくなります。身体的虐待、性的虐待、育児放棄によって、発達障害だけでなく二次障害まで重なって、結果として大きな問題を起こしたり、集団生活を営めないようになってしまうことがあるんです」

虐待は、子供たちの精神の発達を妨げ、様々な精神疾患等を引き起こすことがある。発達障害の子供が虐待を受けた場合、一般の子供よりもはるかに大きな悪影響があるとされている。そうした子供たちは、なかなか社会に適応できず、学校や施設で手に余るような行動をとるようになることがあるのだ。

図2を見ていただきたい。光山学園にいる子供たちの八一％が虐待を受け、六二％が発達障害なのである。一般の学校における発達障害の割合は六、五％程といわれていることを考えれ

ば、光山学園におけるそれは単純計算で一二倍ということになる。具体的には、広汎性発達障害、注意欠陥・多動性障害、学習障害、行為障害などだ。

これは光山学園に限ったことではない。浜松医科大学の望月直人は、児童自立支援施設の子供への調査から、発達障害をもつ子供の割合を六〇～七〇%、被虐待の子供の割合を九五%とした上で、「思春期に重大な非行に及ぶ子供の多くが、発達障害×被虐待という体験をもつ」と結論づけている。（「発達障害×虐待の非行」〈『そだちの科学20号』日本評論社〉）

図2 光山学園における入所児童に占める課題・要因の割合

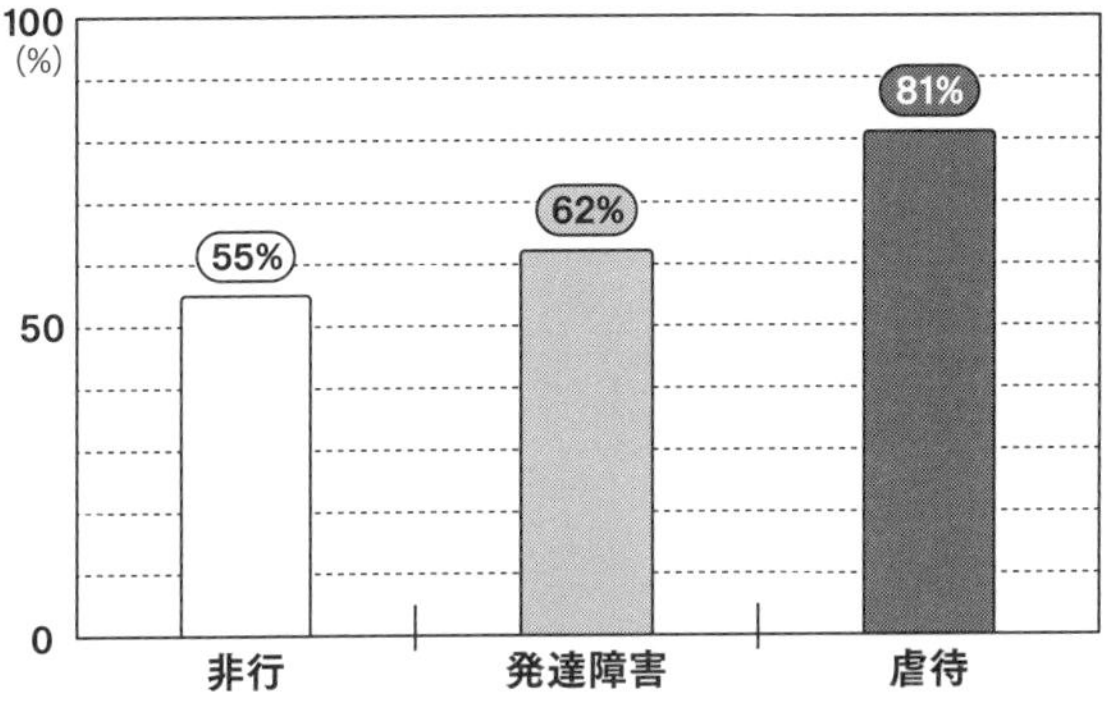

光山学園提供資料を基に作成

田中はつづける。

「うちの生徒には実父母がそろっていないケースがかなりありますし、そろっていても虐待を受けることで愛着形成がうまくなされないことがあります。それが生徒たちの問題の根本です。人はきちんと愛情を注いでもらわないと人間形成がうまくいかず、人の気持ちを考えるとか、友達を大切にするとか、命は尊いということがわからなくなり、結果として問題行動を引き起こしてしまうんです。児童養護施設では、子供たちにはかなり生活の自由がある上に、地元の一般の学校へ通学します。だから、児童養護施設の枠に収まらない子は、児童自立支援施設に移して、いったん社会から切り離して生活させるのです」

人間は愛情を受けて育つことで人格や価値観を真っ直ぐに育んでいくことができる。だが、そうした人間形成の土台が失われ、さらに発達障害などが加わると、一般的に「意味もなくキレる」とか「人付き合いができない」といったことを引き起こすことになる。子供たちの「心の闇」とはまさにその部分なのかもしれない。

では、こうした子供たちはどんな問題を起こしてここへ来ることになったのか。田中は図3を示してくれた。

「これを見ると、生徒たちがどんな問題を抱えて入所することになったのかがわかるでしょう。でも、これはあくまで主訴（主な理由をあえて一つ明記しただけ）でしかなく、大半の生徒が複数の要因を抱えて入所してきます」

一人の子供を例に挙げたい。

加賀治美（仮名）

治美は父親の顔を知らない。生後数カ月の時に、両親は離婚したのだ。間もなく母親は二〇歳の男性と再婚。それから三人での暮らしがはじまった。

新しい父親は無職で、よく暴力をふるった。治美は生まれつき発達障害があり、言われたことを的確に理解して行動するのが苦手だった。父親はそんな治美を「わがまま」と決めつけて殴り、家から一歩も外に出さなかった。

治美は小学校には行かせてもらったが、発達障害と父親からの虐待によって問題行動を多発させるようになった。自分の思うままにいかないと、ところかまわず泣き叫んだり、暴れたりしたのである。父親は学校から注意を受けたことで、治美を再びに家に軟禁して通学を禁じた。そして家で性的虐待を行った。

図③ 光山学園における入所児童の主な入所理由

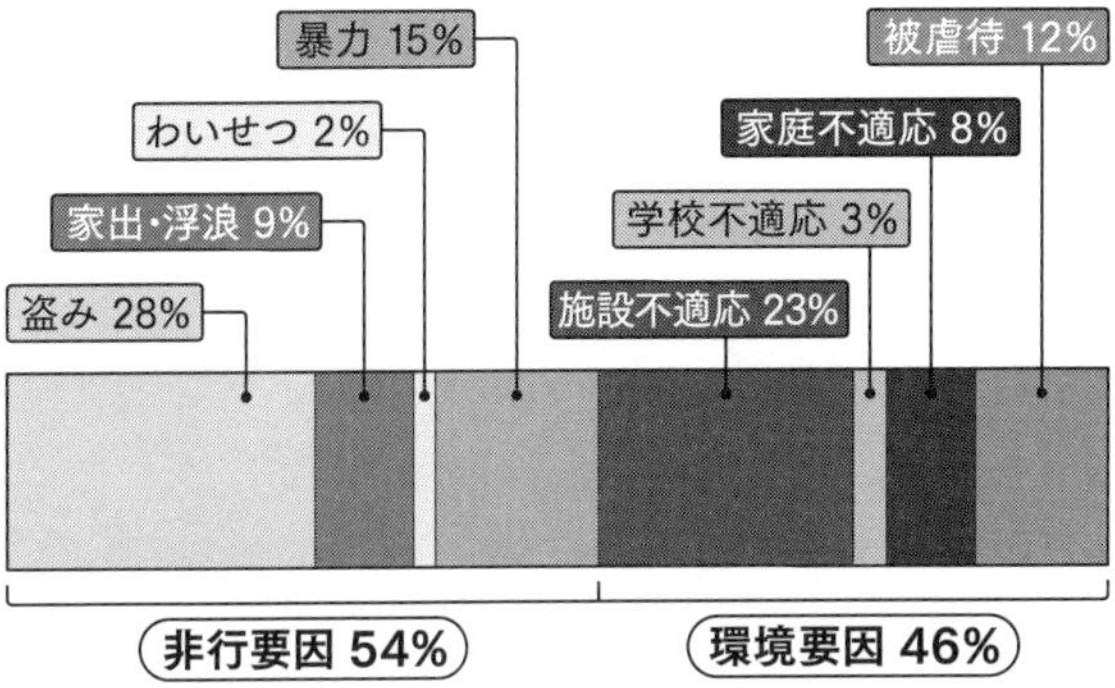

光山学園提供資料を基に作成

小学六年の時、母親が父親と離婚したことで、治美は小学校へ行かせてもらえるようになった。だが、暴力、性的虐待、そして監禁といった生活がつづいたせいで、彼女はそれまで以上に問題行動を起こすようになっていた。騒ぐ、暴れるはもちろん、突然行方をくらまして何日間も行方不明になることもあった。

中学二年の時、ついに治美は傷害事件を起こす。年下の女の子にくってかかり、木の棒で殴りつけ、顔面の骨を折って重傷を負わせてしまったのだ。

児童相談所が介入することになったが、母親は新しい恋人との交際に夢中で治美のことをまったく構わない。児童相談所は母親のもとから離す必要があると判断したが、児童養護施設では対応しきれないと考えた。そして光山学園への措置を決めたのである。

治美は発達障害ではあるが、もし温かい家庭で生まれ育っていれば、ここまでひどいことにはならなかっただろう。発達障害と虐待という二つの悲劇が重なったことで、学校や児童養護施設では対応できなくなり、児童自立支援施設に来ることになったのだ。

子供たちの履歴書

私は田中の案内で、光山学園を見て回ることになった。

敷地内には、校舎や寮だけでなく、学校顔負けのスポーツグラウンドに道場、それに畑や池が広がっていた。校舎を取り巻く七つの寮に暮らしている生徒は、合計七二名（男子四五名、女子が二七名）。平均年齢は、一三歳だ。職員は総勢三二名だから、生徒二人に一人がついている計算になる。

生徒たちの毎日のスケジュールは、図4をご参照いただきたい。少年院のように厳しいルールがあるわけではないが、施設の外へ出たり、携帯電話を所持したりすることは禁じられている。また、わいせつ行為や被性的虐待の子供もいるので、異性との接触は原則禁止だ。

敷地内で出会う子供たちは活発で、遠くからでも「こんにちは！」と声をかけてくれたり、キャッチボールに誘ってきたりする。一見すると利発的ないい子ばかりだ。

だが、田中はあえて釘をさす。

「みんなごく普通の子供たちに見えますよね。でも、複雑な発達障害をはじめとした発達課題を抱えているからここに来ているんです。私たちは、きちんと個人が抱えているそれを見極めて改善・支援していかなければならないんです」

では、生徒たちはどのような経緯でここに来ることになったのか。代表的な例を三つ紹介したい。（以下仮名）

図④ 光山学園入所児童の平日のスケジュール

時間	日課
6時	起床
7時	朝食
8時	登校、児童朝礼、本館清掃
9時	
10時	
11時	授業
12時	
13時	昼食
14時	授業
15時	運動・課外活動
16時	帰寮・おやつ
17時	寮活動
18時	夕食
19時	入浴
20時	
21時	ミーティング
22時	就寝

光山学園提供資料を基に作成

久慈亜優美（中学一年生）

小学三年生の時、両親の離婚によって、亜優美は母親に引き取られた。だが、この母親が非常に常識を欠いた性格だった。

母親は毎日スナックで明け方まで働き、酔っぱらって帰ってくるのは夜が明けてから。店で知り合った男性と次から次に交際し、家に引っ張り込んで亜優美がいるのもお構いなしにセックスをした。食事もほとんどつくろうとしなかった。

亜優美には生まれついて情緒不安定なところがあったが、劣悪な家庭環境がそれに拍車をかけ、小学生の頃からパニック障害に悩まされるようになった。学校ではいつも同じ服であることを理由にいじめられて不登校に陥り、夜は夜で町を徘徊しては窃盗をくり返した。

家庭環境が改善されず、補導がつづいたことで、児童相談所は亜優美を家庭に置いておけないと判断して児童養護施設へ移した。しかし、そこでの生活もうまくいかなかった。転校した学校ではすぐ不登校になり、職員や先輩が注意をしようとすると逆上して暴れ、包丁をもち出すなどした。

児童相談所は施設側と相談し、これ以上面倒を見るのは難しいと判断して、亜優美を児童自立支援施設へ措置することを決めた。

沖内輝明（中学三年生）
両親は、二人とも知的障害で育児をする能力が乏しかった。そのため、輝明は生まれてすぐに乳児院に預けられることになった。その後、児童養護施設へ移されたものの、両親は一度も面会に来なかった。
小学生になってから、輝明は施設で暮らしていることを理由にいじめられた。ところが、小学六年生の頃に急に体が大きくなったことで力関係が逆転。輝明はかつて自分をいじめた同級生たちに暴力をふるうようになった。施設の中でも頻繁に年下の子に手を上げた。
中学に進学してからは、不良グループに加わって窃盗や恐喝《きょうかつ》をくり返し、施設へも帰らなくなった。そんなある日、輝明はグループの仲間とともに傷害で捕まった。仲間たちは家庭があったため両親に引き取られたが、輝明は施設の側から「うちにはもう置けない」とさじを投げられてしまった。

児童相談所は、別の児童養護施設を探したものの、これまでの素行から受け入れてくれるところはなかった。そのため、児童自立支援施設への措置となった。

鹿島豪（中学二年生）

豪は、看護師の母親のもとで生まれ育った。三歳の頃に、父親が愛人をつくって家を出ていってからは母子家庭となった。

母親は、豪を立派に育てようと教育に力を入れた。幼い頃から週五日のペースで塾や英語教室に通わせて、暗示のように一流大学へ行けとくり返した。

だが、豪は生まれつきの学習障害で、いくら勉強をしても身につかなかった。正式な診断は小学校の高学年の時に下されたが、それ以降も母親は豪が学習障害であることを認めず、テストの点数が悪いと言って棒で殴ったり、食事を与えなかったりした。

豪は母親から注意されつづけたことで、ストレスを溜め込み、学校の飼育動物や近所のペットを虐待するようになった。それが学校で発覚して問題となり、児童相談所にも相談が行った。

児童相談所は、母親と何度も面談を重ねた。母親はその場では「わかった」と答えるのだが、家に帰るとまたすぐに猛勉強を強いて、成績が上がらないことを責め立てる。

児童相談所は、豪を母親から切り離す必要があると判断し、児童自立支援施設へ措置することにした。

光山学園の生徒には「発達障害＋被虐待」の特徴があると述べたが、最初の二人（亜優美と輝明）は、その典型的な例である。豪にしても、身体的虐待ではないにせよ、精神的虐待を受けたと言えるかもしれない。

職員の言葉である。

「ここへ来ることによって改善が見られる子供たちには、共通の要素があります。たとえ家庭はボロボロでも三歳までに愛情を受けた記憶があるかどうかですね。昔、覚醒剤中毒の親のもとでDVを受けながら育った女の子がいました。彼女は手に負えないほど荒々しい性格で、小学生時代からビール瓶で人を殴りつけていました。でも、幼少期は、親が覚醒剤をやっておらず、家庭も平穏で、温かなやりとりもあった。彼女にはそんな記憶がきちんと残っていたんです。なので、こっちに来て、いろんな大人に面倒を見てもらって生活をしているうちに、だんだんと落ち着いて人が変わったようになった。一年が経つ頃には、姉御肌になって面倒見がよく、まったく暴力をふるわなくなりました」

光山学園の職員のほぼ全員が、「三歳までに愛情を受けたかどうかが重要」と口をそろえる。子供は三歳までは家庭が「世界」のすべてであり、それ以降は外の社会と関わって生きていかなければならない。つまり、生後から三歳までは、子供が家庭で人間としての土台をつくる期間なのだ。

専門家の間では、これは、「港と船」の関係にたとえられている。

親の愛情を受けて育てば、子供の中にちゃんとした港がつくられる。だから子供が船で大海（社会）へ旅立っても帰る場所があるし、港を軸に積む燃料の量や進む方角を考えたりすることができる。絶対的な安心の中で航海ができるのだ。

ところが、港がなければどうか。子供は燃料を入れる場所も、帰る場所もないまま大海を漂流するしかない。これほど恐ろしく、不安なことはないだろう。台風が来ても、海賊に襲われても、逃げるところさえないのだ。そうなれば、子供は大海を自暴自棄になって漂流することしかできなくなる。

ならば、三歳までに愛情を受けられなかった子供は、いくら手をかけても人生を立て直すことはできないのか。

先述の田中は、その問いにこう答える。

「簡単ではありません。ただ、私たちの仕事は、そういう生徒であってもきちんと迎え入れて、社会で生きていくための基盤をつくってあげることなんです。生徒たちが不安の中で育ってきて、何をどうしていいかわからなくなっているのならば、一度社会から切り離してここで住まわせてあげる。私たちが親の代わりになって愛情を注いで、その子のことを肯定してあげる。そういうことをくり返して成長を促してあげるのです」

光山学園は、子供たちを一時的に社会から切り離すことで、具体的に何をしようとしているのか。

「学園の特色は、なんといっても小舎夫婦制です。小舎というのは寮のこと。一つの寮に職員が夫婦で住み込んで、約一〇人の生徒たちと寝起きをともにするんです。この夫婦は寮長と寮母という立場で、生徒たちの両親の代わりとなって疑似家族をつくり、二四時間ともに生活をする。夫婦に子供がいる場合は、その子も一緒です。生徒たちはそうした日常を通して『家庭』というものを肌で感じます。つまり、光山学園は、寮での生活を通して生徒たちに『家庭』『子供らしい生活』『信頼関係にもとづく子育て』を体験させる場所なのです」

生徒たちは三歳までの時期に家庭の愛情を受けてこなかったことによって、「港」を失った状態になっている。だからこそ一定期間、無菌室に入れて、そこで家庭を体験させることで、新たに「港」をつくらせようとしているのだ。

ただし、田中が認めているように、ある程度の年齢になった子供たちが短い期間でそれをするのは簡単ではない。それでも、できることを一歩ずつやっていかなければ、子供たちは漂流しつづけるだけなのだ。

「ここでの暮らしは平均すると一年半なんです。あまりに長い間無菌室で暮らすと、それに慣れて外で生きることが困難になることがあります。かといって、短すぎると心の歪みを正すことができない。最終的には、生徒個々に合わせて在籍期間を決めることになります」

次は、寮の中で具体的にどのようなことが行われているかについて見てみたい。

図5 光山学園の内部構造

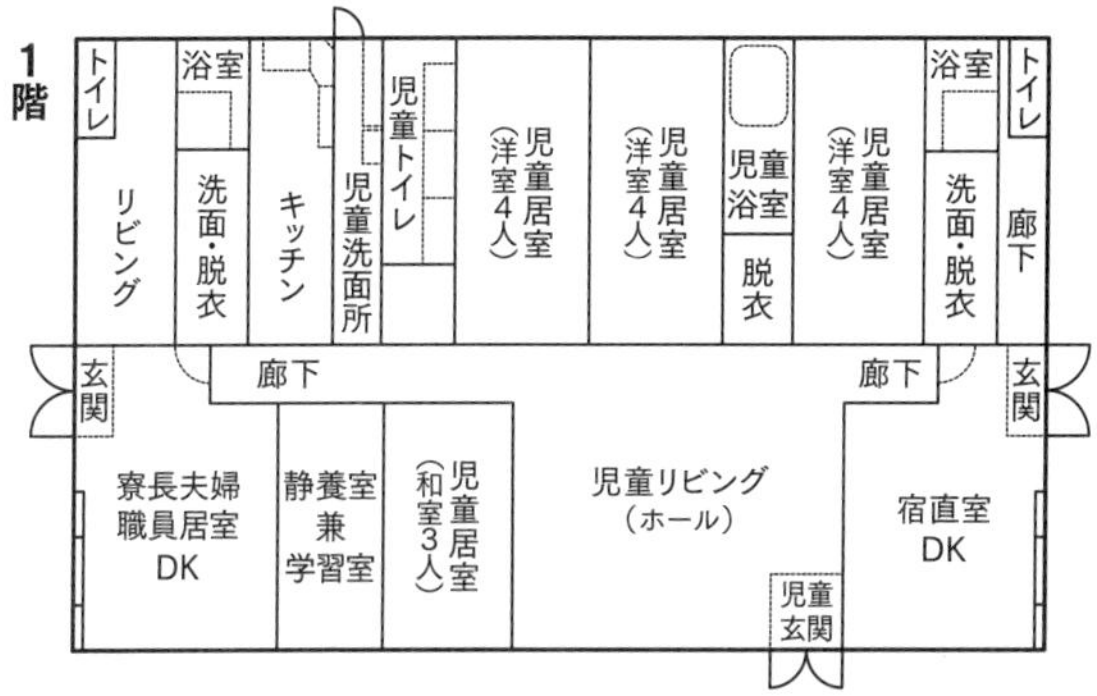

光山学園提供資料を基に作成

寮での暮らし

光山学園にある寮は全部で七つ（男子四、女子三）。そこに小学生から中学生までの生徒七二名が暮らしている（うち三名は中卒者）。

寮の外観は長方形をしており、小さな集会場のようだ。建て替えられてしばらくするが、毎日生徒たちがもち回りで清掃をしているため、外観は新築同然だ。

内部の構造については、図5をご覧いただきたい。図面左下が寮長夫婦の居住スペースで、中央が生徒たちの部屋。寮長夫婦をサポートする役割の担当職員のスペースも設けられている。各スペースにドアはついているが、基本的にはずっと鍵は開けたままだ。プライベートはほとんどなきに等しい。

生徒たちの大半はここへ来たばかりの頃は、家族を感じるどころか、一日も早く逃げたいと考えるらしい。特に非行要因によって入所した者は、悪友たちとの夜遊びを恋しく思う。

ある生徒は次のように語る。

「寮に入った時は絶望っすよ。携帯もないし、煙草もダメ。同じ寮の生徒の半分以上はメンタルの薬を飲んでいて、中にはいきなり奇声を発する奴だっている。最悪だって思いましたね。一秒でも早く逃げ出したいって。だけど、丘の上にあるし、逃げるためのお金も携帯もないから諦めたんです」

彼が言うように、精神疾患や発達障害の子供もいるが、特に分け隔てなく一緒に住まわせることにしている。集団生活の中で、その子たちにも社会性をつけさせるためだ。

別の生徒は、寮の人間関係をサル山にたとえる。

「寮の生徒たちはサル山の群れみたいな感じですね。ボスみたいな子がいて、そこにいろんな生徒たちがくっつく。そのボスザルをきちんと統率するのが寮長夫婦なんです。生徒は外で問題行動を起こした子ばっかですけど、それなりにやっていけるのは、寮長夫婦がちゃんと向き合ってくれるから。中学の先生は成績のいい奴しか相手にしないけど、ここじゃ寮長夫婦が俺たちのことをしっかり見てくれる。困ったことがあれば、すぐに助けてくれる。だから、信頼できるんです」

公立の学校では、どうしても教師の手に負えない生徒たちが出てくる。光山学園では、そうした子供たちを一〇人程度にしぼり、寮の中で専門家が二四時間つきっきりで相手をする。子供たちがここに特別な信頼を寄せるのは、学校とは異なる環境があるからだろう。

卒業生の一人はこう言う。

「ここで寮長と畑で野菜育てたり、土を掘って庭を造ったり、キノコ焼いて食べたりする中で信頼関係がすごく大きくなっていくんです。寮長の中には面白い人がいてね、林の中からマムシをつかまえてきて、一緒にマムシ酒をつくるんです。焼酎に入れるとマムシのエキスが出るんだけど、『これがうまいんだ』なんて教えてくれる。こんな大人って普通の学校じゃいないし、知り合わないでしょ。でも、ここにはいるし、そういう大人がしっかり俺らのこと考えてくれる。だから、俺らもそれに応えなきゃって思って脱走をしなくなったり、社会に出てもワルをしなくなるんです」

ここに来る子供たちは生身の大人との触れ合いを求めているのかもしれない。その触れ合いがあったからこそ、子供たちは「寮長のために」と考えて社会に溶け込む努力をしていくようになるのだ。

職員は何を思うか

寮で生徒たちの親として振る舞う寮長夫婦に話を聞きたい。私はそう思い、男子寮「ばら寮」を訪ねた。

この寮では岡田敏夫と正子が寮長夫婦として暮らしている。取材に応じてくれたのは、正子（39歳）。顔立ちがはっきりした、「しっかりもののお母さん」というタイプだ。

まず尋ねたのは、ここに勤めた経緯だ。正子は答えた。

「私は生まれも育ちも石川県で、この土地とも自立支援施設とも縁もゆかりもなかったんです。ただ大学で付き合っていた今の夫の親戚に光山学園の職員がいて、夫は小さい頃から遊びに行っていたんですよ」

正子は大学在籍中に夫の敏夫と知り合ったものの、卒業の年まで児童自立支援施設で働くことなど考えておらず、正子は教員、敏夫は警察官志望だった。

だが、二人は不運にも採用試験に落ちてしまった。ある日、敏夫が関西にある児童自立支援施設が職員の採用募集をしているのを見つけて、せっかくなので受けてみないか、ともちかけてきた。親戚が光山学園の職員だったため、そういう仕事もいいかもしれないと思ったのだろう。

この関西の施設は光山学園同様に小舎夫婦制をとっており、採用試験を受けるには夫婦で赴任することが条件だった。二人は若い勢いもあって、さっさと婚姻届を出して受験をし、めでたく採用となった。二人はそこで七年間勤務した後、光山学園が採用募集をしたのを知って転職した。

光山学園で正子たちが配属されたのは女子寮だった。女子の扱いは男子より大変だと言われている。正子は第一子の出産直後だったことも重なって、初めての女子寮での仕事にはほとほと苦労した。

まず、女子は一度仲たがいするといつまでも引きずる。愛着障害の子とうまくいかなくなった場合、その後の関係修復が非常に困難になる。また、一人が「男子寮の誰々と隠れて仲良くしている」などと恋愛の話をしだすと、全員の興味がそちらに集まってバランスが崩れる。

とはいえ、女同士だからこそできることもあった。たとえば、女の子の中には、ずっと一人で抱えていた性的虐待を受けた経験を打ち明けてくれる者もいた。児童相談所の職員や、男性の寮長には言えないが、母親代わりの寮母には告白できたのだろう。

私はどうしても一つ訊きたいことがあった。寮長夫婦として子供たちといれば、二四時間手本になる言動を示さなければならない。そんな生活に耐えられるのだろうか。

正子は言う
「私たちがしているのは普通の家の夫婦と同じことですよ。寮の中で夫婦喧嘩もすれば、機嫌が悪いのを見せたりもします。二四時間立派な職員をやっているわけじゃなく、日常を生きているだけです」

夫婦喧嘩が生徒たちにとってマイナスになることはないのか。

「夫婦喧嘩をありのままに見せることも大切だと思っています。ここの生徒たちは、親が夫婦喧嘩を修復できずに離婚したのを見てきています。夫婦の諍《いさか》いは、ひどい暴力や離婚に直結するものだと思っている。だから、私たち夫婦がケンカをした後に仲直りしていく過程を見せることで、『こうやって人間関係を築けばいいんだ』って教えるんです。それが寮という擬似家族を体験する意味なんです」

ここの生徒たちは、修復できなかった家庭の犠牲者だ。だからこそ、彼らは人間関係を簡単に壊してしまうし、それを修復する術を知らない。そんな子供たちに寮長夫婦が自らの夫婦喧嘩と仲直りの過程を見せるのは意味のあることなのだろう。

「とはいえ、生徒たちはずっとここで暮らしていくわけじゃありません。私たちは生徒がここにいる間に、実家の親ときちんと話し合って実家で受け入れてもらえる環境づくりをしていかなければならないのです。生徒と同時に、親にも変わってもらわなければならないのです」

生徒が一定期間ここにいれば、ある程度変わることはできる。だが、実家が以前と同じままであれば、帰ったところで元《もと》の木阿弥《もくあみ》だ。

今でも覚えている苦い経験は、学習障害の男の子だった。母親は離婚後、女手一つでその子を育てて猛勉強させていい学校へ進学させようとした。だが、その子は学習障害でいくら勉強しても身につかず、反発して非行に走り、数々の問題を起こしてここに来た。

その子は光山学園に来て、自分のペースで生活することを認めてもらったことで、見違えるように変わった。正子は、その間に母親との面会をくり返して学習障害のことをきちんと理解してもらおうと試みた。子供のペースで育ててあげてほしかった。

母親は、いったんは納得して息子を引き取った。だが、心のどこかに息子の障害を認めたくないという気持ちがあったのだろう、またすぐにスパルタ教育をして一般の高校へ進学させようとした。

子供は職業訓練学校を希望していたが、それを拒絶されたことで再び猛反発して非行をくり返した。結局、彼は中学卒業後に母親から切り離され、自立援助ホーム（一五歳以上の未成年者の自立を目指す施設）で生きていくことになった。

　正子は次のように語る。

「寮の擬似家庭が生徒に与えられるいい影響はたくさんあると信じています。ただ、それを生かすも殺すも、やはり生徒たちが帰っていく家庭や社会なのです。そこを改善しなければ、光山学園で受けた教育が台無しになってしまうこともあるのです」

　次に、男子寮「ぼたん寮」を訪れた。寮母は、春日幸江（38歳）。童顔でやさしそうだが、きちんとした理論的な話し方をする。

　幸江は佐賀県の大学で法律を専攻し、少年法を勉強していた。学生時代に、兵庫県で起きた酒鬼薔薇《さかきばら》事件がきっかけで、少年犯罪について知りたいという気持ちが膨れ上がり、県内の児童自立支援施設の見学をした。

　卒業後は国立の児童自立支援施設である武蔵野学院の専門員養成所に入り、千葉県の児童相談所で勤務の後、関東の児童自立支援施設で七年間働いた。現在の夫であり寮長である和則と出会ったのはここだった。

　関東の施設は、小舎夫婦制ではなく、通勤による二交代のシフト制だった（全国の自立支援施設五八校のうち四〇校がシフト制）。だから、光山学園に寮長夫婦として赴任した際は、小舎夫婦制のプライバシーがない生活に戸惑いを禁じえなかった。

　それでも、子供ができたことがきっかけになって、小舎夫婦制の良さを実感するようになった。常に自分の子供のそばで仕事ができるし、困ったことがあれば他の寮長夫婦にも手伝ってもらえる。寮の子供たちが、自分の子の面倒を見てくれるのも嬉しかった。

幸江は言う。

「生徒たちに妊娠から育児までを見せて手伝わせるのも一つの教育だって思っています。寮母のお腹がだんだん大きくなって動けなくなると、生徒たちは困ってるなって思って手伝ってくれますし、赤ちゃんがやってきたらみんなで世話をしてくれます。そういうことを通して家庭とか支え合いが何たるかを学んでいくんです」

生徒たちは親が子供に暴力をふるったり、育児放棄をしたりするのは見ていても、愛して世話をしている姿を知らないことが少なくない。そういう意味では、寮長夫婦の子供を一緒に育てる体験はとても貴重なのだ。

「生徒は自己肯定できる人になりたがっています。家庭でも学校でもずっと挫折しか味わってこなかったから、入寮の際にここで何をしたいかって訊くと、大抵『今の自分を変えたい』って言うんです。彼らが妊娠中の寮母や生まれたての赤ちゃんの手伝いをすることで、自分の存在意義を見つけ出すのも一つです」

生徒たちは何かしら役割分担をして面倒を見るようになり、一人が間違ったことをすると別の生徒が注意したりするらしい。そうやって自己を再形成していくのだろう。

ただ、こうした寮における擬似家族の仕組みがすべてうまくいくわけではない。特に難しいのがわいせつ行為などによって入所した生徒だ。現時点でも光山学園には主訴が「わいせつ行為」の生徒だけで三人いる。

「性の問題を抱えている子は、再犯率が高いと言われていて、寮で家族の温かさを感じさせたり、自己肯定を体験させただけでは、なかなか改善しないのが現状です。学園ではそうした生徒たちに対して特別なプログラムを用意して矯正を目指しているんですが、残念ながら完璧ではなく、ここを出た後に再犯でつかまったという話を聞くことはあります」

警察庁の発表によれば一四歳未満の少年少女によるわいせつ行為は少なくない。凶悪犯は一〇年前と比べると半分に減っているが、実はわいせつ行為を含む風俗犯は約二・五倍に膨れ上がっており、一日約一件起きているのだ（未成年全体では一・五倍の増加なので一四歳未満の性非行が増えていることになる）。

私が以前取材した別の施設でも、性犯罪の再犯率の高さを耳にしたことがある。そこの生徒は小学生の時に性犯罪でつかまり、施設に来てからも同性の生徒に性行為を強要したり、通り魔的な事件を起こしたりしたそうだ。光山学園でもかつてそうしたことがまったくなかったわけではない。

医療関係者は、次のように話していた。

「子供の性犯罪には、ホルモンの問題で性衝動が抑えられないようなケースや、発達障害がこじれて安易に手を染めてしまったりするケースが多いんです。大人の場合はまず認知行動療法での抑制を目指して、それでダメなら薬による治療ということになります。ただ、子供の場合は前者でやるしかないのですが、長い時間が必要とされる上に性衝動がものすごく大きいので二、三年で治すというのは難しいのです」

子供の性犯罪は限られた紙面で説明できるほど簡単なものではないので、これ以上書くことは差し控えたい。ただ性の問題を抱えている生徒たちをどうしていくかということは、児童自立支援施設全般に関わる大きな課題だといえるだろう。

卒業生たちの壁

子供たちは光山学園を卒業した後、どういう道を歩むのか。

分校教諭の沢村英彦（57歳）によれば、生徒たちの多くは高校の他、職業訓練学校も含めて進学を希望するという。今回の取材で私が学園側から紹介されてインタビューをした生徒たち（比較的優秀な子）の場合は、工業系、農業系、定時制の高校へ進学している子供が少なくなかった。

ただ、経済的な問題で私立高校へ進学できない者も少なくない。また、家庭や個人の事情により中退せざるをえない者もいる。この学園の庇護から離れたところでどう生きていくかということが生徒たちにとっての大きな課題なのだ。

こうして生徒たちはほぼ全員一〇代で社会へ出ることになる。だが、そこには現代の日本ならではの壁がある、と田中は語る。

「昔は学力がなかったり、コミュニケーションをとるのが不得意な生徒でもできる単純労働がたくさんあったり、親切な社長さんがうちの卒業生を積極的に雇ってくれたりしたものです。でも、今は不景気で求人数が減ってしまいましたし、単純労働や技術職が機械に取って代わられて減ってしまいました。時代とともにうちの卒業生が就ける職の幅がかなり狭まりました」

　これまでは学歴がなくても料理人や庭師など手に職をつけることによって社会で一つの役割を担い、安定した収入を得られた。だが、コンピューター化とグローバル化は、そうした働き口を奪っていったのである。

　また、今の生徒たちは「発達障害＋被虐待」が多いこともあって、そもそも職場で人間関係を築くことが難しい。「上司が意見を聞いてくれないから」とか「仕事が合っていないから」といって、仕事を覚える以前の段階でつまずいてしまうのだ。

　女子も同様だ。スーパーをはじめとした職やアルバイトにつくものの、長つづきせずに水商売などへ流れていくケースもある。そういう子は総じて結婚や妊娠の年齢が早く、卒業して二年も経たずに子供を連れて遊びに来ることも珍しくない。愛着障害の子などは、その傾向が目立つ。

　こうしたことは、学園の卒業生たちに対して息の長い支援や見守りなどのアフターケアが必要であることを示しているといえるだろう。だが、ここを出ていった子供たちの面倒をずっと見つづけることは難しい。

　彼らが二〇歳前後になって直面するのは、子供の養育の問題である。実家に問題があって育児の手伝いをしてもらえなかったり、夫婦の収入が乏しかったりするため、子育てが普通の人以上に困難なのだ。

　光山学園職員の岡村和也（41歳）は語る。

「卒業生の中には、一〇代で生活保護を受給している子が結構あります。彼らには被虐待の権利擁護のため弁護士がついているので、発達障害などを理由に生活保護の申請を通してもらえるんです。シングルマザーだったらさらに通りやすい。彼らが生活保護を受給すると、なかなか社会で働かなくなります。アルバイトで稼ぐより、ずっと多くの生活費を手に入れられますから。そうすると、結局自立できなくなるんです」

生活を守ることは必要だが、それが自立の妨げになることがあるのだ。さらに、その生活保護費を狙って悪い仲間が集まることもある。そうなると、支援がその子の社会での活躍の可能性を閉ざすことになるのだ。

こうした社会構造が一朝にして変わるわけではない。ならば、そうした社会の中で、生徒たちが生き抜ける新たな道筋をつくる必要があるだろう。そうしてみると、私たち一人ひとりが考えていかなければならない問題なのだ。

とはいえ、ここに光山学園がある限り、子供たちはいつだってもどってくることはできるし、職員たちもそれを歓迎している。私が取材している間も、市内に暮らす大勢の卒業生たちが遊びに来ていた。それは、ここを出た後も、子供たちにとって必要な場所となっているからだろう。

寮長の中岡伸介（38歳）はこう語っていた。

「光山学園は『村』なんです。誰かが困っていれば誰かが助けてくれて、そのつながりの中で他人を思いやる気持ちや自分の存在意義を見つけていく。だからこそ、ここを旅立っても故郷でありつづけるんです」

　それを聞いた時、私は光山学園は現代が失った村社会を再構築する場所なのかもしれないと思った。

　かつて日本人は村社会の中で助け合って生きてきた。だが、戦後になってそうした村の濃密な人間関係をわずらわしく感じ、都会へと流出して他家族との関係を断ち切った核家族を形成した。

　そこで待っていたのは家族の孤立化だった。家族は地域の人たちと育児を支え合う仕組みをなくし、自分たちだけで何から何まで抱えなければならなくなったことで、子供に十分な愛情を注ぐ余裕を失った。その結果として、育児放棄や児童虐待といったことが起き、犠牲となった子供たちが児童自立支援施設へ移されることになったのである。

　光山学園への措置とは、子供たちをもう一度「村」に引きもどす作業だ。そこで愛情を注いで、家庭を感じさせ、愛着を形成し直して、一般社会で羽ばたけるようにする。

　中岡はこうつづけた。

「寮の擬似家族にも限界があります。不思議なもので、生徒にとってはどんな親でも親なんです。性的虐待やネグレクトをされても、やはり最後は血のつながった親なんです。僕たち寮長は本当の父親にはなれませんが、生徒たちの胸の中に懐かしい記憶として残ってくれればいい。うちの実家はむちゃくちゃだったけど、光山学園には家庭っぽいものがあったな。いろいろとトラブルもあったけど楽しかったなって。その記憶があるのとないのとでは、将来がまったく違ってくるんです」

光山学園は、そんなふうに生徒たちの胸に残る「家族」の記憶になることを目指しているのだ。

むろん、在籍わずか一年半ほどでかけられる愛情は、砂漠に注ぐ一滴の水にすぎないかもしれない。だが、乾ききった子供たちにとっては、生涯忘れられない大切な一滴になるはずだ。

（二〇一五年三月取材）

子供の七〇年史――児童養護施設

社会福祉法人「二葉保育園」（本部・東京都新宿区）は、乳児院、保育園、児童養護施設、グループホーム、自立援助ホームなどを抱える総合的な児童福祉施設だ。

二葉学園は、この中の児童養護施設に当たる。創設は一九四八年、七〇年にわたって大勢の子供たちを社会に輩出してきた。

統括園長の武藤素明《そめい》（64歳）によれば、児童養護施設は「社会の映し鏡」であり、その時代の様々な影響を受けて変化してきたという。あえて戦後の子供史を大別すれば、次のようになるそうだ。

1、戦後～一九六〇年代　戦災孤児の時代
2、七〇～八〇年代　校内暴力の時代
3、九〇年代　いじめの時代
4、二〇〇〇年代　虐待の時代

武藤が児童福祉の世界に足を踏み入れたのは、戦災孤児の時代から校内暴力の時代へ移行した時代だ。

武藤の目を通して、施設の子供たちの移り変わりについて考えていきたい。（以下、武藤談）

戦災孤児から校内暴力の時代へ

日本の児童福祉は、戦争によって生まれた孤児を保護するところからはじまりました。

戦争は多くの家庭を壊しました。施設は、戦火で親を失った戦災孤児、戦後の食糧難によって捨てられた捨て子、出兵して心が荒んだ父親の元から逃げ出した家出少年などを保護する場所だったのです。

当時は予算も物資もなく、施設を運営すること自体が難しかったそうです。配給だけではやっていけないため、子供たちと畑を耕したり、近所の人から寄付を貰ったりすることで、なんとか食いつないでいた。

児童福祉の歴史の中では、この戦災孤児の時代を「春の時代」と表現する人もいます。戦災孤児は、戦争によっていきなり家庭を壊された子供たちです。なので、必ずしも悪い家庭環境で育ったわけではない。戦争の前までは、ちゃんとした家庭で、親の愛情を受けて育ってきた。それが戦争によって突然断ち切られてしまっただけ。

こういう子供たちは、今の虐待を受けた子供に比べて、手がかかりません。虐待を受けた子供たちは、心の病にかかっていたり人格が歪められているケースがあるのですが、戦災孤児は心が健全であることが多い。物理的に、物がないことの困難はありましたが、子供たちは伸び伸びとして、友情や信頼を大切にし、ちゃんとした人付き合いができた。

だから、当時の子供たちは施設を出た後も、社会人としてしっかりと働いて、健全な家庭を築くのが普通でした。出世してから施設に恩返ししてくれた人もいた。当時の子供たちは、もう七〇代、八〇代ですが、未だにうちとつながりのある方もいます。

一九六〇年代から七〇年代にさしかかると、児童福祉の世界にいる子供たちは一変します。あの当時の社会は、高度経済成長期のただ中でした。大企業が次々と現れて公害が大きな問題になっていた。政治に対する不信感も膨らみ、テレビでは学生運動の様子が連日報じられた。団地が次々に建てられて核家族化していったのも、この頃です。現在の中国のような状態です。

こうした時代の変化は、家族の環境を大きく変えました。大人たちは急激な時代の変化についていけず、家庭内暴力や夫婦喧嘩をくり返すようになった。離婚の件数も増えました。また、ギャンブルにはまったり、サラ金が広まったりして、経済的に破綻して夜逃げする家族が出てきた。「蒸発」なんて言葉が広まりましたね。ある日いきなり親が消えてしまうこと。あの頃はサラ金に対する規制がなく、短い期間に借金が何十倍にも膨らんでしまうので、失踪《しっそう》するしかなくなるのです。

離婚にせよ、蒸発にせよ、大人たちがいなくなった家には、子供だけが取り残されることになる。こうした子供が、児童養護施設へと連れてこられたのです。

当時の子供たちは、「反社会」のエネルギーに満ちていました。自分たちをこういう状況に置いたのは、社会のせいなんだという怒りを抱えていた。若い彼らにとって目に見える社会とは「学校」です。怒りの矛先は学校に向けられ、校内暴力を生み出した。

生徒たちは学校の窓ガラスを金属バットで割り、同級生だけでなく学校の先生に対しても容赦なく暴力をふるった。真夜中は暴走族として街を走り回り、社会への怒りをこれみよがしに見せつけていました。

施設の子供たちは、その最前線にいました。親に蒸発された子、家庭内暴力の犠牲者、彼らが児童相談所を経由して施設に連れてこられ、問題児となっていった。当時は、「二葉の生徒」というだけで怖がられたほどです。

ああした子供はすごくストレートなんです。難しいことは何も考えず、怒りをそのまま暴力で表す。「もうちょっと本でも読んで考えろ」と言いたくなるくらいに愚直。なので逆に、子供たちもちょっとしたきっかけで信頼してくれたり、仲良くなってくれたりした。頭であれこれ考えるより、心で語り合う感じでした。

私たち施設の職員は、こうした子供たちに全力で向かうべきだとされていました。悪いことをしたら、「ダメだ！」と言ってひっぱたく。どこまでも追いかけていく。時には抱きしめる。大人と子供が全力でぶつかり合えば、信頼を築き上げられるという通念があったのです。

とはいえ、番長クラスの子供たちの荒れ方はすごかったですね。学校の先生もあの子たちに全力でぶつかっていたけど、跳ね返されることもあった。地元の中学が二葉学園《うち》に助けを求めてきて、職員室に私の机が用意されたほどでした。暴れたらいつでも親代わりである私に助けを求められるようにとの考えからです。

体罰禁止の波

私が二葉学園に入ったのは、まさに校内暴力の時代でした。

大分県の出身で、もともとは学校の教員になりたかったんです。それで教職を取るために東京の大学に出てきた。大学時代に教育学だけでなく、社会福祉や児童福祉の勉強もしていて、教授に相談したら児童相談所に実習に行ってみろと言われた。それで一〇日ほど児童相談所の一時保護所に通ったのが、児童福祉の現場との初めての接点です。

一時保護所で出会ったのは、不幸な家庭で育った非行少年ばかりでした。私は田舎育ちなので、都会の子供たちなんて軟弱だろうと思っていた。でも、実際に接して感じたのは、彼らが生きることに必死だったということです。そうしなければならない劣悪な環境にいたということなのでしょう。田舎の大自然で育った子供たちと、変わらないくらい生命力に満ちていた。

都会にこんな子たちがいるんだ、という感動がありました。それで田舎に帰って教師になる前に、一、二年でも児童福祉の現場に身を置いてみようと考え直し、二葉学園の門を叩いたのです。

児童福祉の現場は、今とはまったく違いました。まず児童相談所と児童養護施設の役割が明確に分かれていた。児童相談所は親との調整をして、児童養護施設は子供たちに向き合う。現在のように児童相談所が世間の目を気にしながら家庭に関わるとか、施設の側が親に介入するということが稀だった。

他には、福祉の現場に臨床心理士や医師のような専門職が少なかった。その代わり、児童相談所には「名物児童福祉司」みたいな職員がいて、個人の権限が大きかった。

たとえば、親が蒸発したとしますよね。そしたら、名物児童福祉司があらゆる手立てを使って親を見つけ出して、会いに行く。親に対して「なんで子供を捨てるんだ！」とか「子供を預かってくれる親戚を探しなさい」と叱りつける。ＤＶがわかれば、即説教。

そうした上で、名物児童福祉司が子供や家庭の状況から判断して、最終的に子供をどうするかを決定する。今みたいに、親の顔色や世間からのクレームを気にしたり、マニュアルに従って会議で決めるなんてことは少なかった。

施設でも、職員の権限が大きく、非行をくり返す生徒に正面から立ち向かっていった。さっき言ったように、手を上げることも普通でした。

体罰をどう捉えるかは、時代によって違います。

あの時代の子供と今の子供とでは、タイプが異なる。昔の子供は大人とぶつかることで「この大人は本気で自分のことを考えてくれる」と受け止め、それが信頼につながった。子供たち同士でも「タイマン」でケンカして、友情を築く時代でしたからね。

むろん、当時も内向的で、感情を表に出すことが苦手な子供もいました。精神疾患の子供もいた。そういう子には、必ずしも体罰が良いように作用していたわけではなかったと思います。そんな児童福祉の現場に、体罰禁止の波が押し寄せたのは、八〇年代ですね。

きっかけは、その頃に東京で起きた殺人事件でした。加害者が児童養護施設の出身で、幼少期に施設でひどい体罰を受けたことが、その子の人格を大きく歪める原因になった、と報道されたのです。それで児童養護施設での体罰は「虐待」であり、子供に悪影響を与えているという認識が広がった。

二葉学園の直接の変化でいえば、一九八五年に園長が代わったことでした。ある日、その園長さんに呼び出されて、こう言われました。

「武藤君、今後は子供に手を上げるのを禁止にしましょう。どんなことがあっても、手を出さないということです。施設に来る子供たちは、家でさんざん暴力をふるわれてきたはずです。施設に来てまで同じようなことをされたら、居場所がなくなってしまいます」

困惑しました。当時の子供たちは、本気で殴りかかってくるんですよ。カッとなって、凶器をふり上げる子供もいます。何もしなければ、こっちがやられてしまう。一切手を出さないなんて、できるわけがない。

そもそも、これまで子供たちと全力でぶつかることが教育だとされてきた。それをやめたら、どうやって子供たちに向き合えばいいか想像がつかなかった。「番犬指導員」とさえ言われた時代です。

四〇年以上施設で働いていて辞めようと思ったのは、この時だけです。園長に辞表を出したら、こう言われました。

「ちょっと待ってください。今、分園（グループホーム）で二人職員が辞めて、人が足りないんです。二葉学園の本園を離れてもいいので、分園で働いてくれませんか」

分園は、一軒家で六人の子供が生活する小規模なホームでした。職員が親代わりになって、子供たちと暮らす。今でいう、地域小規模児童養護施設の走りです。

ここでの仕事は、学園の本園での仕事とは何もかも違いました。二葉学園が「学校」みたいなもので、そこでの仕事は子供たちに対する「指導・教育」でした。一方、分園は「家」であり、「一緒に生活をする」のが仕事なんです。

一例を挙げれば、二葉学園には調理員がいて調理室で全員の食事を一度に作るので、担当職員が調理をすることはない。しかし、分園では職員が一から献立を考えて料理をし、洗濯も一緒にやる。職員でなく、親のような存在になる。

分園に来たばかりの頃、こうした仕事に馴染めませんでした。二葉学園で働いてきたので、日常生活のことはさっぱりわからない。腑抜けみたいになって、ずっとテレビの前でダラダラしていました。

そんな時に励ましてくれたのが、分園の子供たちでした。

「俺たちは（二葉学園からここに）飛ばされてきた同士なんだから、仲良くやろうぜ」

そして分園生活が長い子供たちが、私に料理から掃除の仕方まで教えてくれるようになったんです。

面白いものでね、キッチンに並んで立ったり、一緒に布団を畳んだり、テレビの前で同じ野球チームを応援したりしていると、家族のようなコミュニケーションが生まれて、自《おの》ずと信頼関係や安心感ができる。

そうした体験を通して、私はあることに気づきました。子供たちを変えるには、必ずしも管理や体罰に頼らなくていいんだということです。

子供たちとの生活を通して、自然に築ける信頼関係もある。実は、そっちの方が、子供たちを傷つけずに、健全に育てられるのではないか。そう考えられるようになった時は、それまで気張っていたものが消えて楽になりました。

ちなみに、現在の児童養護施設では、今述べたような生活形態が主流となっています。施設そのものも数十人規模の大型施設より、六～八人ほどの少数制のグループで生活する形態がメインになりつつあるんです。そちらの方が職員との関係が構築しやすいということです。

どちらがいいかは、子供のタイプにもよるので一律には言えません。うちでも本園とは別に、六つの分園をグループホームとして、一戸建ての家の中で男女六人が家族として暮らしています。

グループホームでは、同じ年齢の子供たちを集めるのではなく、小学生から高校生まで、縦に子供たちをそろえていく。年長の子が落ち着いていると、大抵他の子もみんな落ち着く。子供たちにとって、年長の人の存在はとても大きいのです。

「見えない暴力」の時代

一九九〇年代は、とりわけ「校内いじめ」が注目されましたね。生徒たちが先生の目をかいくぐって、同級生を無視したり、物を隠したり、暴力をふるったり。被害に遭った子供が遺書を残して自殺をする。そんな事件が注目を浴びました。

我々の世界では、あの時期を「いじめの時代」と呼んでいます。私に関して言えば、ちょうど分園にいた頃でした。分園から学園にもどってきたら校内暴力が影を潜め、学校や施設内でのいじめが問題化していたのです。

子供たちがいじめに走ったのには、理由があるんです。

八〇年代までは、子供たちのやり場のない感情とか、負のエネルギーが社会に向かっていた。それが校内暴力だったり、暴走族だったり、といった形で表れていたのです。

でも、マスコミに取り上げられて社会問題化したことで、教育現場では、それをいろんな形で抑えつけようとしました。荒れている学校に警察が介入したり、暴走族の取り締まりを強化したり、暴走族とつながりのある暴力団に圧力をかけたり。

このため、子供たちは数年の間に、校内暴力という形で心の中の負のエネルギーを表に出すことができなくなりました。でも、彼らが抱える負のエネルギーそのものが、なくなったということではありません。

そのため、子供たちは校内暴力という「見える形」ではなく、「見えない形」でやり場のない感情を噴出させるようになった。その「見えない形」というのが、いじめだったんです。

これまでは、親や教師にわかるように暴力をふるってきましたが、今度は隠れて人を攻撃するようになった。感情の発露《はつろ》が形を変えただけなんです。

私は「いじめる側」と「いじめられる側」って、根本的には同じだと思うんです。どちらも内面に鬱屈《うっくつ》とした気持ちを抱えている。そういう子供は神経がすごく敏感で、本能的に自分と同じタイプの子供を見分け、負のエネルギーをぶつけようとする。こいつだったら、ぶつけてもいいと思う。しかも一人ではできないので、集団でやる。

いじめって、一瞬で加害者と被害者が変わりますよね。小学生まではいじめっ子だったのに、中学生になっていきなり無視されるとか。うちの学園の子供たちも、つい先日まで同級生をいじめていたのに、いつの間にか仲間外れにあって、登校拒否になることがある。それは、両者が同じタイプだからなんです。

いじめの時代になったことで、児童福祉の現場にも新たな風が吹きはじめました。子供たちが抱えている問題を個別に考えて、一人ひとりに対してその子に合ったやり方で向き合っていこうとする風潮が生まれたのです。

校内暴力の時代は、十把一絡《じっぱひとから》げで子供たちを見ていました。「子供たちは、不幸な生い立ちゆえに性格がねじれて、反社会行為をしている。だから正面からぶつかって、その子の考え方を変えていこう」という見方がまさにそれです。

それで一〇人いれば一〇人に対して、ほとんど似たような形で対応していた。子供たちにしても、感情を表に出してくれるから、こちらもわかりやすかった。それに、今ほど精神疾患や発達障害という概念が知られていなかったので、個別の問題を分析するという意識が乏しかった。

でも、いじめの時代になったことで、子供たちは胸の内をまったく語らなくなりました。こちらが何を尋ねても答えてくれない。コミュニケーションをとることさえ難しい。だから問題がより表面化しないんです。

それで私たちは、子供たち一人ひとりと個別に向き合って、会話を重ねることで心を開いてもらい、その子特有の問題を引き出していかなければならなくなりました。

A君といういじめっ子がいて、Bさんといういじめられっ子がいたとしますよね。この二人は抱えている問題が一つじゃない。まったく違うんです。

A君は母親が早くに死に、父親の暴力を受けて育った。家も貧しい。その孤独からやり場のない感情を誰かにぶつけようとしている。

一方、Bさんは体が悪く入退院をくり返していたばかりか、伯父《おじ》さんに性的虐待を受けていた。そのために、何をされても感情を押し殺してしまうタイプになっていた。それが、いじめが表に出てこない理由の一つだった。

こうしてみると、いじめる側といじめられる側とが、問題を抱えているといっても、それぞれ中身がまったく異なるのがわかるでしょう。だからこそ、私たちは個別に対応し、それぞれの問題を明らかにして解決に導いていかなければならないのです。

子供たちが抱える個々の問題を、どこまで私たちが理解して、解決してあげられるかは難しい問題です。完全に解決するのは簡単ではありません。子供たちの中には、ずっと親に裏切られてきたので、人を信じようとしない人もいます。自分の殻に閉じこもって、出てこようとしない。

でも、私は医者が病気を治すように「完治」を目指すことだけがすべてだと思わないんです。彼らの人間性や生き方を肯定してあげることで、生きる力を付けさせることはできると思っているんです。

「親の不条理な言動を背負って生きていかなくていい」

「性的虐待を受けたのは君のせいじゃない」

「ＬＧＢＴだって堂々と生きていけばいい」

そんなふうに語りかけてあげれば、子供たちは自分も生きていっていいんだと思える。自分の存在をきちんと肯定して、前に進むことができるんです。私たちは、そういう形で子供たちの支えになることはできるはずです。

虐待と自傷の時代

かつて児童福祉の現場の人間関係は、学校や家庭の延長のようなものでした。真剣に向き合ってくれる大人と、困難を抱えた子供たちが一つになって暮らす場だったのです。

しかし、いじめの時代を迎えたことで、そこに専門家が加わりました。具体的に言えば、精神科医やカウンセラーといった人たちが、それぞれの立場で専門的に子供の抱えている問題を分析するようになった。

ここで光が当たったのが、子供たちの虐待経験でした。虐待を受けたことで人格が歪んでしまったり、自己肯定感がもてなくなってしまったりしていることが判明した。また、これが原因となって、うつ病やパニック障害といった精神疾患を抱えていることもわかりました。

こうした研究成果は、大きな一歩でした。それまでは子供たちの内面を病理の側面から考えてこなかった。単純に信頼したり、触れ合ったりすれば、いい子になると思っていた。

でも、彼らが病気や疾患を抱えているのならば、医学的治療という選択肢も出てきます。この病気には薬を処方して対応し、別の部分は人と人との触れ合いの中で改善を目指していこうと、複合的な取り組みができるようになったのです。

また、児童虐待が子供に与える重大性がマスコミに報じられたことで、社会の方でも虐待を減らしていこうという声が大きくなってきました。虐待防止のＮＰＯができたり、児童相談所の取り組みが特集されたりするようになった。これまでは児童福祉の現場だけで取り組んでいたことが、社会全体の活動に広がったのです。

近年、児童相談所に対する虐待の通報件数は、うなぎ上りに増えています。児童福祉の現場にいる経験から言わせてもらえば、虐待の件数自体が昔と比べて増加しているとは感じません。むしろ、社会問題として捉えてくれる人が増えてきているから、自然と通報件数も増えているんだと思います。

とはいえ、現在の児童養護施設で暮らす子供たちを見ていると、虐待は実に根深い問題だと思います。公の統計では、児童養護施設の子供のうち、虐待経験のあるのは半分ほどと言われていますが、現場で見るかぎり、八割以上ですね。つまり、ほとんどの子供たちが大なり小なり虐待を受けた経験がある。

虐待の時代の特色は、子供たちの攻撃性が内側、つまり自分に向くようになったことです。校内暴力の時代では、社会や同級生に対して攻撃性が向いていた。いじめの時代では、隠れた形で同級生や弱い子に対して攻撃性が向いていた。いずれにせよ、負のエネルギーの矛先はそばにいる他者だった。

ところが、虐待の時代では、自分自身に向けられるようになった。自傷行為、引きこもり、拒食症……。他人に向かないぶん、自分を傷つけはじめたのです。

理由は、それまでの国の対策も多少なりとも影響しているのでしょう。校内暴力の時代、いじめの時代に、負のエネルギーを公の形でも、隠れた形でも、他人に向けることを抑圧してきました。こうなると、子供たちは負のエネルギーを、自分自身に向けるしかなくなる。その結果、自己破壊に走るのです。

攻撃性が自分に向かってしまうと、問題解決はさらに難しくなっていきます。うちの施設でも、女の子が私の前にやってきて、「ねえ、見て見て」なんて言って刃物で手首をザクザク切ったりする。手首が傷跡で埋まると、今度は脇腹や太腿《ふともも》を切る。深さもエスカレートしていき、「やめろ」と言ってもヘラヘラしている。

こうなってしまうと、施設の職員だけで対応するのは困難です。お医者さんなど専門家が介入し、薬の投与やカウンセリングを行うことで、長期間にわたって治療をしていかなければなりません。

こうしたことを受けて、児童福祉の現場は年々、分業化が進んでいます。うちの施設で、外部の専門家が来て治療をするための部屋が設けられているのはその一環です。定期的にお医者さんや心理療法士がやってきて、子供一人に対して数十分ないしは一時間以上カウンセリングをしたり、治療をする。もちろん、必要と判断されれば、薬を服用することになります。

児童養護施設を、親にも役立ててもらおうという取り組みもはじまりました。施設を子供の保護だけでなく、家族の改善の場としても活用したいということです。

虐待の時代では、子供を一時的に家庭から切り離すだけでは、根本の解決にはなりません。虐待する親が変わらなければ、子供を改善させたとしても家族のもとに帰すことができないのです。そこでうちとしては親に変化を促すために、「親教育・親支援」を行っています。

親教育・親支援とは、文字通り親を教育して正しい親になってもらうことです。

これまで当園は、「できる限り、子供を家庭に帰そう」という方針を掲げていました。子供たちにしてみれば、やはり実の親と暮らせるに越したことはありません。大半の子供がそれを望むという事実もあります。

しかし、虐待する親は、子供を適切に育てる能力や知識や環境をもっていない。そこで、私たちが親に対して子供との正しい向き合い方を教えるのです。

うちの施設の三階には、マンションのような宿泊施設が複数あります。ここは家族を再構築するための場所です。

親に泊まってもらって、我々の見守りの下で子供と過ごしてもらう。壊れてしまった家族の絆を修正していくのです。正しい生活のあり方や、親の医学的な治療、それに経済状況などの改善も同時に行ってもらいます。

親子での宿泊は、最初は一泊だけ。それが問題なくできるようになったら、今度は二泊、さらにうまくいけば三泊といった感じで、子供と一緒にいられる時間を延ばしていけるようにする。

これを四年とか五年のスパンでやってもらって、子供への接し方がちゃんと身についたと判断すれば、親子を家庭に帰すのです。小学一年生で入ってきて、中学二年になってようやく家庭にもどれる、という子もいます。人によって期間はまちまちです。

施設で暮らすことで子供が安定し、成長していく。親の方も、施設での教育を通して意識が良い方に変わっていく。

この二つがうまく並行してできれば、一度壊れた家庭であっても、再生することは可能です。傷ついた子供であっても、やはり親が安定していれば精神的に落ち着くものなのです。

現在、当園では、親教育・親支援をできるだけ早い段階からやるようにしています。

これまでの児童養護施設の役割は、児童相談所が連れてきた子供を保護するというものでした。しかし、家庭が崩壊して、子供心がズタズタに切り裂かれた段階では、時すでに遅しということもあります。したがって、家庭崩壊する前の段階から介入して、手を差し伸べる必要があるのです。

取り組んでいるのは、地域の家庭にネットワークを広げて、育児困難の家庭の相談に乗るということ。必要であれば、その時点で親教育をしたり、子育てにゆとりをもてるように、ショートステイ事業として週に何日か子供をうちで預かったりすることなどです。そうすることで家庭が崩壊する前に、親子関係の改善の支援ができればと思っています。

児童相談所の役割の一部を我々がこなすということですね。もう縦割りの取り組み方では限界がある。それぞれができることを広げて取り組んでいかなければならないと考えています。

子供の可能性

今の子供は「わからない」と言われていますね。私自身、そう感じます。

昔の子供は、ものを知らない子が多かった。だから、考えるより先に手が出てしまう。校内暴力の時代の子が典型です。

現在の子供は情報社会の中で、ものすごくたくさんのことを知っているんです。だから、あれこれ考えて、警戒して、失敗を恐れる。それで「めんどくさい」「やってもムダ」と言って、うちに塞ぎ込んで、何もやろうとしない。人間関係ですら「意味ない」として断ち切ってしまうんです。

自己表現も下手ですね。人間関係を築こうという意志をもたず、ゲームのような世界に埋没するので、なかなか現実世界で自分の思っていることを言葉にしたり、人に伝えたりということができなくなってしまう。

結果として、他人から見て「何を考えているのかわからない子供」となるんです。そして、そういう子供が増えているのが現実です。

しかし、こうした子供たちも、いずれは社会人として世の中に出ていかなければなりません。私はハードとソフトの両面から、彼らが社会へ旅立っていける力をつけさせることが必要だと考えています。

ハードは、子供たちをしっかり専門学校や大学まで行かせて、資格とか学歴をつけさせることです。昔は中卒でもいろいろと仕事がありましたし、職人みたいな働き口も多かった。

今はそういう仕事がかなり減ってきている。仕事の内容、雇用形態が昔と全然違うんです。だから、子供たちには学生の間にできるだけ資格や学歴をとらせ、社会で最低限の保障を受けながら働けるようにしてあげたいと思っています。

ソフトの方は、彼らに自分自身の問題と向き合いながら生きていく術を習得させることです。

自分がどういう問題を抱えているのか。どの部分が人よりも秀《ひい》でていて、それを有効に活用するにはどうすればいいのか。そうしたことを理解し、人間関係を築いていけば、自ずと生きやすい環境ができあがるんです。

いつまでも「わからない」と思われているままではいけない。他人にわかってもらって、生きやすい環境を自分自身でつくれるようにならなければいけないのです。

長年子供を見ていると、社会でうまくやっていく子供には、いくつか共通する特色があるように思います。具体的に言えば、「やさしさ」と「心の拠り所」をもっている子ですね。どんな不良でも、人に対するやさしい眼差しをもっている人は、いつか軌道修正して生きていくようになります。「妻のため」とか「子供のため」とか「師匠のため」というように、心の拠り所をつくり、壁にぶつかってもへこたれずに誰かのために頑張ってやっていこうとする。決して崩れません。

施設にいた子供たちが一〇年、二〇年して遊びにやってきてくれて、子供の頃のやさしさをもちつづけて、「家族のため」と言いながら必死に頑張っている姿を見ると、本当に嬉しくなります。私自身が彼らからエネルギーをもらった気持ちになる。

私は、すべての子供がそうなることのできる可能性を秘めていると思うんです。要は、私たち大人がその可能性をちゃんと伸ばしてあげられるか。家庭がそれをできなければ、社会がやるしかないと思います。

児童養護施設の仕事の醍醐味《だいごみ》は、まさにそこにあるのではないでしょうか。

（二〇一七年三月取材）

第二章

マイノリティー

不登校児の居場所——フリースクール

東京都北区、王子駅北口から徒歩三分ほどのところに、不登校の子供が集まるフリースクール「東京シューレ」がある。五階建てのビルを丸ごと借り、一〇時から一八時の間、小学生から二〇代前半までの学校へ行かない子供・若者たちが、自由に利用できるようにしているのだ。

二〇一六年二月の寒い午後、三階のフリースペースでは、週に一度のミーティングが行われていた。子供たちが集まり、このフリースクールの方針を決めるのである。ここでは「やりたいことを応援する」「自己決定」「違いを尊重する」という方針が貫かれ、生徒たち自身で授業の内容、校内のルール、年間行事などを決めていく。

ミーティングに集まった子供たちは、自由な校風を表すように、年の差に関係なく意見を出し合っていた。この日は主に校内でのゲームの使用ルールがテーマだったが、本当に不登校の子たちなのかと思うほどの活発な議論だ。

私がこの施設を訪れたのは、近年増加の一途をたどっている、学校へ行っていない子の「居場所」を見てみたかったからだ。

現在、全国の不登校の児童は小・中学校で一二万人に上り、中学生だけでも約九万五〇〇〇人（三七人に一人）となっている。欠席しがちな不登校予備軍を加えれば相当の数になり、学校側も不登校専用のクラスをつくったり、スクールカウンセラーによる専門的な対応に取り組んでいるものの、改善の兆しはあまり見られない。

文部科学省はこうした現状に危機感を抱き、これまで登校を促すだけだった指導を緩め、二〇一四年九月に「フリースクール等プロジェクトチーム」を設置。不登校の子供への支援をフリースクールに委ねるため、全国に四〇〇あると言われる団体を調査し、公的支援制度などによるバックアップ体制を整えるよう動きはじめた。

今回、私が数ある中から東京シューレを取材先に選んだのは、その先駆けともいうべき存在だからだ。

ここが設立されたきっかけは、代表の奥地圭子（75歳）の息子が転校先でのいじめが原因で、五年生で不登校になったことだった。息子は学校への拒絶感から拒食症にまでなった。

当時、教師の職にあった奥地はなんとか息子を支えようと、児童精神科医・渡辺位《たかし》（故人）から不登校について学んでいく中で、同じような不登校児童でも安心して通える場所をつくろうと考えた。そして一九八四年に立ち上げた、不登校児童を抱える保護者の集まりである「登校拒否を考える会」を母体にして、一九八五年六月に東京シューレを設立したのである。

現在は、王子の他に、新宿、流山《ながれやま》（千葉県）にも系列のフリースクールがあり、全校で一二〇人ほどの生徒を擁している。また、自宅学習を支援する「ホームシューレ」、一八歳以上が対象となる「シューレ大学」、そして不登校生徒のための学校「東京シューレ葛飾《かつしか》中学校」などもある。つまり、フリースクールを中心にして小学生から二〇代前半の不登校児のための「総合的な学園」をつくったのである。

かつて子供たちが学校へ登校できなくなる理由は、いじめとの関連で捉えられることが多かったが、現在は家庭問題、精神的問題、コミュニケーション不全など多様化している。

東京シューレで、私が個別に話を聞いた生徒たちは次のような理由を挙げていた。

「家ではお父さんが厳しくて怖かったんです。学校でも仲間外れにあった。いじめってほどじゃなかったけど、家も学校も嫌になっちゃって、どこにもいる場所がなくなっちゃったんです」（小学生女子）

「小学校の終わり頃から、友人にわけもなくいじられたり、からかわれたりするようになったんです。何でかわかりませんでした。でも、それがつづいて学校が怖くなっちゃって、中学に入ってから行かなくなりました」（高校生男子）

こうした中で現代に特徴的なのは、「理由のない不登校」だという。ただ漠然と登校することに不安を覚えるようになり、学校に行くことができなくなるのだそうだ。

特徴を伸ばす

フリースクールを批判する人は、「学校が嫌だという理由だけで不登校になるのは甘えだ」とか、「困難にぶつかった時に、壁を乗り越える努力をするのも学校の存在意義だ」と考える。

実際、私も少なからずそう思い、フリースクールに疑問を抱いていた時期もあった。

だが、今回、東京シューレなどいくつかのフリースクールの取材をし、不登校児たちから話を深く聞いてみて感じたのは、生徒たちの中には思考の方向性、物の言い方、着目ポイントなどに特徴のある子が多いということだった。

ある子は思考や会話のテンポがすごくゆっくりだったし、ある子は人の意見を聞かずに自分の意見ばかりを早口でしゃべっていた。心身に明らかな問題を抱えている子もいた。もちろん、そうではない子の姿もあったが、一般の学校のクラスと比べると、比較的多いという印象を受けた。

東京シューレの事務局長・中村国生《くにお》（48歳）はこう語る。

「不登校の大きな理由の一つに、子供に、学校が『こうしろ』という押しつけをすることが挙げられます。生徒は自分のもっている特性がつぶされると感じて学校に行かなくなってしまう。あるいは、同級生のグループの中にみんな同じであれという雰囲気があるから、特性のある子はそこからはじき出されてしまう。つまり、子供がもっている特性ゆえに集団に溶け込めなくなることがあるんです」

先に私は、ここの生徒たちに特徴がある子が多いと書いたが、それは決して悪い意味ではない。芸術家の世界でも、企業家の世界でも、タレントの世界でも、成功者の中には物事を逸脱するような特性をもつ人が少なくない。

だが、学校のような平均を求める場所では、そういう子は否応にも目立ってしまう。そうなると、なかなか本人も溶け込みにくいし、周りも異質という見方をする。その結果、不登校につながることがある。

そう考えれば、中村の次の言葉が非常に理解できる。

「これまで学校は、不登校の子供に『今の自分を変えよう。そうすれば学校へ行ける』というスタンスで接してきました。不登校の子を適応指導教室へ通わせるのはまさにそれで、『君の特性を消して学校に溶け込みなさい』っていう方針だったんです」

適応指導教室のやり方は、かつていたような非行少年を登校させるという点では有効かもしれない。だが、生徒が何かしらの特徴をもっていて、それが原因で学校へ行けないのだとしたら、そうした指導は生徒の個性を否定するだけになってしまう。

「東京シューレのスタンスはこれと真逆で、今のあなたを変えよう、ではなく、今のあなたを認めて育てていこう、というものです。うちが子供の気持ちを大事にして、自己決定を尊重するのはそのためなんです。ルールも講座の内容もすべて自分たちで決め、スタッフは子供と対等で、サポートする存在です。特性を伸ばせる空間を自分でつくっていく。そうすると、子供たちは自ら決めたことなので参加するし、進むべき道を見つけられるようになるのです」

子供の特性はそれぞれ違う。違いをもって生きなければならない子にとってフリースクールというのは、自分を肯定してくれる場になるだろう。

自主性を重んじる

代表の奥地によれば、ボランティアを含めたスタッフには、次の三点を求めているという。
・子供一人ひとりを認める。
・指導の対象として見ないで、横並びの関係になる。
・結論を言うのではなく、子供の話を聞いて任せる。
言うのはたやすいが、組織としての規律の中でそれをするのは容易ではない。

それについて、奥地はこう考える。

「東京シューレのスタッフは、指導者や管理者じゃないんです。あえていえば、親と子の間に立つ存在なんです。親から勉強しろと言われることが、子供にとって負担であれば、その負担を軽くする。子供がやりたいことがあっても親に言えないのであれば、それを代わりに伝えてあげる。スタッフがさせるのではなく、あくまで子供がしたいということを、きちんと聞き入れて、できるように手助けしてあげるのです」

奥地は、スタッフが親や教師に代わって何かをさせようとすれば、子供に価値観を押しつけることになると考えている。ゆえに、親と子の間に立って子供のしたいことを受け止めて伸ばす、という姿勢が大切だというのだ。

これが実現できる背景には、子供たちの親に会員となって運営してもらっていることが大きい。「登校拒否を考える会」と呼ぶ集まりが毎月開かれ、スタッフは親に交じって、子供が何を思い、何を願っているのか、そしてどうすれば家庭が子供たちの居場所になるのか、ということを膝を突き合わせて話し合う。

「うちはフリースクールの運営ありきじゃないんです。やっぱり子供にとって家庭は一番だし、親子の関係が何より大切です。だからこそ、家庭が居場所にならなければなりません。スタッフは、東京シューレという場においてそれをお手伝いすることで、子供が本当にやりたいことを伸び伸びと行えるように仕向けていくべきなのです」

親は自分でフリースクールを見つけだし、学費を払ってでも子供を通わせたがるだけあって、比較的意識の高い人が多いそうだ。そのため、多くの場合、親自身が協力的である。（東京シューレの学費にあたる会費は、正会員が月四万六二〇〇円、準会員が月一万五四〇〇円。低所得家庭には減額の相談にも応じている）

最近の特色としては、マスメディアの報道などによってフリースクールの存在が知れ渡ったことで、学校や病院の先生が子供に「行ってみてはどうか」と紹介したり、子供自身がネットなどで東京シューレを検索してやってきたりするケースが増えたらしい。子供が一人で来て、ここに通いたいから親を説得してくれと言ってくることもあるという。

奥地はこう念を押す。

「一点わかっていただきたいのは、うちのスタッフが子供に何かを授けるわけではないということです。結局は、子供自身が見つけなければなりません。だからこそ、子供には自分で物事を考える意志や、それを実行する勇気をもってもらいたい。もちろん、それに必要な場を提供したり、親子の間に立つことはします。子供の自主性というのが何よりも大切なのです」

私は話を聞きながら、東京シューレは決して子供たちに安易な道を進ませるわけではないのだな、と思った。

人は起業家のようにすべてを自分の責任と判断でするよりも、会社員のように組織の管理下で動いた方が楽だということもある。自主性をもって行動するのは、自分で自分の進む道を切り開いていかなければならないということでもあるのだ。

義務教育は、社会が子供に教育の機会を与えなければならないということであり、決して既存の学校だけに無理やり行かせるということではない。ならば、子供が自分に合った教育機関に通うことを選んだならば、社会はそれを支える必要があるのではないか。

東京シューレの取り組みは、まさにそのようなものであると感じた。

（二〇一六年二月取材）

勉強ができない——発達障害児のための塾

滋賀県の草津駅から徒歩五分の商店街の一角に、学習塾「アットスクール」の校舎がある。草津駅前で営業をする学習塾は数多《あまた》あるが、ここは他とは趣を異にする。発達障害をはじめとした、学習困難な生徒を中心に指導をしている塾なのである。

アットスクールの看板には、「学習指導・発達支援・子育て支援」といった文字が記載されている。他の塾と比べて、生徒に同行する保護者の割合も高い。生徒は二〇〇人以上、大阪市福島区にある校舎も合わせれば、約三〇〇人になる。

発達障害という言葉は、ここ二〇年ほどの間に教育現場で急速に広まった。主に、「自閉症スペクトラム障害（ＡＳＤ）」「注意欠陥・多動性障害（ＡＤＨＤ）」「学習障害（ＬＤ）」の三つに分けることができる。

改めてその特徴を簡単に説明しよう。

自閉症スペクトラム障害——こだわりが強い、対人関係で適切な対応が取れない、一つの行動を反復する、などの特徴があり、社会や人間関係に溶け込みにくい。

注意欠陥・多動性障害——注意力が散漫、衝動的でじっとしていられないなどの特徴を有する。注意欠陥、多動性とも呼ばれる。

学習障害——文字を読む、聞く、書く、あるいは計算をする能力が弱い。そのため一般的な授業で学習をすることが困難になる。

文部科学省の調査によれば、公立小中学校の通常学級に在籍する児童生徒のうち、発達障害の可能性のある小中学生は六・五％に及ぶとされている。つまり、一クラスに一、二名の割合で存在するということだ。これは現代になって急速に増えたというより、発達障害が認知されて診断を受ける子の数が増加したためといわれている。

発達障害の子供たちは、学校での授業や友人関係に問題を抱えて、生きにくさを感じている傾向にある。机に着いてじっとしていられない、教科書の文字が頭に入ってこない、友達との関係を構築できない。その結果、学校での集団生活に馴染めなくなってしまうのだ。

こうした生徒とて、好き好んで学校というコミュニティーから外れているわけではない。アットスクールの代表・鈴木正樹（49歳）は、約一五年前にそのことに気がつき、発達障害の生徒に対して「勉強」という面から向き合うことにした。

鈴木は大学卒業後、三年間だけ高校教師をしていた。学生時代に、高視聴率ドラマ「スクール・ウォーズ」に影響を受け、底辺の学校で教師として「人間教育」をすることに憧れて教師になったのだ。

だが、配属先の高校は地元でも屈指の進学校で、受験勉強をいかに上手に教えるかということばかりを求められた。鈴木はそれに落胆して職を辞し、アパレル会社を経て、家庭教師派遣会社の教育相談員になった。

人生の転機が訪れたのは、少し経ってからだった。ある日、鈴木は中学一年生の不登校の生徒の母親から相談を受けて、自宅を訪問した。小学三年生の頃から学校を休みがちになり、五年生の時から引きこもっているという。

家に行っても、生徒は部屋に閉じこもって、「早く帰れ！」としか言わなかった。鈴木は仕方なく連絡先を書いたメモをドアの隙間から入れて、いつでも電話をくれと言い残して帰ろうとした。すると、生徒はドアの向こうから怒鳴った。

「俺は学校が嫌いで行かないんじゃない！　行きたいけど、行けないんだ！」

その言葉が鈴木の胸を貫いた。

これまで不登校の生徒は学校が嫌で、自ら不登校になっているのだと思っていた。だが、彼は行きたいけど行けないと叫んだ。どういうことなのか。

それから鈴木は不登校の子供のことを一から勉強しはじめ、発達障害という概念にたどり着いた。目から鱗《うろこ》だった。これまでの人生をふり返っても、その特徴に当てはまる人は何人もいた。

一流企業に入ったのに周囲に適応できずに、身勝手な行動でミスを連発して引きこもりになった人、販売員としては優秀だったのに、マネージャーに昇進した途端に部下への接し方がわからず店の経営を崩壊させた人……。

学校の子供も同じなのだ。一見すれば普通の子供に見えるかもしれないが、彼らは生まれつきの特性ゆえに周りに順応することができない。いくら勉強しても身につかなかったり、クラスで浮いた存在になったりしてしまう。

そんな子供たちに「頑張れ」「サボるな」と怒っても意味がない。彼らが溶け込める環境をつくっていかなければならないのだ。そう考えると、彼らの声にならない苦しみが聞こえてくるようだった。

鈴木は一念発起し、二〇〇五年に発達障害児の学習支援事業をスタートさせた。初めは家庭教師として自ら車を運転して、滋賀県内の家を巡って生徒の指導に当たった。発達障害の子には、それぞれ特徴がある。それをきちんと見極めた上で、どんな方法が最適かを判断し、家族の理解を得ながら進めていく。毎日が試行錯誤の連続だった。

こうした努力の結果、一人ではじめたアットスクールは口コミで評判が広がって、生徒はどんどん増加した。創業から三年後には、草津市内のマンションに校舎を構えて個別指導やグループ指導を開始し、大阪でも教室を開校。その翌年には、現在の場所へと移転したのである。

生徒と向き合う

アットスクールの校舎は、外観を見るだけでは普通の学習塾と何も変わらない。玄関の靴箱には、小中学生の靴が並んでいて、二階には職員室。その奥に教室があり、個別指導のブースと、少人数制のクラスとに分かれている。

だが、よく見ると、普通の学習塾とは異なる光景が目に留まる。その一例が、各教室の前の床に〈止まれ〉の足のマークがついていることだ。子供たちの中には、発達障害によってどの教室にもお構いなしに入っていって、自分勝手に語りはじめる子も少なくない。だから、足のマークをつけて、「ここから先はノックをして許可を得なければ入ってはいけません」と示す必要があるという。

また、教室の個別指導用ブースには、ここまでと思うほど細かな注意書きを記した紙が貼られていたり、消しゴムのカスを集めるための小型の箒《ほうき》と塵《ちり》取りのセットが置いてあったりする。落ち着きのない子や、些細なことを必要以上に気にする子のためのものだそうだ。

この日は、午後四時と早かったため、個別指導のブースには小学生くらいの生徒の姿が目立った。講師が一人ずつ生徒の隣について教えている。生徒とカードで遊んでいる講師もいれば、一緒になって丁寧に問題を解いている講師もいる。

案内してくれた主任コーディネーターの久保芳織《かおり》（37歳）は、以前は児童相談所で勤務していた。前職で生きづらさを感じている子供たちに多く接したことが、転職のきっかけだったという。

「アットスクールで講師をやりたいという人は、学生から主婦までいろいろです。発達障害に関心があったり、お子さんがそうだったりという方も結構いらっしゃいますね。生徒の置かれている状況を理解して、何とかしてあげたいと思って応募してくれるんだと思います」

発達障害の子供を指導するには、それ相応の知識と技術が必要になる。アットスクールでは、講師に対して年に七、八回の研修会を開いて授業指導や事例検討をする以外に、一定の条件を満たして認定テストに合格すると「スペシャルニーズサポーター認定証」を発行する仕組みもつくっている。

草津の本部校でいえば、全生徒のうち小学生が三割、中学生が五割、高校生と未就学児童が二割だ。ただ、これら全員が発達障害の診断を受けているわけではない。ボーダーで完全には当てはまらない生徒もいれば、親の意志で受診をしていない生徒もいる。

「うちでは、どんな生徒であってもきちんと指導をするために最初に相談やテストを行って、個別学習支援計画書というものを作成します。生徒の情報を細かく記載したもので、それを親御さんに示して個人に合わせた指導計画をつくるのです」

アットスクールの個別学習支援計画書は、まるで生徒の総合カルテのように、細かく生徒の特性が記されている。生徒の生育歴、趣味、性格、通院歴はもちろん、発達レベルから行動パターン、認知特性までを数値化して明確化し、今後の目標やそれに至る道筋を明らかにするのだ。

個別学習支援計画書は、塾だけでなく、親の理解を得るためにも役立てている。月謝を払う親からすれば、授業の九〇分をすべて勉強に使ってもらいたいと思う。しかし、注意欠陥の傾向があって集中力がつづかない生徒にそれを強いれば逆効果になる。また、こだわりの強い生徒は、自分で選んだプリントを自分が考えた順番にしかやろうとしないため、それを認めなければ信頼関係が壊れてしまう。

そのため、講師は生徒の特性に合わせて、一見遠回りと思える方法で勉強を教えていかなければならない。授業の半分をゲームに費やす、生徒にプリントを選んでもらうなどだ。もし親の了承なしで行えば、「時間を無駄にしている」「生徒に任せっぱなし」と捉えられるし、家庭の協力も得られなくなる。個別学習支援計画書を通じて、お互いが生徒の指導についてきちんと理解し合う必要があるのだ。

「生徒を見ていて思うのが、すべての勉強が苦手という人はいないということです。学習障害で、読むことはできなくても、しゃべることはできるという子はいます。生物は好きでも、化学はまったくダメという子もいる。まずは得意なところからやらせていって、苦手なことについては本人の意見を聞きながら、『ここまでやってみよう』とか『こっちは家でやろうか』といったように、個人のペースに合わせて少しずつ取り組ませていくことになります」

久保は、その重要性を身をもって体験したことがある。

ある日、小学一年生の男の子を指導することになった。彼は自閉症スペクトラム障害と注意欠陥・多動性障害があり、非常にこだわりが強く、興味のあることしかしようとせず、人と付き合うことが困難だった。学校からは支援学級を勧められていた。

久保はこの子に向き合い、まずできることをさせることで、少しずつ集団に溶け込ませていこうと考えた。

たとえば、みんなとゲームをする際、彼は勝ち負けの勝負事が嫌いで参加することを固く拒んだが、ゲームの解説ならば上手にできる。そこで久保は彼に「解説者」としてゲームに加わってもらうことにした。すると、彼は集団の中で解説者という役割を見いだし、少しずつ周りと会話をすることもできるようになっていった。

こうした取り組みをあらゆるところで行ったことで、小学六年生になった今では同級生と会話ができるようになり、国語など苦手な科目の他は、普通学級で授業を受けられるようになった。

「幸運だったのは、彼を小学一年生から見られたことですね。やはり指導は早ければ早いほどいい。発達障害の子は、理解されずに普通の子より周りに怒られたり、家庭で心苦しい思いをしたり、いじめられたりする。そうなると、二次障害といって不登校や引きこもり、あるいは自傷行為といった状況に陥りやすい。その前にきちんと指導して、周りの理解を得ることが重要なんです」

支援のための四本柱

昼下がり、使用していない教室で、私はアットスクールの代表の鈴木に話を聞くことにした。

見た目は、一途で固そうな教育者といった雰囲気がある。だが、いざ話をしてみると、時折屈託のない笑顔を見せ、机には花と一緒に「本日はご来社下さいましてありがとうございます」と書いたカードを立てるほどの気づかいぶりだ。生徒のことにも気配りができるだろうなと思った。

鈴木は語る。

「アットスクールを立ち上げてから数百人の生徒たちに向き合ってきました。その経験から言えば、塾は塾としてできることはありますが、やはり、いかに周りの理解と協力を得ていくかが重要だということです。塾が週に九〇分だけその子に関わるだけで、すべてが解決することはありません。私生活を含めた包括的な支えが必要で、それが一つでも欠けてしまうとうまくいかないのです」

ある生徒が、母親に連れられてアットスクールにやってきたことがあった。母親は熱心に鈴木の話に耳を傾け、子供のできることから一つずつはじめて、少しでも生きやすくしてあげたいと考えていた。

ところが、父親が理解を示さなかった。母親の取り組みに対して、「うちの子なんて何をやらせたって、どうせできないんだから、辞めさせせっちまえ」と言ったのだ。子供はやる気になっていたが、それを聞いて急にくじけてしまった。そして塾に来なくなったのである。

「目指すことは、塾、家庭、学校、地域の四本柱で生徒を理解して支えることです。つまり、社会全体として、いかにその子が生きやすい環境をつくってあげられるかなのです」

アットスクールは、その四本柱の中で主導的な立場ということか。

「そうですね。うちは、作成している個別学習支援計画書を家庭に見せて理解を得た上で、保護者経由で学校の先生に見てもらったり、クラブや習い事でも活かしてもらったりしています。全員が生徒の特性を理解し、同じ目的に向かって歩調を合わせることが不可欠なのです」

　教育の最終的な目標についてはこう語る。

「学業を終えて社会に溶け込んで、きちんと働いて納税者になってもらうことです。私の経験から言っても、すべてができない生徒なんていません。勉強でも、仕事でも、遊びでも、何かしらのものはできる。それを見つけて伸ばしてあげられれば、うまくいくんです」

　鈴木がよく覚えている人物がいる。かつての教え子の奥村伸介（仮名）だ。

　伸介はＩＱこそ低くはなかったが、自閉症スペクトラム障害の特徴が明らかな少年だった。教室では友達はおらず、同じ席で好きなことだけを黙々としていた。

　高校時代のある日、伸介は同級生と電車に乗っていた。そこで同級生から「おまえは（その場の）空気が読めないな」と言われたところ、なぜか「空気」という漢字について言われていると勘違いしてこう怒鳴った。

「俺はおまえより頭がいい。（漢字の）空気ぐらい読めるに決まってるだろ！」

　怒りのあまりカッターを突きつけた。そして、この一件が問題となり、鈴木のもとへつれてこられることになったのである。

　アットスクールに来た当初から、鈴木は伸介とうまくいっていたわけではない。鈴木が将来の展望を尋ねたら、伸介は「京大に行く。教師に侮辱《ぶじょく》されたので弁護士になって、そいつを処刑にするんだ」と支離滅裂《しりめつれつ》な答えをする。そこから鈴木はゆっくりと彼と信頼関係を築き、公立大学へ合格させ、その後卒業論文の世話までして卒業させた。

伸介はその特性ゆえに就職も決まらず、アルバイトもなかなか受からなかった。郵便局の面接で落とされた時は、「策略だ！」と言って建物に火をつけようとした。

鈴木は根気よく付き合い、遺跡発掘のアルバイトをさせた。それが、ピタリと当てはまった。遺跡発掘は、人とのコミュニケーションが不要だが、ある程度のＩＱが求められる。仕事そのものは同じ行動のくり返しだ。それが、伸介の特性に合致したのだ。

伸介は毎日黙々と遺跡を掘り、持ち前の集中力でバラバラの土器の破片を一つにくっつけていった。周りから重宝がられ、やがて教育委員会で採用されることになった。

鈴木は語る。

「発達障害の子供たちって、自分に対する自信がない子が結構いるんです。うまくいかないことばかりで、成功体験がない。だから、アットスクールでは、できるだけそうした体験を積ませてあげたいと思っています」

それに必要なものの一つが、学習塾での集団経験だという。

「早いうちから、彼らが集団の中に溶け込めるようにして、そこで居場所を見つけて自信をもってもらいたいと考えています。うちでは個別指導と家庭教師が八五％を占めていて、少人数制クラスの生徒は一五％しかいません。しかし、これからは少人数制クラスの生徒をもう少し増やしていきたいのです」

──少人数制のクラスに移せば、何が起こるんでしょうか。

「うちの少人数制クラスでは、多学年の生徒を一つの教室で指導することにしています。そうすると、自然と上下関係ができ上がる。たとえば、三年生から六年生までを同じ教室に集めれば、上級生が下級生の面倒を見るようになる。プリントの配布の仕方を教えたり、採点の順番を待つように注意したり、時には計算の仕方を教える。その積み重ねで自信や自己肯定感をもてるようになることが、人間的な成長、さらには集団の中でのコミュニケーション能力を高めることにつながるんです」

鈴木が発した「社会に溶け込んで納税者になってもらいたい」という言葉が、とても広い意味をもっていることに気がついた。

アットスクールが取り組んでいるのは、目先だけの偏差値教育ではない。発達障害の子供たちを社会に溶け込ませ、やりがいを与え、社会に貢献できる人に育てようとしているのだ。すべては、どんな子供にも必ず居場所がある、という鈴木の信念に基づいている。

アットスクールは、二〇一七年からフランチャイズ教室を全国に広げるという。三月からは彦根（滋賀県）と東住吉（大阪府）で校舎が開校する。

鈴木が学習塾を立ち上げてから一二年。いよいよ、彼が蓄積してきた学習障害の子供たちを社会で活躍させるための教育が、全国に普及しはじめようとしているのだ。

（二〇一七年二月取材）

本来の自分を生きる——LGBT

東日本のある小学校で、六年生の女の子が家出をして数日間、行方がわからなくなった。家族や学校の友人、それに警察関係者たちが捜し回ったところ、隣町で発見、保護された。

なぜ家出をしたのか。その問いに少女は答えた。

「中学に進学してスカートをはくのが嫌だった」

彼女は生まれついての身体は女子だったものの、ずっと自分は男子だという思いを抱いていた。いつか男性器が生えてきて男になれるのだ、と。

高学年になり、次第にそうならない現実を認めざるをえなくなった。同時に、彼女は中学校へ上がって、ブレザーにスカートといった制服で学校へ行くことが嫌で嫌で仕方がなかった。

ある日、彼女は両親に言った。

「中学校へ行きたくない。もし行かなければならないなら、制服のない学校がいい」

人口数万人の小さな町だったため、私服で通える公立中学はなかった。都会の私立中学なら私服の学校もあるが、家計はギリギリで両親はそんな娘の希望に応えることはできなかった。

父親は言った。

「わがまま言うな！　なんで制服が嫌なんだ。理由を言え！」

彼女は自分が男性の心をもっていて、女子の制服が着たくないとは言えなかった。それで、中学の入学式を前に家出をしたのである。

その後、女の子は両親や学校とも話し合ったが、女子の制服を着なければならないという規則は変わらなかった。彼女は考えた末に、自分のことを知らない隣の中学校へ通うことになったが、やはり女子の制服を着ることへの抵抗感が強かった。そして中学一年の一学期の途中で、不登校になってしまった。

近年、ＬＧＢＴという言葉が広がりつつある。「レズビアン」「ゲイ、」「バイセクシュアル」「トランスジェンダー」といったセクシュアル・マイノリティーを示す言葉だ。

ここ一〇年ほどの間で、日本ではＬＧＢＴへの理解が深まったと言われている。たしかに学校の授業でそれらを学習したり、テレビや新聞で取り上げられたりすることは増えてきた。はるな愛、マツコ・デラックス、ＧＥＮＫＩＮＧといったタレントが、自らの性的特性をテレビの前で明るく話すことも大きく影響しているだろう。

だが、思春期の子供たちに目を向ければ、まだまだ問題は山積しているといえる。特に地方に行けば行くほど、その傾向は強まる。密接な人間関係、閉鎖的な環境が、ＬＧＢＴに対する無理解や偏見を生み出しているのだ。

こうしたこともあって、地方では最近になってようやくＬＧＢＴ支援団体が結成され、セクシュアル・マイノリティーへの関心と理解を促す試みが行われはじめている。今回訪れたのは、そうした団体の一つ、愛媛県でＬＧＢＴの当事者支援や啓発活動を行う「レインボープライド愛媛」だ。

レインボープライド愛媛の拠点「虹力《にじから》スペース」は、松山市内の静かな住宅街の二階にある。棚には植物やかわいい食器が並び、ソファーやクッションが置かれている。アロマの香りがうっすらと広がる中で、心地よい音楽が流れる。事務所というより、おしゃれなカフェのような雰囲気だ。小学生から大人までもが家のように安らげる空間をつくりたい。そんな思いからデザインされたという。

代表のエディ（46歳）は語る。

「当団体の設立は二〇〇七年。現在は日本のあちらこちらに、ＬＧＢＴの当事者支援や社会啓発をする組織はあります。ただ、松山市のような人口五〇万人規模の都市にできた組織としては、日本でも初期の方だと思います。東京や大阪のような大都市では、かなり前からＬＧＢＴ関係の組織はつくられていましたが、地方では一〇年くらいまで何もないような状況だったんです」

レインボープライド愛媛は、エディをはじめ四人の男女によって設立された。その経緯は、まさに地方のＬＧＢＴの状況を表しているといえる。

偏見からの脱却

　エディが松山市内で生まれたのは、一九七〇年のことだ。エディは長男で、妹が一人いた。幼い頃から両親には、長男の彼が家を継ぐのだという目で見られてきた。

自らの性に初めて違和感を覚えたのは、小学四年の時だった。同級生たちが異性を好きになるのに、自分だけは恋愛対象が男子だった。きっと一時的なものだと考えたが、五年生になっても六年生になっても、好きになるのは男子だった。

　やがて自分のことが不安になり、様々な資料をひっくり返して調べてみた。すると、ある医学系の書籍の中に精神病の一種らしいという記述があった。

　病気だということを否定したい気持ちもあったが、今後受けるであろう世間からの冷たい眼差しを考えれば、もし病気ならば治ってほしいという気持ちもあった。本人の感情とは別に、そうしなければならない社会の無言の圧力があったのである。

　ちなみに、現在の医学の中では同性愛を精神病の一種とする考え方はない。当時はまだ社会の不理解から、同性愛は「ホモ」「オカマ」と一括りにされて偏見にさらされるか、「精神病」という枠組みに当てはめられるかだったのだ。

　いつか、この病気は治るのだろうか……。エディは誰に相談することもできず、毎日が孤独だった。

エディが日本の同性愛文化に触れたのは、中学三年の頃だった。町の古本屋を訪れた際、ふとした偶然からゲイ雑誌を見つけたのだ。『薔薇族《ばらぞく》』である。

一〇年くらい前に発売された古書だったが、エディは手に取って貪るように読んだ。胸に芽生えたのは、自分だけが異常じゃないんだ、世の中には同性愛の文化があるんだ、という思いだった。

いてもたってもいられなくなり、エディは未成年であることを隠して、『薔薇族』を創刊した編集長・伊藤文學に手紙を送った。数日後、伊藤から手紙とともに、最新号の『薔薇族』が送られてきた。伊藤の厚意だったのだろう。

最新号の『薔薇族』に描かれた世界は、古本屋で見つけた一〇年前のそれに比べれば、はるかにゲイ文化が進んだように感じられた。とはいえ、時代は八〇年代、今の東京などに比べればまだまだ社会の片隅で隠れるように咲いている小さな文化だった。

大学へ進学してからも、エディは自分の気持ちを明らかにして生きるべきかどうか葛藤しつづけた。

一方で、松山にある同性愛コミュニティーとも接点をもった。『薔薇族』の文通欄を介して仲間をつくったり、そこで知り合った人からゲイバーや、ハッテン場（男性同性愛者の出会いの場所）の存在を教えてもらったりしたのだ。インターネットのない時代、彼らはそういう形でコミュニティーを築いていたのである。

周りに少しずつゲイの仲間が増えていくにつれ、エディは自分の特性に後ろめたさを感じなくなっていた。むしろ、自分のような人間がいることを認めようとしない社会に違和感を覚えていた。

ただ、一大学生がいくら社会の方がおかしいと叫んだところで、風潮を変えるのは簡単ではない。ゲイは人間の一つのあり方なのだと主張しても、世間の人々が耳を傾けて理解してくれるかどうかは別だ。下手にカミングアウトすれば、家族、大学、会社の中で偏見にさらされることになる。

大学卒業までの間、エディはいく度も一人旅をし、自分自身に正直に生きるべきか、あるいは偽って生きるべきかについて悩んだ。

卒業前、彼は一つの決心をした。

――自分自身に嘘をつかない人生を生きよう。

地元の企業への就職が決まった後、エディは親に打ち明けることにした。この時期を選んだのは、勘当されても一人で生きていけると思ったからだ。最初に話をしたのは母親だった。

「実は、僕は男性が好きなんだ……。だから、将来的に結婚はできないと思っておいてほしい」

母親はそれを聞くと、半狂乱になって叫んだ。

「そんなことは、おまえが一人で抱えていれば済むことでしょ！　親に言うことじゃない！」

自分を偽って女性と結婚し、同性愛については墓までもっていけということだ。息子の人生より、家を守ることの方が大切だと言わんばかりだった。

数日後、父親から呼ばれた。母親がエディの告白を伝えたらしかった。父親は子供の意見にあまり耳を傾けない性格だったので、理解してもらえないだろうと思っていた。意外なことに、父親はこう言った。

「おまえの人生が何より大事だ。自分で思ったように生きていけばいい」

エディは、父親が感情ではなく、頭で考えて意見を言ってくれたことが嬉しかった。

ただ、時間が経つにつれ、その父親も真の意味で自分を理解していないことに気づく。エディに自分の人生を生きろと言いつつ、「それはそれとして、いつ結婚するつもりなんだ?」と訊いてくるのだ。父親も同性愛について知る機会がなかったのだろう。

エディがLGBTに関する社会活動をはじめるのは二〇〇五年、三五歳の時だった。ゲイの仲間や大学時代の女友達と集まっていたところ、LGBTについての知識を広めるための行動を起こそうという話になったのだ。

たまたま衆議院選が差し迫っていたので、エディたちは立候補者に対してセクシュアル・マイノリティーに関するアンケート調査を行った。質問状を送り、LGBTへの理解度や政策について尋ねたのである。

結果は、五人の立候補者に送って誰からも返答がなかった。逆に言えば、それだけLGBTに対する関心が薄かったということだ。エディたちは落胆するより、活動の重要性をいっそう感じた。

翌年、今度は松山市議会選挙があったので、エディたちは前回と同じようなアンケート調査を行った。すると、今度は数通だが回答があった。社会の中には、自分たちを認めてくれる人がいるんだ。エディたちは勇気をもらった気持ちになり、この試みをつづけていくことにした。

さらに次の年には、愛媛県議会選挙が行われた。この時は、前年よりさらに多数の回答をもらうことができた。自分たちにも何かできることがあるのではないかという機運が高まった。

愛媛県議会選挙が終わった後、エディたちは市の人権啓発課へ赴いた。前年の市議選でアンケートに回答してくれた市議と知り合い、これからの活動について相談したところ、一度行政の意見に耳を傾けてみるべきだと勧められたのである。

人権啓発課の担当者からは、これから行政の政策に関わっていきたいのであれば、個人として行うのではなく、正式な団体として活動した方がいいと助言された。それで一カ月後、彼らは正式に「レインボープライド愛媛」をＮＰＯ法人として登録することにした。

それからは、この団体を基盤にして市民向けの講演会や勉強会を積極的に開催していった。最初は困難の連続だった。男女共同参画センターで交流会を開いても、参加者は皆無。地道にネットで告知をしたり、チラシを配布したりしているうちに、ようやく一人、二人と少しずつ増えていく状態だった。

自治体はこうした地道な活動を見てくれていたのだろう、やがて勉強会の講師として呼んでくれるようになったり、学校でＬＧＢＴについての講演会の機会をくれたりするようになり、団体の知名度も広がっていった。

エディは語る。

「今では、行政とともにＬＧＢＴの啓発活動や支援活動を幅広く行えるようになりました。特に、二〇一三年に中国、四国地方で初めての交流拠点『虹力スペース』ができたのが大きかったですね。集まれる場所ができたことで、活動の幅が一気に広がったのです」

レインボープライド愛媛のスタッフは、現在六名。エディの他、異性愛の女性一名、ゲイの男性が五名だ。

彼らは虹力スペースを拠点に、複数の取り組みを行っている。具体的には、当事者同士の交流を進めるＬＧＢＴ交流会ティーサロン、ゲイのおしゃべり会、レズビアン女子会。ＭｔＦ（身体的には男性であるが性自認が女性）やＦｔＭ（身体的には女性であるが性自認が男性）の会など。月に一度の当事者交流イベント「れいんぼ〜ティーサロン」、ＬＧＢＴについての学習会「レインボー・スタディーズ」、無料相談、さらにはＬＧＢＴ関連の小冊子の発行から愛媛ＬＧＢＴ映画祭の主催などだ。虹力スペースを訪れるお客さんは、年間で一五〇〇人ほどになるという。

「活動の幅は年々広がっています。でも、東京や大阪と比べると、地方の当事者の生きづらさと社会の理解はまだまだだというのが正直な感想です。かつて勤めていた会社では、僕は二〇代の頃から『結婚しろ。そうでなければ責任ある仕事は任せられない』と言われていました。結婚が、出世のための条件なんです。独身だと信用してもらえない。二八歳の時に同性愛をカミングアウトしました。それを機に、露骨な差別はなくなりましたが、予想通り役職には就けてもらえませんでしたね。後輩がどんどん出世するのを見守るしかありませんでした」

少し前まで、松山ではこうした企業がまだあったのだろう。

エディは付け足す。

「結婚しなければ、男性がサラリーマンをつづけられない時代もあったと思います。会社の中で生きるために本当の自分を隠し、無理に結婚して生きてきた。そういう時代を過ごしてきた人たちの中には、若い僕たちの世代にまでそうしたことを押し付けてくる人がいるように感じます」

エディの知人である杏奈（57歳）がまさにそうだった。杏奈は、体は男性だが、心は女性だ。若い頃、松山では社会でも会社でも、男性が女性の格好をして生きるのは言語道断という風潮があった。そのため、杏奈は本当の気持ちを押し隠し、女性と結婚。二人の子供ももうけた。そうしなければ社会人として生きていけなかったのだ。

時代の移り変わりとともに、そうした社会の圧力は少しずつだが和らいできた。杏奈は子供が独立したのをきっかけに、抑制していた女性としての自分を解放し、ありのままに生きることを決心した。女性の服を着、化粧をし、男性の恋人もつくった。だが、代償として、会社を辞め、妻とは家庭内別居の状態になった。

エディは言う。

「一時代前よりは、ＬＧＢＴへの理解は進んだと言えますが、会社や家庭の中ではまだまだというのが正直なところです。それに対して、いきなり変化してくれと訴えても、すぐには実現しません。根本的なところから変化を起こしていかなければ、社会全体が本当の意味でＬＧＢＴを受け入れるまでにはならないのです」

根本的なところとは何か。

「一つは、ＬＧＢＴの人々に個別対応していくことです。我々が彼らの悩みをきちんと受け入れる場として機能する必要がある。啓発活動も必要ですが、当事者支援なくしては成り立ちません。二つ目が、学校教育に対しての働きかけです。ＬＧＢＴの人がもっとも苦しむのは思春期です。中高生の時に厳しい悩みにぶち当たる。だからこそ、学校教育の現場が、きちんとＬＧＢＴを理解して受け入れる態勢を整えなければならない。学校教育を変えていく大切さは、そうしたことにあるのです」

若者たちの改革

この日の午後、レインボープライド愛媛の事務所「虹力スペース」は、学生服を着た一〇代半ばの男女でごった返した。地元の中学生三〇人ほどが見学に来たのだ。教師が学生たちにＬＧＢＴのことを学んでもらおうと連れてきたのである。

エディをはじめ、同団体で活動する人たちが代わる代わる生徒たちの前に立ち、自らの体験談を語る。ＬＧＢＴとは何か。なぜ生きづらいのか。社会をどう変えていくべきなのか……。話の内容は多岐にわたったが、中学生たちはメモを取りながら真剣な眼差しで聞き入っている。

引率の女性教師は語る。

「前任の中学校にいた時に、生徒たちとＬＧＢＴについて学習するためにここへ来たのがきっかけで、今までお付き合いさせていただいています。愛媛県はハンセン病などの教育はよく行われているのですが、ＬＧＢＴについて学べる機会は限られています。レインボープライド愛媛は数少ない当事者の団体で、正しい情報を学べる場としてとても貴重です。前任の学校では、ここが主催しているＬＧＢＴ映画祭に、生徒たちと参加したこともありました。今回新しい学校に赴任したので、またＬＧＢＴ関連の活動をやりたいと思ってうかがったのです」

前任の中学校は、文部科学省から人権教育研究校に指定され、セクシュアル・マイノリティーの人権課題を中心に学習を行ってきたそうだ。その中で、生徒たちはＬＧＢＴをテーマにした人権劇を公演したり、小学校に出向いて出張授業を行ったりした。「車いす用」となっているトイレを、セクシュアル・マイノリティーの生徒に限らず誰もが使える「思いやりトイレ」と改名する活動もした。そして、男子は学ラン、女子はセーラー服と決まっている制服を「統一」もしくは「選択制」へと改正するべきではないか、という生徒の意見を参考に、検討していた矢先、転勤が決まったという。

「新しい学校で、また、一から取り組みたいと思っています。セクシュアル・マイノリティーの人権課題についての学習は、生徒たちに『みんなを受け入れる』ことの大切さを理解させることにつながります。そしてセクシュアル・マイノリティーの生徒に限らず、全員の生徒たちに『自己肯定感』を抱かせることができるのです。クラスにＬＧＢＴの生徒がいることは珍しくありません。そういう意味では、これは自分たちの問題でもあるんです。そのことを理解してくれれば、特別なことを勉強しているという気持ちにはならないはずです」

生徒たちに、これは自分たちの問題だと認識させることが重要なのだろう。それには、特別な人が学校に来て講演会などで教えるのではなく、街にレインボープライド愛媛のような施設があり、そこで自分の兄や姉とほとんど変わらない年齢の学生が自分自身の体験を語ってくれることが、より生徒たちにリアリティーを感じさせることになる。

同時に、セクシュアル・マイノリティーの生徒たちは、いつでも相談できる場所が身近にあるという安心感を得ることができる。そういう意味では、こうした団体が地元に存在する意味は大きい。

中学生たちの勉強会が終わった後、私はレインボープライド愛媛の活動に参加している人たちに話を聞くことにした。最初に応じてくれたのは、中学生たちの前で自身の体験を赤裸々に語っていた女性・えぬ(23歳)だった。地元の愛媛大学に通う大学院生で、バイセクシュアル(男性、女性どちらも恋愛対象であること)だという。

えぬは、ボーイッシュで明るい女の子といった外見だ。彼女は言う。

「今は大学院で、臨床心理学の勉強をしているんです。修士論文は、LGBTについて書こうと思っています。中学生たちの前で話をするのは今回が初めてでしたが、とてもいい経験になりました」

えぬは、四国の別の県で生まれ育った。自分がバイセクシュアルだと気づいたのは、高校一年の時に女子を好きになったのがきっかけだった。当初は、それまで好きになったのは男子ばかりだったので、「ありえない。なんで?」という気持ちだったという。だが、三年間その恋心が変わらなかったことから、自身がバイセクシュアルであることを認めざるをえなかったそうだ。

レインボープライド愛媛を知ったのは、愛媛大学に入学後だった。ネットでホームページを見つけ、メールを送った。ＬＧＢＴについて学ぶことで、自分の性をきちんと理解したいという思いからだった。

ここに来て、当事者たちに会って話を聞いてみると、ＬＧＢＴといってもいろんな形があることを知った。恋愛対象が年齢によって変化する人、性的な自認が男女ではなく中性という人など、ＬＧＢＴの多様性を知れば知るほど、相対的に自分の性の位置づけができるようになった。えぬの場合は、男性を好きになる時は女性のような気持ちになり、女性を好きになる時は男性のような気持ちになるのだという。

えぬは、大学入学前に親にカミングアウトをしたことがある。ずっと大切な家族に黙っていることが苦しかったのだ。

ある日、勇気をふり絞って母親に伝えてみた。だが、母親は受け入れることができなかった。彼女はクリスチャンだったこともあり、突然こう祈りはじめた。

「治りますように。元にもどりますように」

母親にとって受け入れ難いことだったのだ。

えぬはレインボープライド愛媛に参加するようになってから、「ＬＧＢＴカレッジ」というプロジェクトをはじめた。虹力スペースに中学生から大学生までの当事者が集まり、ざっくばらんに日々の話や悩み相談をする会だ。

多くの当事者と話をしているうちに、えぬはＬＧＢＴを臨床心理学の側面から捉えたいと考えるようになり、大学院への進学を決めた。今の目標は、スクールカウンセラーになること。教育現場で、同じ性の悩みをもつ子供たちの力になりたいそうだ。

えぬは語る。

「ＬＧＢＴカレッジを立ち上げたのは、いい体験でした。高校や大学に悩みを相談できる場がなかったことから、こういうのがあればいいなぁ、と思ってつくったんです。参加してくれたのは、ＦｔＭ、レズビアン、バイセクシュアル、Ｘジェンダーなど、いろいろなセクシュアリティの方々です。そのうち九割くらいの子は、家族にカミングアウトしていませんでした。そういう子たちが月に一回集まっていろんな話ができるのは、お互いに貴重な体験でした」

インターネットが発達した今、ゲイのコミュニティーは松山市内でも増えてきている。それに比べれば、まだレズビアンやＦｔＭの人々が一堂に会して悩みを打ち明けられる場所は決して多くない。

「特に高校生くらいの子は、自分の性がまだよくわかっていないことも多いんです。（レズ）ビアンなのか、バイなのか、あるいは別なのか。なかなかそれを詳しく教えてくれる人っていないじゃないですか。だから、こういうところに集まると、自分の性のアイデンティティーが明確になる。そういうメリットもあります」

とはいえ、ＬＧＢＴカレッジは、もっと気楽な集まりであってほしいという思いがあるそうだ。

「ＬＧＢＴ同士で集まるとホッとできるんです。普通の会話って、何げないところに男女の区分があるんですよ。女の子同士で話していても、男性が好きという前提で会話が成り立っている。仕事の話でも、ファッションの話でも、必ずそういう前提があるんです。私たちにとっては、それが壁みたいに感じる。でも、ここに来てＬＧＢＴ同士で話をすれば、それを感じなくて済みますよね。そういう場所であればいいなって思うんです」

たしかに何の会話においても、私たちは知らないうちに「男女」の前提を設けて話しているのかもしれない。自覚はなかったが、それがセクシュアル・マイノリティーの人々にとっては「壁」になっているのだ。

ＬＧＢＴの多様性とは

ＬＧＢＴの性の自認は、必ずしも「ゲイ」「レズビアン」などと明確に分けられるものではない。そのことを示すために、レインボープライド愛媛に参加する二人の当事者について記したい。

るい（23歳）

体は男性だが、中性的な印象のある人だ。

るいは男性として生まれ育ったが、物心ついた時からそれについて違和感があった。一人の人格の中に、男性である自分と女性である自分がいたのだ。いわゆる、MtFのように「自分は女性」という明瞭な意識があるわけではなく、かといって「男性だ」とも言い切れない。両方の性が併存していたのだ。

成長するにつれ、性自認の悩みに加えて、友人関係や勉強での問題も重なり、不登校になった。高校に進学した後、るいは学校の教師に自身のセクシュアリティについて相談をした。教師はそれを受け止められなかったのか、あろうことか親にそれを伝えた。

後日、親はるいに言った。

「あなたが性について悩んでいるのは先生から聞いた。男の子が好きでもぜんぜん構わないと思っている。でも、あなたが女っていうのは少し違う感じがする」

親自身も、わが子の性をうまく定義することができなかったのだ。

時を同じくして、るいに好きな人ができた。それは同じ科学部に属する男子だった。しかし、彼は同じ部活の後輩の女子と交際していた。るいは恋心を募らせ、そのカップルを呼び出して告白をした。

「好きだということだけ伝えておくから！」

実らぬ恋だとわかっていても、告白せずにいられなかったのである。その後、るいは高校を中退。別の高校へ転校した。

るいが性のアイデンティティーを自覚できるようになるのは、レインボープライド愛媛に来てからだ。インターネットで見つけて通いだし、いろんな話を聞いているうちに、「Xジェンダー」というカテゴリーを知った。性別を男女に限定したくない、できないと感じている人々を示す言葉である。このカテゴリーを知って初めて「もしかしたら、自分はこれかもしれない」と思った。自分の性のあり方に似たものを感じたのである。

るいは言う。

「自分がXジェンダーだとはっきり断言することはできません。でも、そうかもしれないっていう気持ちはあります。たぶん、レインボープライド愛媛に来ていなければ、そうした考えすら生まれなかったと思います。Xジェンダーって、一般の人にはなかなか理解してもらえません。どっちでもないということをよくわかってもらえないのです。でも、ここに来ている人たちなら受け止めてくれる。やはり、当事者同士がつながれる場っていうのは大切だと感じます」

わたる（17歳）

一週間前にレインボープライド愛媛に来たばかりの高校生だ。

生まれついての体の性別は女性。だが、思春期を迎えた頃から、それについて自信がもてなくなってきた。

中学入学後に、わたるは男子の格好をしたいという欲求にかられた。とはいえ、四六時中そうしたいわけではない。自分が男子だという感覚もない。それなのに、女性である自分の中にふとした瞬間、男子としての自分が現れることがあるのだ。

中学二年の頃には、女子を好きになったこともあった。それ以来、男子に対しても女子に対しても、「いいな」と思った人には恋愛感情を抱くようになった。一体、自分の性はどうなっているのか。

ある日、わたるは『ＫＥＲＡ』という雑誌のインタビュー記事に目を留めた。そこに自分が求めていた言葉が書かれていた。

「性別は一つである必要はない。性別をファッションみたいにまとえばいい」

そうなんだ。自分の性を男女どちらかに限定する必要はなく、洋服のように、その時々に合わせて変えてもいいんだ。

その後、わたるはネットでレインボープライド愛媛を見つけ、通うようになった。日は浅いが、その理由を次のように述べる。

「まだ自分の中で性について揺らぎがあるんです。どっちでもいいとわかっていても、どっちなんだろうっていう気持ちがある。たぶん、この揺らぎは先々もつづくと思うんです。だからこそ、同じような思いをもっている人たちと集まることで、『揺らいでいていいものなんだ』『わからないままでもいいんだ』って思いたい。今は何か一つの性に限定せず、揺らぎのある自分であることを受け止めたいんです」

先のるいがＸジェンダーであるかもしれないと思って安心感を得たのに対し、わたるは「揺らいでいていい」ということに自身のあり方を発見したのだ。

この一週間で、わたるはすでに三回、ここに通っている。逆に言えば、それだけ揺らぎのある自分を誰かに肯定してほしいという気持ちがあるのだろう。

二人の話を聞いたことで、私はＬＧＢＴの奥深さを垣間見た気がした。ＬＧＢＴだからといって、レズビアンやバイセクシュアルといったように一言でまとめられるものではないのだ。るいのように定義できないものとして認識する場合もあれば、わたるのように揺らいでいる自分にアイデンティティーを見だすこともある。

同団体がつくっている冊子の表だけ見ても、ＬＧＢＴは二七通りに分けられる上、実際はさらに細かく分かれるのだという。

レインボープライド愛媛に、これだけ多くの当事者が集まる理由は何なのか。ここが性の定義をするだけでなく、「定義できなくてもいいのだ」ということを教えてくれる場所だからだろう。

最後に、私はもう一度エディに話を聞くことにした。今後、社会はＬＧＢＴの人たちを受け入れなければならない。ただ、その時に、当事者たちは、カミングアウトをしなければならない。そうでなければ、周りの人たちも理解することができないからだ。それについてどう考えているのか。

エディは質問にこう答えた。

「カミングアウトは、簡単にすべきじゃないと思っています。人それぞれいろんな環境の中で生きている。カミングアウトは、その環境からの『巣立ち』になるべきです。自分の性を告白することで余計に生き難くなったり、差別を受けたりしたら、意味がない。きちんとカミングアウトをすることで、自分がどこへ行きたいのかを明確に考えた上でしなければなりません」

——それには、家族の理解は欠かせないでしょうね。

「そうですね。ただ、自分の親が不理解なのでわかりますが、年配の人たちの意識を変えるのはなかなか難しい。それでうちでは、親に対する取り組みも行っています。親相談といって、我々がLGBTの子供をもつ両親の話を聞いてあげるのです。また、家族会といって、親同士が集まって、LGBTの子供のことについて意見交換してもらってもいます。当事者が意見を押し付けるのではなく、親たちに悩みや疑問を語り合ってもらって、理解を促そうというものです。親には親にしかわからない感情もあるでしょうから」

まさに当事者、家族、学校、行政と重層的な取り組みを行うことで、地域の意識を変え、LGBTの人々が生きやすい社会をつくろうとしているのだ。うまく組み合わされれば、社会はより広く多様性を受け入れられるようになるだろう。

私がそれを言うと、エディは少し意外な返答をした。

「そう言っていただけると嬉しいです。ただ、うちを反面教師として捉える人もいていいと思うんです。性の悩みを抱えてここを訪れる人たちの一部は、LGBTばかりがたくさんいる光景を見て、逆に『こんなところにいちゃいけない』と思って帰り、そのまま来なくなる人もいます」

たとえば、ゲイかもしれないと思ってゲイの集まる場に行ってみたものの、やはりそうではない生き方をしたいと考え直すということだろう。

「僕は、これはこれで仕方ないと思うんです。これだって、一つの考え方、生き方ですから。ただ、そういうことも含めて、レインボープライド愛媛がいろんな問題を提起できる場所であってくれればと思っています」

ＬＧＢＴを認める場を目指しながら、逆にそこから離れていく人の生き方をも認める。一見逆説的ではあるが、それこそが多様性というものの本来のあり方なのかもしれない。

エディは付け加えた。

「最後に言わせていただければ、その人が何であっても、本来の自分で生きていければいいと思うんです。子供の中には、大人になることは本来の自分じゃなくなることだと思っている人がいる。でも、人生を切り開くには、いかに自分として生きていけるかなんです。本来の自分として生きている時こそ、人は最大のエネルギーを出すことができる。それが人生を切り開くことにつながるんです」

人には本来の自分というものがある。それを社会の型に無理やり当てはめ、偽りの自分で生きようとしても苦しさが生まれてしまう。だが、ありのままの自分で生きることができれば、最大限の力を発揮することができる。それが人生を切り開く原動力となるのだ。

レインボープライド愛媛が目指すのは、ＬＧＢＴの人たちが本来の自分のまま活躍できる社会をつくり上げることなのだ。

（二〇一七年四月取材）

知的障害児の理想郷——障害児入所施設

六月の土曜日の午後、木造の小さなカフェで結婚式が幕を開けた。

新郎新婦は、障害者同士のカップルだった。カフェと同じ敷地内に、障害者を雇用する作業所や店舗が複数あり、そこに通っているうちに知り合ったのだという。

牧師とスーツを身にまとった新郎は、先に会場に入っている。やがてピアノの生演奏が始まり、バージンロードを純白のウエディングドレスを着た新婦が入ってきた。隣を歩くのは、この施設の職員だ。父親の代わりにエスコートしているのである。

会場に集まっていた職場の仲間たちや、親族たちが盛大な拍手で迎える。親戚の子供なのだろう、大きな声で「おめでとう！」と口々に叫ぶ。

新郎と新婦は顔を見合わせると、少し照れくさそうに微笑む。牧師は二人とは面識があるらしく、両手を広げて言った。

「おめでとう！　今日、このような素晴らしい場にいられることを、私は心から嬉しく思います！」

そして二人のなれそめ、結婚式を開くことになった経緯などを参加者に語った。チャペルではなく、このカフェで式を開いたのは、日頃お世話になっている人たちに晴れ姿を見せたいという思いがあってのことだという。

「これだけ多くの人々がいる世界で、お二人が巡り合い、こうして生涯をともにすると誓い合うことができた喜びを胸に、これから先も幸せに歩んでください」

牧師のそんな言葉を聞きながら、私は二人にとってこの場所はどんなところなのだろうと想像した。チャペルではなく、「施設」のカフェで結婚式を挙げようと決めた背景には、何か特別な思いがあったに違いない。

金沢駅から兼六園を越え、さらに三、四キロ先に行った丘の上に、新しい平屋の建物がきれいに並ぶ地区がある。正面の建物は、温泉やレストランや売店が入っている複合施設のようなところだ。

その奥には住宅の他、マッサージ店、ドッグ・ラン、アルパカ牧場、自然学校、スポーツグラウンド、クリーニング施設など、たくさんの建物がひしめいている。子供が走っていたと思ったら、女子大生が原付きバイクに乗って通りすぎ、ベンチに腰掛けたお年寄りがビールを飲みながら友人と談笑している。ちょっとした街である。

実は、ここ全体が「シェア金沢」という福祉施設なのだ。障害児入所施設を中心にして、サービス付き高齢者向け住宅や学生向け賃貸住宅、それに先ほど述べたような各種施設が同じ敷地内に集まっているのである。

シェア金沢の施設長・奥村俊哉（54歳）は語る。

「初めてここを訪れた人の目には、いくつもの福祉施設が集まるコミュニティーのように映ると思います。でも、もともとは障害児の入所施設であって、現在でもそれが中心であることには変わりありません。あくまで障害児入所施設としてどういう形態がいいのかと考えた末に、こういう形をとっているのです」

ごちゃまぜ

シェア金沢の歴史をたどってみれば、この「街」が障害児のためにつくられたという言葉の意味がわかる。

そもそものはじまりは、戦後、お寺の住職が町にあふれていた戦災孤児を憐れみ、お寺に連れてきて住まわせたのだ。お寺に暮らす孤児の数はどんどん増え、住職の孫に当たる雄谷《おおや》良成《りょうせい》（56歳、社会福祉法人「佛子園」理事長）もそこで育った。

一九六〇年に社会福祉法人の資格を取得。その際、県の要望から知的障害児の入所施設をつくることにした。

半世紀が経過し、施設は老朽化が目立ち、建て直しの必要性に迫られた。新しい土地を探していたところ、国立病院の跡地を使用できることになった。

雄谷は、職員たちと施設をどのようなものにするか討論を重ねた。以前と同じ施設をつくっても、進歩がないという気持ちがあった。新しくするなら、入所施設として最善のものにしたい。

参考にしたのが、同法人が二〇〇八年に石川県小松市に開設したコミュニティー施設「三草《さんそう》二木西圓寺《にもくさいえんじ》」だった。廃寺になった寺を温泉施設に改良し、ビールを飲んだり、コンサートを開いたりできる施設にしたところ、瞬く間に若者からお年寄りまで大勢の地元住人が集まるようになり、地域の交流の場となったのだ。

新しい障害児の入所施設をつくるのならば、あそこをモデルに老若男女が自由に交流できる街のような場所にしてみてはどうか。雄谷はそう考え、さっそく実現に向けて動きだした。そうしてつくられたのが、障害児入所施設を中心に、学生からお年寄りまでもが集える「シェア金沢」だったのだ。

奥村は語る。

「長年、障害児の入所施設を運営してきて、職員がもどかしく感じていたことがあります。それは施設という性格上、どうしても子供たちを狭い建物のなかに閉じ込めがちになってしまうことです。ドアを開けておくと、知的障害児は昼でも夜でも出ていって迷子になったり、近所の人に迷惑をかけてしまったりする。彼らを預かる施設の側としては、事故を防ぐ一番楽な方法がドアに鍵をかけて閉じ込めておくことなんです。でも、それをしてしまうと、人間らしい生活から遠ざかってしまう」

その状況を変えるためにつくったのが、このシェア金沢だったという。

「ここのコンセプトは、『ごちゃまぜ』です。障害児の入所施設の他、サービス付き高齢者向け住宅や学生向けの賃貸住宅を隣り合う形で建てました。市内の障害者たちの就労施設も併設した。また、カフェや料理教室やマッサージ店も誘致した。文字通り、ごちゃまぜの街をつくったわけです」

障害児入所施設は、定員三〇人。しかし、それ以上の人々が彼らを取り囲んでいるのだ。障害児にしてみれば、施設というより、街で生きている感覚なのだろう。

とはいえ、単純に建物を隣接させるだけで交流は生まれるのか。その質問に、彼は答えた。

「我々が障害児や他の住人たちが交流できる仕掛けを用意することはあります。餅つきやバーベキューのようなイベントを定期的に開催して触れ合う機会をつくったり、ハロウィンのイベントで仮装した障害児たちに高齢者や学生の家を回ってもらったり。反応は上々ですよ。たとえば、ハロウィンのイベントでは、元警察官の高齢者が家にやってきた障害児に懐中電灯の使い方を教えてあげるなど、いろんな化学反応があります。一度つながると、次の日から道で会うと声をかけ合うようになる。そうやってコミュニティーがしっかりとしたものになっていくんです」

住民のコミュニティーを充実させることで、障害児たちの生活の質を上げるということだ。

「理想は地域の人々が、入所施設の職員とともに子供たちの見守りをしてくれることです。子供たちが自由に外を出歩いていても、誰かしらが見ていてくれているような環境。そしてお互いが顔見知りになってコミュニケーションをとることで、いい刺激を与え合うようになればいい。

これくらいの規模であれば、十分にできるはずです。とはいえ、何もかもが思い通りにいくわけではありません。最初の頃は、子供たちが外に出て騒いでしまったり、建物を抜け出して街まで行って丸二日間いなくなってしまったりしたことがありました。いなくなった子は、ホテルのロビーのソファーで寒さをしのいでいたそうです」

どうすれば、そういうことが防げるのか。

「子供たち自身がここでの暮らしに慣れるのが一番ですね。住みはじめた時期は、ここへ来る前の問題を引きずっていたり、心が荒れたままだったりすることが多い。新しい環境に馴染めずに、過敏になっている場合もある。そういう子たちが、周りの大人と顔見知りになって、新しい環境に慣れるには、ある程度時間がかかります。個人差はありますが、何カ月かの時間はどうしても必要ですね。ただ一度慣れてしまえば、子供たちは生活リズムが整い、精神的にも見違えるようによくなります」

障害児といっても程度の差はかなりある。ここでは建物ごとに四つのセクションに分かれていて、「自立できそうな子」「幼い子」「自閉症の子」「障害が重たい子」がそれぞれ暮らしている。街の中で自由に育てるという理想を掲げながら、子供の特性に応じた取り組みを行っているのだ。

「今は、昔とは違う難しさも抱えています。昔は『親が面倒を見られない』とか『経済的に養育が困難』という理由で、知的障害児は入所施設に入ってきました。しかし、近年は虐待家庭で育った知的障害児が増加しているのです。児童相談所を経由してきたり、別の施設で手に負えなくなってやってきたり。そういう子供たちは、また別の問題をもっているんです」

発達障害と虐待の関係については、児童自立支援施設でも見てきたが、ここでは知的障害と虐待の関係が目立つという。

施設長がわざわざそれを挙げたのには、それなりの理由があるのだろう。私は実際に施設を見学させてもらい、子供たちに会ってみることにした。

複雑化する問題

案内してくれたのは、この施設のチーフである加藤哲治（50歳）だ。飄々《ひょうひょう》として落ち着いた感じの男性である。

障害児入所施設は、長細い二階建ての建物だった。自動ドアの玄関を入ると、新しい建築物のにおいがする。

一階は、広い遊び場になっていた。児童館のように遊具や机が並んでいて、入所者たちが好きに遊べるようになっている。この日は土曜日だったこともあって、小学生から高校生までの障害児が五人、職員とともに大きな声を出して追いかけっこをしたり、積み木をしたりしていた。

加藤は言う。

「ここには、同様の建物が四棟あります。それぞれ一人か二人の職員が配置されていて、そこに数人のヘルパーが加わって運営されています。寝起きする以外は、ほとんどこの部屋で過ごしますね。日中はスタッフが二、三人ここにいて、子供たちを見ています」

子供たちが寝泊まりするのは二階だ。階段を上がってみると、五つくらいのブースに仕切られていて、それぞれにベッドと棚が設置されている。棚には子供たちの所持品が入っていて、夜はここで寝ることになる。二四時間体制であるため、毎晩当直が一人就くのだという。

「夜は比較的静かにしてくれますね。もし何かあっても、他の入所施設にも当直の人がいるので、人員が足りないということはありません」

健常者の子供のように、夜ふかししてゲームをしたり、友達と遊んだりということはないらしい。

「症状は同じくらいの子供たちを集めていますが、出身地はまったく違います。地元の石川県をはじめ、愛知県や神奈川県など、全国からやってきているんです。一応一八歳までということになっていますが、行き先がないなどの事情から二〇歳を過ぎた成人も数人います」

こうした障害児の中には、両親に引き取ってもらえない子もいるのだ。先ほど被虐待児が多いと教えられたと言うと、加藤はうなずいて答えた。

「多いですよ。うち全体で、半数が虐待など家庭の問題で送られてきた子です。今年の四月に新しく来た三人に限って言えば、全員が児童相談所から措置入所した子。障害児であることが明らかな場合は、保護された後、児童養護施設ではなく、うちのような障害児専門の入所施設に送られてくることになっているんです」

他の施設でも、被虐待児が多いのだろうか。

「私は一年ちょっと前まで、別の障害児の施設で働いていましたが、そこでも似たようなことは言えますね。割合については施設によって違いがありますが、どこも増えてきているという点では同じだと思います」

その時、部屋の隅で遊んでいた男の子の一人が、急にパニックになったように壁を力いっぱい叩きはじめた。スタッフが止めに入るが、男の子はかまわず大きな音を立てて壁を殴りつづける。手の骨が折れてしまうのではないか、と心配になるほどの暴れようだ。

加藤が苦笑する。

「中学生くらいで暴れるとなかなか押さえられないんです。さっきの虐待の話でいえば、子供にはできるだけ早いうちにここに来てもらいたい、というのが本音なんですよ。六歳、七歳くらいの子ならば、対処法はいろいろあるのですが、一五、六歳になってしまうと限界がありますから」

——若い年齢で来る子は少ないのですか。

「やっぱり親の心情としては、ギリギリまで手元に置いておきたいと考えるものです。あと、障害児なので虐待されても、外部に助けを求めるということがしにくい。それで子供が中学生、高校生くらいで問題が手におえないほどになってから、うちに移されてくることがあるんです。でも、それだと先ほど言ったように、できることが限られてしまうんです」

——できることが限られるとは、どういうことでしょう。

「子供が抱えている問題が複雑化してしまうんですよ。精神疾患を抱えたり、倫理や人格が歪んで攻撃性をもったり……。ただでさえ知的障害があるわけですから、虐待を受けると、彼らが抱えている問題が解決できないほどややこしくなってしまうんです」

このような子供は、どのような経緯でここに来て、どのような問題を抱えているのだろうか。

インタビューからそれを明らかにしたい。（以下仮名）

障害児たちの履歴書

峯岸星矢（小学一年生）

母親は一九歳で、石川県内の病院で星矢を出産した。ところが、わずか二カ月で離婚。母子家庭となった。

間もなく、母親はキャバクラで働きはじめ、店のボーイと恋愛関係になった。相手にのめり込み、彼女はアパートに星矢を置き去りにして、夜は店で働き、その後は彼氏の家に入り浸るという日々がつづいた。

星矢は育児放棄の状態に置かれた。母親はたまに家に帰ってきて、コンビニで買ってきた食事を与えるだけ。それ以外は、ずっと暗い部屋に閉じ込められていた。

二年後、児童相談所が事態に気がつき、保護した。星矢は三歳にもかかわらず、しゃべることができないばかりか、体を洗ってもらっていなかったので、全身が垢で真っ黒。食器の使い方も知らず、ご飯を食べるのも手づかみという状態だった。

医師の診断で、星矢に知的障害があることもわかった。児童相談所は、児童養護施設では養育が困難だとして星矢をシェア金沢へ送ることにした。今、彼は小学一年生になったが、まだ会話ができずにいる。

高橋亮（高校二年生）

母親は精神疾患を患っていた。出産から少しして、夫と離婚。その後、亮に知的障害があることが判明した。

精神疾患の母親には、亮を一人で育てるのは難しかった。知的障害児なのに、うまくいかないことがあると、パニックになって手を上げてしまうのだ。時としてそれは虐待と呼ばれるほどの暴力にまで発展した。

児童相談所は、母親に養育能力がないと判断し、亮が三歳になる直前に保護。地元の施設に入れることになった。

約三年間、亮はその施設で暮らしたが、他の子供たちと衝突してばかりいて、何度か怪我を負わせてしまった。それが原因で、小学一年生の時に別の施設へ転入するものの、そこでも同じ問題を起こし、小学四年生からは三つ目の施設へ移された。

中学に上がると、亮の問題行動は余計に悪化した。特に窃盗癖が目立ち、支援学校の登下校中に目に留まるものを何でも盗んでしまう。支援学校までは片道九〇分。通常の施設では、行き帰りは職員が同行するのだが、ここは児童が多かったせいでそれができなかったのだ。

施設の職員は何度も注意をしたり、行動を規制したりしたが、亮の窃盗癖は治らないばかりか、暴力性も顕著になっていった。施設は手に負えないとし、児童相談所に頼んで、シェア金沢へ転入させることにした。

宗田真司郎（19歳）

真司郎は兵庫県の出身で、三歳の時に知的障害であることが判明した。母親は水商売をしながら、三度の離婚と再婚をくり返し、その度新しい夫とともに思い通りにならない真司郎を虐待した。

真司郎は成長するにつれ、虐待のせいか、人格の歪みが著しくなった。発作を起こすように暴れたり、自殺未遂をしたりするようになったのだ。

当初、母親はそんな真司郎を力で押さえつけていたが、中学生になった頃から力関係が逆転して手に余った。母親は児童相談所に頼んで施設へ送ってくれと言ったが、どの施設も受け入れを拒否した。児童相談所は県外の施設を探し、ようやくシェア金沢にたどり着いた。

高校二年でシェア金沢に入所したばかりの頃、真司郎の行動は今と比べ物にならないくらいひどかった。気に入らないことがあれば、職員でもボランティアでも相手構わずに殴りかかってくる。物に当たることもあった。

相手にされたい、自分のことをわかってほしい。そんな思いが胸にあふれているのに、自分でもどう行動していいかわからなかったのだろう。職員は一つひとつ彼と向き合うしかなかった。そのおかげで、一年が経つ頃にはだいぶ粗暴な行動は減ったという。

加藤は言う。

「虐待を受けた知的障害児は、抱えている問題が余計に複雑化してしまうので、回復に時間がかかります。私たちが目指しているのは、こういう子供を『ごちゃまぜ』の街でどう支えていくかということです。大学生との交流の中で友情の意味を理解してもらったり、知り合いのおじさんが店番をする店に通うことで、盗みはいけないといった倫理観を身につけさせたりする。人と人との距離が近いからこそ、知的障害児たちの意識を変えられると思うんです」

――一般的な施設だと、そうはいかないということですか。

「一般の施設だと、子供は施設内でしか人間関係をもてません。第三者と関わって考え方を変えたり、新しいことに目を向けたりするチャンスがない。それが子供の発達を妨げてしまうことはあるでしょう」

閉鎖的な施設の方が他者とのトラブルを防ぐには役立つが、新しい風を吹き込ませるのは難しいのだ。

「シェア金沢では、開放的な環境をつくることで、一般の人々が子供たちを見守る機会をつくることを目指しています。もちろん、開放的であれば、それなりのリスクもあります。逃げてしまったり、外で悪いことをしたり。でも、街としてみんなが子供たちの特性を理解していれば、それは大した問題にはならない。むしろ、子供たちにとっては新しい生き方、新しい価値観を見つけるチャンスになるんです」

同じ敷地内にある就労支援の施設も、障害児の可能性を開くためにあるのだという。

「知的障害のある先輩たちが、温泉施設の清掃をしたり、カフェでレジをしたり、クリーニング店で仕事をしたりする。それを見ていれば、子供たちは自分の将来に希望を抱くことができるはずです。私たちはできるだけ多くのことを彼らに見せて、触れさせて、良い刺激を与えたいのです」

シェア金沢という街の多様性が、障害児を支え、将来の幅広い選択肢をつくり出すということなのだろう。

住民たちの思い

同じ敷地内で暮らす人々は、この環境をどう受け止めているのか。

それを聞くために赴いたのは、サービス付き高齢者向け住宅だ。シェア金沢には、サービス付き高齢者向け住宅が四棟三二戸あり、夫婦九組、単身者二三名が暮らしている。

私が会ったのは、夫婦でここに移住してきた川畑佳樹（77歳）だ。川畑は語る。

「シェア金沢に暮らす高齢者は、地元石川県出身者からオーストラリア出身者まで様々です。

ネットやテレビで知り、自分で申し込んできた人が大半ですね。都会より価格は安いし、のんびりとしているので、人気はあると思います」

敷地内には、温泉施設、レストラン、カフェ、マッサージ店、料理教室などがある。高齢者たちは、そういうところを利用したり、居住者同士で催す花見や温泉旅行に参加したりしながら暮らすのだ。

「ここへ来たばかりの頃は、障害児のことで驚いたことはあります。まだできたばかりで、彼らもここでの生活に慣れていなかったのでしょう、叫んだり、暴れたりしている子が結構いました。でも、道や建物の中ですれ違う度に声をかけていると、彼らもだんだんと慣れてくる。今では毎日挨拶を交わす関係になっています」

子供たちと直に接してしゃべることはあるのだろうか。

「しょっちゅうですよ。シェア金沢として、餅つき大会やバーベキューなんかが季節ごとに催されるので、その時に一緒に遊んだりします。彼らも顔見知りになると、僕たちのことを受け入れて家に遊びに来たりするようになる。僕と妻は犬を飼っているので、『見せて』と言ってやってきたりするんです。子供たちも幼くして親元を離れているから、寂しい気持ちもあるんじゃないですかね。事情があって、親がまったく面会にやってこない子もいると聞いています。そのためか、僕たち夫婦に接する時に、ものすごく甘えてくるんですよ」

虐待家庭から引き離された障害児であれば、親が面会に来ることは滅多にない。特に、県外出身の子供についてはそうだろう。ここでは、職員だけでなく、高齢者たちもが親の代わりとなっているのだ。

川畑は子供たちに対する自分たちの影響力の大きさを実感している。

「私たち高齢者が、障害児にとって大切な存在であることは自覚しています。ここには、高齢者が日替わりに店番をする売店があるんですが、障害児たちは一〇〇円くらいお小遣いをもらって、職員と買い物に来る。自分で物を買ったり、店番をする私たちとコミュニケーションを取ったりする練習をするんです」

先に紹介した高橋亮のように、万引きをくり返してここへ送られてきた障害児もいる。そういう子供にとっては、毎日顔を合わせる高齢者が店番をしていれば、万引きをしようという気持ちにならないだろう。

また、もし万引きをしてしまっても、高齢者も事情を知っているので、一方的に叱りつけるようなことはしない。温かく見守った上で、職員と相談してどう対応していくかをその子に合った形で決めていく。障害児たちはそういう環境で、少しずつ買い物の習慣や社会性を身につけていくのだ。

川畑は笑う。

「私たち高齢者にとっても、こういう環境は歓迎すべきことです。若い子と触れ合うことで、気持ちも若くなる。お互いが、いいように影響を与えられる場だと思います」

次に向かったのは、学生向け住宅だ。

こちらは全部で八戸あり、一部屋につき一〇畳くらいの広さだ。うち二つはアトリエ付き。キッチンや浴室も完備されている上、施設内の温泉も無料で使いたい放題だ。

金沢は学生の町として知られており、金沢大学、金沢学院大学、北陸大学、金沢星稜大学などいくつもの大学が、シェア金沢から車で五分圏内にある。こうした大学の学生たちが、留学生も含めて暮らしているのである。

シェア金沢が提供する学生向け住宅の家賃は、一部屋三万円と安い。地元の相場からすれば、半額だ。

これにはちょっとした仕掛けがある。値引きされた三万円の代わりに、学生に月三〇時間の施設内でのボランティアを求めているのだ。施設内で働くヘルパーの手伝いや、各種イベントでの手伝いといったことである。シェア金沢に暮らす一員として、何かしらここの住人たちと触れ合って、学生生活を送ってほしいという願いからだ。

金沢大学の三年生、金川千春（20歳）に話を聞いた。富山県の出身で、大学の地域創造学類で町おこしの勉強をしている。彼女は明るい笑顔で、ここへ来た時のことをふり返る。

「シェア金沢との出合いは去年、福祉の授業で先生がたまたま紹介したことでした。その後、施設内を見学するツアーが催されて参加してみたら、『ごちゃまぜ』という方針に感動したんです。素直に、これっていいかも、って思った。それで、ここで暮らしていろんなことを知りたいって思って問い合わせてみたら、ちょうど一部屋空いているってことで、今年の三月から住みはじめることにしたんです」

高齢者や学生、そして地域の人々が一カ所に自然と集まり、知的障害児を支えるだけでなく、自分たちの生活の質を向上させる。その施設のあり方に、「これが福祉の理想」だと感じたのだそうだ。

「月三〇時間のボランティアでは、いろんなことをやっていますよ。高齢者住宅に行って食事をつくる、子供たちのスポーツの支援をする、お好み焼きパーティーの手伝いをする、などです。運営の側に無理やり仕事を押し付けられるわけじゃないんです。調整役の人と話をして、こんなのをやりたいです、と伝えておけば、調整役の人から、それに関係するいくつかのボランティアを紹介してもらえる。後は、自分のスケジュールと相談して決めるだけなんです」

ボランティアでいいと思うことは何だろうか。

「住んでいる人同士が、自然と触れ合えることですかね。一般の福祉って『してあげる側』と『される側』に役割が分かれるじゃないですか。でも、ここではそうじゃない。確かに、私はボランティアとして高齢者住宅でご飯をつくっていますけど、食事中に高齢者の方からいろんなことを教わったり、相談に乗ってもらったりする。同じ地域の住人として対等な関係でつながれるんです。普通の日でも、しょっちゅう外で顔を合わせて話しますしね」

介護施設のように「してあげる側」「される側」と分かれてしまうと、業務の範囲でできることと、できないことということが出てくる。だが、ここではあくまで「お隣さん」として、お互いができることをするのだ。

「障害のある子も同じです。いろんなイベントで知り合いますし、隣に住んでいるので普通に顔を合わせる。大学へ行く時に、『おはよう』って挨拶をしてくれたり、手をふってくれたりする。暇な時は、ボランティアとは関係なしに遊んだりします」

今、千春が一番仲良くしているのは、自閉症の男の子だという。現在彼は、就労支援で温泉の清掃業務をしているらしい。

「その子は自閉症なんですけど、とっても明るいんです。走るのが大好きで、練習ばかりしている。私も一緒になって走ってあげたり、走るフォームを研究して話し合ったりしています。そういうことをしているうちに心を開いてくれて、会うと普通に『どこ行くの?』なんて言ってくるようになる。もう友達感覚ですね」

私は、彼らの一部が虐待を受けてここに来ているのを知っているかと尋ねた。彼女は驚くほどあっさりと答えた。

「そうみたいですね。一番小さな峯岸星矢君とも仲いいですよ。あの子はしゃべれないんですけど、普通に手をふってくれたりします。ある日、職員の方に『あの子は虐待で保護されて来ているんだよね』って聞いて驚きましたけど、それ以降もまったくそんなことは感じさせない。ここにいることがいいように作用しているんじゃないでしょうか」

さらっとした物の言い方が印象的だった。もし一般の福祉施設のボランティアに同じ話をすれば、深刻な社会問題としての意見が返ってくるはずだ。だが、彼女は違った。それは同じ土地に住んでいて、日常的に触れ合っているからではないか。

ちなみに、この峯岸星矢君はネグレクト家庭で育ったことで風呂に入った経験がなく、シェア金沢に来たばかりの頃は、入浴が大嫌いだったという。だが、大学生のボランティアがずっと日常の面倒を見て、お風呂に入れていたら、入浴が好きになったそうだ。

千春は自分の将来について語る。

「大学を卒業したら、福祉を中心とした町づくりをしたいんです。その理想の姿がシェア金沢だと思っている。だからこそ、ここでたくさんのことを学んで、これをいろんな地域に広げていきたい。石川県に残るか、富山県に帰るかして、それをするのが今の夢です」

現在の福祉の世界では、「昔の大家族」「昔のムラ社会」を懐かしむ声がよく聞かれる。大家族やムラ社会がなくなってしまったから、人々が孤立してしまったのだ、と。

もちろん、それは事実としてある。だが、今からその時代にもどることはできない。ならば、私たちは、過去とは違った形での「大家族」「ムラ社会」をつくり上げていく必要がある。シェア金沢は、間違いなくその理想的な形の一つなのだろう。

この日、インタビューを終えて関係者に挨拶を済ませて帰ろうとすると、千春が高齢者住宅のお年寄りと楽しそうに談笑している姿を見かけた。二人は会話の最中、ずっと笑顔だった。

きっと千春は大学を卒業した後、この笑顔をより多くの人たちに広めていくのだろう。

（二〇一七年六月取材）

第三章

非行少年

不良少女と呼ばれて——女子少年院

二〇一六年三月、その部屋では、たった一人の生徒のために中学の卒業式が行われていた。卒業生の女の子は一番前の椅子にすわっており、その後ろに約二〇名の制服姿の女の子たちが四列になって見守っている。

式は校長先生の祝辞、卒業証書の授与、記念品の贈呈などが順を追って行われる。ピアノの生演奏をバックに、出席者全員による国歌斉唱や「旅立ちの日に」の合唱もある。

プログラムが一通り終わると、卒業生の子が全員の方を向いて感謝の言葉を述べることになった。小柄なニキビだらけの子だ。緊張した面持ちで言った。

「私、中学でみんなに迷惑をかけちゃって、こんなところに来ることになったけど。それでもちゃんと卒業式させてもらって……。これからしっかり生きていこうって思って……」

途中で感極まって涙で声をつまらせる。すると、他の女子生徒たちが口々に「頑張れ！」「落ち着いて！」「大丈夫！」と励ます。もらい泣きしている子もいる。卒業生の子は周囲からの応援に何度もうなずき、涙をぬぐいながら、胸の中の思いを懸命に言葉にしていく。

端の席で見ていると、彼女たちはごく普通の女の子にしか見えなかった。制服を着て、黒い髪を束ね、感動の涙を流す思春期の子だ。

だが、ここは女子少年院であり、彼女たちは在院者なのである――。


東京都狛江《こまえ》市の静かな住宅街に、愛光女子学園はある。

全国に五二庁ある少年院のうち、女子のみを収容するのは九庁。愛光女子学園は、そのうちの一つだ。設立は一九四九年で、女子少年院としては国内でもっとも古い。主に関東、甲信越、静岡の家庭裁判所で少年院送致が決まった女子が送られてくる。

コンクリートの四階建ての建物は、一瞥《いちべつ》するだけでは消防署や図書館と見間違えるような外観だ。一階はガラス扉だが、高い塀に囲まれているわけではなく、門は開け放たれている。正面は団地で、道を歩いているのは子連れの母親や学校帰りの子供ばかりだ。

私が初めて愛光女子学園を訪れたのは、卒業式の日だった。平均年齢が一五・八歳（平成二六年度）のこの学園では、毎年中学三年生で三月を迎える子はいる。その場合は、学園内で卒業式が開かれ、少年院の職員や在院者、それに籍のある中学校から参加する教諭らに祝われるのだ。

この日、私は園長室で、園長の横井幸四郎（59歳）に話を聞いた。彼は丁寧な口調で切り出した。

「現在、大人の刑務所は定員超過の問題に直面していますが、少年院では少年の数は年々減少してるんですよ。うちは定員が一〇〇名だけど、今は二二名しか少年（少年院では女子でも「少年」と呼ぶ）がいません。二年前と比べて一〇名も減ってる。なぜだかおわかりになりますか？」

私は首を横にふった。

「少年の場合、非行をして家庭裁判所に送られても、親が引き取って面倒をみると言えば、少年院送致を免れることが多いんです。今の親は、昔と比較すると引き取る傾向にある。けど、これには別の問題もあって、現代の親はシングルマザーの割合が大きいんです。シングルマザーで朝から晩までパートに出ていれば、子供は引き取られた後も放っておかれてしまいますよね。それで捕まる前の悪い環境から抜け出せず、また違法行為をしてしまう。それで成人してから捕まって、大人の刑務所へ行くことになる。それが、少年院に入る子が減っているのに、大人の刑務所が過密状態であることの一因なのです」

シングルマザーにおける貧困の問題は、少年院にまで大きく影響を及ぼしていて、実母のみのシングルマザー家庭は、愛光女子学園の生徒では五一・五％（全国の少年院の女子の平均は四一％）に及んでいる。実母＋義父は一八・二％（同一五・一％）、実父のみは六・一％（同九・七％）だ。

ちなみに、二〇一三年の統計で、両親（実父母）がそろっているのは二一・二％（同三三・四％）にすぎない。（全国平均の数値はすべて『平成二十六年版　犯罪白書』による）

二〇〇〇年の『犯罪白書』によれば、両親が揃っている子は四三・一％なので、一四年で半減していることになる。

横井によれば、こうした家庭で育った子供は体にも特徴が表れるという。

「しっかりとした養育を受けていない子は、ここに来て体に出ます。少年院に入って太るんですよ。一〇キロ、一五キロと簡単に増える。なぜかわかります？　これまで彼女たちはまともな食事を家でとらせてもらっていなかった。一日一食で、お菓子だけみたいな。だから、ここに来て一日三食、二四〇〇カロリーをとるだけで、どーんと太っちゃう。それだけ家でちゃんと育てられていないんです。もっとも女の子なんで、出院の直前になって腹筋や腕立てをしてダイエットに励みますけどね」

そういう子は、昔と比べると非行内容は異なるのだろうか。

「時代の流れを受けることはあります。社会にドラッグが大量に出回れば、少年犯罪にも影響します。近年はオレオレ詐欺が流行しているので、その受け子をやって財産犯として捕まる子が増えてる。でも、そばで見ている私たちからすれば少年自身の内面の移り変わりの方が気になります」

内面の問題について、横井は次のように語る。

「昔の少年院は、ヤンキーが暴力行為で送られるみたいなイメージがありましたよね。女子でも同じでした。社会に対する行き場のない怒りを暴力で噴出させてしまう、いわゆる『反社会』の子です。でも、今はそんな子は稀です。代わりに現れたのが、『非社会』の子。非社会っていうのは、社会に適応できないということです。たとえば不登校でフラフラして、かといってグレるわけでもなく、暇つぶしのようにネットで援助交際をして捕まるような子」

こういう子の感情の発露は、反社会の子とは異なるらしい。

「彼女たちは自分に向けて感情を爆発させるんです。典型的なのが自傷。他人を攻撃する代わりに、自分の手首を切るとか、爪を剝《は》ぐという行為に向かう。本学園にいる子は、かなりの割合でその痕《あと》が見られます」

その背景には虐待の問題も少なからず影響しているのだろう。では、こうした「非社会」の子たちはいかに育ち、何をしてここへ送られることになったのか。

三人の少女の物語を紹介したい。（以下仮名）

何が彼女をそうさせたのか

奥泉愛莉（16歳）

千葉県の海辺の町で、愛莉は二人兄妹の下の子として生まれ育った。両親もそろっていて、ごく普通の家庭に見えたが、実際は違っていた。

父親は塾教師だったものの、大の酒好きで、毎夜飲み歩いてばかりで家にはろくに帰ってこなかった。学校の音楽教師の母親は、愛莉をピアニストにしようと週に五日ピアノのレッスンに通わせて、理想通りにいかなければヒステリックに手を上げた。愛莉は母に対する恐怖でピアノをしていただけだったのでまったく好きになれなかった。

兄は早々に非行に走り、高校へ進学せずに、ＤＪをやっていた。昼間は彼女を家に連れ込ん

ていた。

で酒を飲み、夜はクラブで過ごすという日々だ。

最初、愛莉は母親の厳しいしつけの下で「良い子」を演じ、なんとかピアノの練習をつづけていた。

だが、小学六年生の時、父親が離婚して家から出ていったのをきっかけに、彼女の中で張りつめていたものが切れてしまった。ピアノの前にすわるのも嫌になり、「もうお母さんの言いなりにはならない！」と叫び、学校へも行かなくなった。

代わりに、彼女は兄の部屋に入り浸った。毎日、兄やその恋人と一緒になって煙草を吸ったり、クラブへ連れて行ってもらったりした。繁華街で朝まで過ごすことも珍しくなかった。

初めのうちは母親も愛莉の振る舞いを厳しく注意した。そんな時は兄が盾になって守ってくれた。

「都合のいいこと言ってんじゃねえよ。俺も愛莉もお袋の言いなりになるつもりはねえんだ！」

母親は兄にそう言われると反論できなかった。愛莉は調子に乗って中学に上がっても学校へ行かず、兄のクラブ仲間と遊び回る日々を送っているうちに、母親からは見放された。

非行の道を突き進んでいた彼女に落とし穴が待っていたのは、中学二年生の時だった。信頼していた兄の友人の家へ行った際、複数の男性からレイプされたのである。

これが初めての性体験だった。愛莉は落ちるところまで落ちたと考え自暴自棄になって不特定多数の男性たちと性行為をするようになった。最初は同級生の男子や先輩と肉体関係になっていたが、やがてクラブに入り浸って、声をかけてきた男についていき、店のトイレやラブホテル、あるいは男の車など所かまわずにセックスをした。

教官は、そんな彼女をこう分析する。

「性犯罪を受けた女の子は、自分が汚れたと思うようになります。それで、投げやりになって、ますます自分を汚そうとしてセックスや売春に走ることが珍しくありません。さらに、これに愛着障害などが加わると、その子の行動はいっそう過激なものになる。彼女の場合はそうやって際限なく異性を求めるようになったんだと思います」

彼女の性生活は明らかに常軌を逸していた。一人の男との性行為を終えたら、またすぐに別の男を見つけてついていく。一晩に四人、五人と関係することは珍しくなく、兄の友人とまで見境なく関係を持った。

狭い町でそんなことをしていれば、噂はあっという間に広まる。同級生はもちろん、母親にまで素行を知られたが、愛莉はやめようとしなかった。家の壁に「公衆便所！」とスプレーで落書きされたこともあった。母親はかばうこともなく、その通りだと愛莉を非難した。

愛莉は定時制高校へ進学すると、乱れた生活にますます拍車をかけ、入学直後の四月には、同級生を相手にSNSで売春まがいのことをはじめた。LINEで同級生のグループをつくり、そこに「今夜一緒にホテルに泊まってくれる人募集！　ホテル代＋五〇〇〇円で！」などと書き込み、応じてきた者と片っ端から会ったのである。

すぐに教師に見つかって停学処分を受けた。停学中、今度は妊娠が発覚して中絶手術を受けることに。母親は娘の身勝手なふる舞いに堪忍袋の緒を切らせ、わずか二カ月足らずで、高校を中退させた。

「勝手なことをやるなら、自分で稼いで一人立ちしなさい！　いつまでも親に頼って遊んでるんじゃない！」

愛莉は高校中退後も家に留まり、バイトをする代わりに、SNSで男性に声をかけてはお小遣いをもらったり、寝る場所を確保してもらった。当然それには性交がともなった。

愛莉は当時の自分についてこう語る。

「私、セックスが好きだし、やっている時はすごく落ち着くんです。だって嫌なこととかあっても忘れられるじゃないですか。だからセックスなしじゃいられないの。（少年院を出て）大人になったら、ソープで働くしかないかなとか思ってます」

逮捕されたのは、この年の秋のことだった。相変わらず、SNSでセックスの相手を求めていたところ、五〇歳の社長を名乗る男性が応じてきた。

社長は館山に別荘があるので、そこで一週間自分と一緒に過ごせば七〇万円をあげると言ってきた。愛莉は何も考えず、「館山の海で泳げる」と思って出向いた。

ところが、この会社社長は暴力団員だった。連れて行かれたのは、館山のペンション。そこで二四時間にわたって覚醒剤を打たれてセックスをしつづけた。

愛莉にとって初めての覚醒剤の体験だったが、こんなに気持ちいいセックスがあるのかと思った。そして彼女はのめり込むように、食事をするのも忘れて覚醒剤を使ったセックスに明け暮れた。

一週間後、ペンションから離れた時、愛莉はもはや覚醒剤なしではいられない体になっていた。今度はそのまま暴力団員の家に転がり込み、その暴力団員だけでなく、他の組員とも見境なくセックスをした。

もはや正常な精神状態ではなかった。ある日、彼女は覚醒剤を打つ注射器を手に、フラフラと町に出ていき、意味不明のことを叫びつづけた。大量に摂取したことで、幻覚に取りつかれていたのである。

それを見かけた近所の住民が警察に通報。そのまま彼女は警察に捕まった。母親が呼び出されたものの、あまりにひどい姿にあきれ、引き取りを拒否。そして家庭裁判所で少年院送致が決定されたのである。

約三時間、私はインタビューを通して体験を聞いたが、彼女の口から出るのは「セックスなしじゃいられないんです」「だって、すごくいいじゃないですか」という類の話ばかりだった。私が、少年院を出て自己抑制をするつもりはないかと尋ねても、彼女はこう言った。

「ご褒美くれるならいいですよ。煙草か、覚醒剤か、男のどれか」

島村花音（17歳）
花音は、IQの数値は七五と、ボーダーだ（七〇未満が知的障害の目安）。そうしたこともあって、インタビュー中の質問も理解していない点が多く、体の力が抜けたように、のらりくらりと的外れなことばかりを言った。

山梨県内で、花音は長女として生まれた。父親は祖父の経営する工場で働いていて、ゆくゆくは二代目の社長となって数十人の社員を引っぱっていく予定だった。

家庭のことはすべて母親に任されていた。だが、母親は統合失調症を患っていて食事や掃除もろくにできなかった上に、さしたる理由もなく花音を責め立てた。体調の悪い時には幻覚を見て意味不明のことを言って暴れ回ることもあった。

精神疾患を患う母親と、ＩＱの低い花音の生活は、ただでさえ危ういものだったが、畳みかけるように予期せぬ事態が起こる。小学五年生の時、父親が仕事の失敗からうつ病にかかったのである。

父親は感情の浮き沈みが激しく、急に怒り出して叫んで、物を手当たり次第に投げつけたと思ったら、今度は絶望の底に叩き落されたように暗い声で「自殺する」と言いだすようになった。何度か病院に入院したが、回復の兆しは見えず、会社の後継者の道も絶たれた。

両親がともに精神を病む家庭で、花音は親に頼ることなく生きていかなければならなくなった。だが、ＩＱの低さもあって、日常生活も学校での人間関係もあらゆるところで壁にぶつかった。それは彼女のこういう発言を紹介すればわかるだろう。

「友達って、なんかー嫌な感じですよー……。うーん、うげーって感じー。だってー、なんか、仲良くするってよくわかんないしー……。うーん、なんかヤダー。話して意味わかんないから、もーいいやって。だってー、うるさいんだもーん」

これでは学校でまともな友人関係は築けない。彼女は小学校では誰とも口をきかず、中学校に進学してからは不登校になった。家の中で、ひたすらアイドルのＤＶＤを見て過ごしていたのだ。

彼女が引きこもりの生活から一変して外に出るようになったのは、中学卒業後だ。

セックスは未経験だったにもかかわらず、ＳＮＳの掲示板で夜をともにする男性を募集した。そして連絡してきた数人の男性とホテルへ行き、まとまったお金を手にする。彼女はそのお金を手に、唐突に家出をして東京へ行ったのである。

彼女は家出をした理由について次のように述べている。

「東京っていいじゃないですかー。だって、眠らない町ですよねー。眠らないんですよー。だから行ったのー……。新宿ルミネとかー、１０９とかーあるし、うわー、テレビで見た１０９だーって感じで嬉しいー。あと、パンもー、おいしいですー、池袋のクロワッサンって知ってます？　えー、知らないのー。絶対、食べてみてくださいよー」

言葉の通り、さしたる理由などなかったのだろう。

家出中の生活は、売春によってやりくりしていた。最初の頃は、ＬＩＮＥで相手を募ったり、街頭で声をかけてくる男性についていったりして、一回につき二万円をもらっていた。

そうした中で、援デリの元締に声をかけられて、そこで働くようになる。援デリとは、男性が援助交際をしている女性を管理し、インターネットで見つけた客を割り振ってマージンを取る裏ビジネスだ。

彼女は援デリの元締と同じアパートに同居し、毎日一三時に起きて「メロンパン」か「じゃがりこ」を食べて、一四時半に近くの事務所へと赴く。それで明け方まで、一日に八人ぐらいの客を取っていたという。待ち合わせは、池袋のマルイかジョナサンの前で、手元に入るのは一本（一人）一万七〇〇〇円だった。

「簡単でしたよー。いっつもホテルに入るまでの時間から出るまでの時間をー、どれぐらい短くするか、携帯のストップウォッチ機能で計って競争してたんですー。えー、だって楽しいじゃないですかー……フツー、三〇分ぐらいかなー、でも二〇分切ったりすると、やったーって感じでしたー、ものすごく嬉しいー」

彼女は体の線が細く、中学生のような体型をしている。そんな子がホテル街を彷徨《さまよ》っていて、補導されないわけがない。新宿で捕まり、そのまま愛光女子学園に送られることになったのである。

工藤レイラ（17歳）

レイラは、ハーフだ。そのため色が白く、エキゾチックな顔立ちをしている。また、彼女は中学三年時に性同一性障害の診断を受けている。

日本人の母親とアメリカ人の父親の間にレイラは生まれた。だが、父親はレイラが生まれた直後に離婚していなくなった。実質、母親が一人で育てることになったのである。

母親は仕事をしながら育児をしていたが、レイラが小学三年生の時に交通事故でうまく歩けなくなり、一人で育てることができなくなった。そこで神奈川県にある実家にもどることにした。

実家は祖父母の戸建ての持ち家で、母親の弟に当たる叔父が暮らしていた。祖父母は定年で働いていなかったため、家計は叔父の収入が頼りだった。

レイラは学校ではバドミントンをやっていた。運動神経がよく大会へ出れば決まって優勝し、将来はバドミントンの選手になりたいと言っていた。プロになって母親を早く楽にさせてあげたい、と。

こんな小学生の夢が壊れるのは、四年生になって間もない頃だ。家の中で叔父がレイラに性的ないたずらをするようになったのである。母親の目を盗んで、お風呂に入ってきたり、体を触ってきたりしたのだ。

レイラは性的虐待を受けていることを家族に打ち明けることができなかった。当時、母親は足に障害をもったショックから、自殺未遂をくり返すほど精神が不安定だった。祖父母に話したところで、家計を支えている叔父に強く言うことはできなかっただろう。家族がうまくやっていくには、自分が我慢するしかなかったのだ。

小学五年生、六年生と上がって、レイラの体が女性らしさを増すにつれ、叔父のいたずらはエスカレートし、毎晩のように布団に入ってくるようになった。それでもレイラは家族には一切言わず、学校でも何事もなかったかのように明るく振る舞っていた。

レイラの心が壊れたのは、中学一年生の時だった。彼女は中学に進学して間もなく、心が決壊したかのように、バドミントンにも勉強にも興味をもてなくなり、同級生たちと仲良くする気力も失った。そして不登校になった。

彼女は語る。

「中学に入って、なんか、これまで体に溜まっていた嫌なものがいっぺんに出てきちゃって、すっごいネガティブになった。自分に対して否定的になっちゃったんです。一度ネガティブなオーラが出てくると、どんどん悪く考えちゃって、『私なんていない方がいい』とか『もう死ぬしかない』とかって考えるようになりました。それでリスカ（リストカット）をはじめたんです」

彼女の手首には無数の小さなリストカットの痕がついている。だが、それは目に見える問題の一つでしかない。内面では、性のアイデンティティーも失っていたのである。

「気づいたら、男性の格好をするようになっていました。髪を短くして、男性物の服を着る。性的には、バイです。カレシもカノジョもどっちもOK。そのせいなんですかね、中学の時からホストになりたいって考えだしました。ホストってなんか強そうでかっこいいじゃないですか」

教官によれば、性的虐待を受けた女の子が自己否定の一つとして性自認を変えるのは珍しくないという。

中学三年の時、さらにレイラの心を歪める出来事が起こる。母親が障害者雇用枠で仕事をはじめたところ、そこで知り合った男性と恋に落ちて家から出ていってしまったのである。レイラは叔父のいる家に取り残されることになった。

レイラの言葉である。

「母が突然家を出た頃から、私の中の『ネガティブなオーラ』がどんどん大きくなりました。もう自分の居場所なんてどこにもないっていう思いが膨らんだ。それと同時になんだか急に自分が嫌にもなってきた。どうにでもなれ、みたいな感じです」

中学卒業後、レイラは進学せずに働くことを望んだ。自立しさえすれば、叔父のいる実家から逃げ出せると考えたのだ。

レイラは地元のレストランでバイトをしたが、時給が低くいつまで経っても一人暮らしの目途が立たなかった。そこで彼女は家を飛び出し、繁華街を転々としながら援助交際をはじめた。携帯で男性客を見つけては、一回二万円でホテルへ行ったのである。

「家出中は寝場所に一番困りました。ネットカフェやラブホを転々としてましたが、援交の客は四、五〇代の独身が多かったので、アパートに泊まらせてもらったこともあります。お金はぜんぜんなくて、三カ月間メロンパンとオレンジジュースしか食べてなかった。叔父にずっとセクハラ受けてたんで、セックスは好きになれなかったけど、食べていくのに必要だから仕方ないって感じでした」

こうした生活をつづけている最中、レイラは警察に補導されて鑑別所へ送られた。そこで保護観察処分になって実家に帰されたが、叔父からの性的虐待が再開。またすぐに家出をした。

だが、彼女は前回の家での経験から援助交際には懲《こ》りていた。そこで年齢を偽って、男装する女性が接待をするクラブで働きはじめる。スーツ姿に身を包み、ホストとなって女性客を接待するのだ。性同一性障害でホストに憧れていた彼女には、性に合っていた。

この生活も、数カ月で幕を閉じる。クラブが無許可営業で取り調べを受けた際、レイラは身元が発覚して補導されたのだ。保護観察処分だったこともあり、家庭裁判所を経て愛光女子学園への送致が決まった。

更生プログラム

愛光女子学園の狭い面接室で、女の子一人につき二、三時間ずつのインタビューを行った。すべてが終わった時、私は園長の横井から聞かされた「非社会の子」の意味がぼんやりとだがわかった気がした。

同時に、彼女たちのつかみどころのなさも感じずにはいられなかった。彼女たちの受け答えや行動は、捉えどころがなく、浅はかで、たどり着く先が見えなかった。

インタビュー終了後、同席した次長の塩島かおり（50歳）は次のように話した。

「少年院にいる子は、それぞれタイプが違って、捉えどころがないように見えますよね。最近の子は、こうすれば更生するみたいなマニュアルが通じないんです。ここが非常に苦労するところですし、それに対していかに取り組むかが私たちの仕事だと思っています」

少年院では、二〇一五年六月に少年院法が新しくなったことで、仕組みが大きく変わった。

少年院には全部で一六の課程があるが、愛光女子学園にはそのうちの五つの課程が用意されている。

それぞれの課程の処遇は、「生活指導」「教科指導」「職業指導」「体育指導」「特別活動指導」からなる五つの指導領域等から構成されている。それらを通して彼女たちは法に則った形での社会生活を営めるよう指導を受けることになる。

ただ、これらはあくまで一般的なものであって、細かくは少年一人ひとりに照らし合わせて、個別に問題改善のための道筋が定められる。たとえば、家庭の問題一つとっても、少年の母親が外国人で日本語が通じなければ、一般的なアプローチでは家庭環境の改善は難しいので、それに適した方法を個別に模索していかなければならない。

実際に行われているものを挙げれば、SST（ソーシャル・スキル・トレーニング）がある。これは、社会で生きていくための技術指導で、悪い友人に誘われた時にどのように断るのか、恋人が非行をしていたらどう対処するのかなど、少年同士で寸劇をしながら社会における対処法を身につける。

とはいえ、こうした指導を行うだけでは、少年の抱えている問題の根本的な解決には必ずしもなりえないという。塩島は言う。

「インタビューでわかったと思いますが、少女一人ひとりの抱えている問題はまったく違います。IQも、家庭環境も、成育歴も。たとえば、援助交際一つとっても、愛莉さんと、花音さんと、レイラさんとではまったく根本にあるものが違います。ですので、まず彼女たちと信頼関係を築くところからはじめて、だんだんとその子に合った接し方、課題を考えていくのです」

それはどのような仕組みで行われているのか。

「少年院には、少年たちと毎日傍らで接する個別担任がいます。個別担任はその子をずっと間近で見ていて、悩みを聞いたり、細かな指導をしたりしていく人です。さらに、寮でその子の日常生活を世話する寮担任というのが別にいます。個別担任は寮担任とともに、少年とほぼ二四時間一緒にいながら、その子の抱えている問題を考えていきます。愛光女子学園では、管理職である私たちと個別担任が話し合って、その子に適した課題を考えて教育プログラムをつくっていきます。少女をどう非行と向き合わせるか、トラウマをどう克服するか、家族との関係をどう修正するかとか様々です。そして全員で出院までに目的としているところまで彼女たちを導いていくのです」

一般の学校でいえば、校長や教頭という管理職と担任の教師という関係だが、少年院ではもう少し距離が近く、管理職がクラス全体を管理していて、それぞれの生徒に個別の担任がついているイメージなのだ。そこまでしなければ、彼女たちが抱えている複雑な問題を一年やそこらで解決することは難しい。

教官の思い

個別担任である教官はどのようにして少女たちと接しているのか。現場の教官にそれを尋ねてみることにした。

学園内の会議室に場所を移し、私は長友まり子（58歳）と熊倉ひろみ（39歳）に話を聞いた。長友は大学卒業後に少年院で働きはじめ、愛光女子学園だけで三回合計一一年の勤務歴があり、熊倉は大学卒業後からほぼ一貫してこの学園に在籍している。まず、私は愛光女子学園に来る少女たちのタイプを尋ねると、長友は答えた。

「主に四パターンあって、対人関係が苦手な子、貧困家庭の子、親に犯罪歴のある子、家庭が崩壊している子です。これは昔からそんなに変わりません。近年増えているのは、『奇妙な子』ですね。人の気持ちを理解してそれを行動に移せない子、あるいは自分の気持ちを整理して考えられない子です。だから、他人が見ると彼女が何を思って悪いことをしているのかわからない」

横井の言葉で表せば「非社会の子」だろう。私は児童自立支援施設で聞いた「発達障害＋虐待」の話と関係があるのかと尋ねてみた。

「難しいですね。ここにいると、発達障害の枠組みって何だろうって思うこともあるんです。テストで発達障害の結果が出ても、二四時間生活をともにしてみると、その傾向がまったく見られないケースがあります。その逆もあります。虐待も形はそれぞれ。テスト結果だけで発達障害かどうかと決めつけて、非行と結びつけるのはすごく危険だと思います」

現場にいる者はテストの結果で少年の人間性を決めつけるのではなく、あくまで触れ合いの中で捉え、向き合うことが大切なのだろう。

「ここの少年たちは、精神的、環境的な問題を無数に抱えていて、それを理解してもらえない苦しみから爪を剝ぐ、手首を切る、摂食障害を起こす、さらには非行に走るといったことをするのです。だから、少年を一つの側面から見るのではなく、総合的に問題に取り組み、乗り越えていく作業をしなければなりません。そこで重要なのが、個別担任と少年との間で行われる教育なのです」

長友によれば、この取り組みは多岐にわたっていて、たとえば「内省ノート」といって個別担任と少年が行う交換日記によって小さな問題点を少しずつ可視化して向き合う取り組み、親への手紙を書く時にする助言、親子面談によって家庭環境を改善させる試み、あるいは、その子に合わせたプログラムの立案などがあるらしい。つまり、少年個人との付き合いの中で内面の奥深くまで入り込んで一緒になって問題を改善し、社会復帰後の道をつくるのだ。

「個別担任が『叩かないで真剣に怒ってくれる大人』として向き合えば、少年の抱えている問題は少しずつですが見えてきます。ただし、問題解決の道のりは簡単ではありません。彼女たちは、物心つく前から両親ときちんとした信頼関係を築けず、虐待などで信頼できるはずの親からさんざん裏切られ、無条件に人を信じることができなくなっています。言葉だけじゃ聞く耳をもたず、目に見えるもの、触れられるものしか信じようとしない。だから、私たちも『こうすればうまくいく』なんて言ってもダメ。一つひとつリアルの現物を示して理解させなければならない。たとえば、親に相談すれば楽になると言っても信用しないので、その子に人に相談して楽になった経験を何度もさせて、『ね、楽になったでしょ』と言わなければならないんです。時間はかかりますが、そうやって進めていくしかないんです」

うまくいく例とはどのようなものなのか。長友は対極の例を二つ紹介してくれた。（以下仮名）

・うまくいった例
吉野愛子は、集団暴行による傷害事件を起こして女子少年院にやってきた。最初、彼女は自分の非行に向き合おうとせず、「友達がやった」「自分は悪くない」と言い張り、個別担任とも信頼関係を築こうとしなかった。

個別担任は、そんな愛子に辛抱強く接して、「素直になって事実と向き合って、本当のことを話すのがどんなにか楽か」ということを、いろんな形で示していった。寮での日常の暮らしの中で例を見つけては、一つひとつ説明して「ね、楽でしょ」というようにわからせたのである。

愛子はそうした体験を重ねる中で、個別担任を信頼して心を開くようになっていった。事実から目をそらして虚勢を張りつづける方が大変だとわかったのだ。愛子はいったん個別担任を信用すると、なんでも正直に打ち明けるようになり、その後個別担任からの勧めもあって両親との壊れていた関係を修復させ、出院していった。

・うまくいかなかった例
小神野薫子は、五年で三回も少年院に送られてきた。彼女の両親は幼い頃に離婚し、祖母に育てられてきた。精神疾患を抱えていたことから問題行動を次々と起こし、一四歳の誕生日に少年院に送られた。

薫子は、かわいそうになるくらい身も心もボロボロだった。全身に自傷の痕があり、言動も支離滅裂。二年間、少年院で過ごして一六歳で出ていった。だが、わずか一年余りで出産した子をネグレクトしたとして、再び少年院に。三度目は、一八歳で覚醒剤使用だった。

彼女は本当の自分を他人にさらすことができなかった。個別担任は彼女の内面に入って、抱えている問題をなんとか共有しようとした。薫子もつらいから、個別担任に助けを求める信号を送ってくる。それでも、個別担任との距離が近くなると、薫子は怖がってシャットアウトしてしまうのだ。

こうして半年ないしは一年が過ぎて出院するのだが、また捕まってもどってくる。最後は、一般の少年院では対処できないとされ、医療少年院に入院することになった。

長友は語る。

「現実的なことを言えば、少年院にいる一年ぐらいの間で、すべての少年が問題を解決して出ていくということはないと思うんです。うまくいく子もいれば、いかない子もいる。悲しいですが、それが事実だと思います。私たちとしては、一生その子の面倒を見てあげられないのならば、せめて彼女たちの胸の中にずっと残るものをつくってあげたい。出院した後、彼女たちが困難に陥った時に、思い出して心の支えになるような体験や言葉。それを与えたいのです。

それがこの仕事をするモチベーションの一つですね」

短期間の矯正教育ですべてが変わるのなら、成人の犯罪なんて起こらないだろう。教育というのは必ずしも即効性のあるものではない。私たちが大人になって子供の頃に学校の先生にかけられた言葉を思い出して励みにするのと同様に、ここの少女たちにとっても教官の言葉がそうなる可能性は十分にある。矯正教育とは、そういうふうに未来に向けて種をまくことも含むのだ。

「再生産」を食い止める

愛光女子学園の少年たちは、どのように社会へもどっていくのか。

今、その任についているのが熊倉だ。現在、彼女は調査支援部門の担当で、関係機関との調整や入出院の手続き、それに家庭の保護環境の調整を主にしている。

熊倉は語る。

「少年院だけですべてを対処しきれないというのは、その通りだと思います。だからこそ、少年院を出た後をしっかりしなければならない。重要なのは、保護者の存在です。少年院にいる間から、保護者に協力してもらって受け入れ態勢を整えます。実は、親も子供への接し方がわからずに困っている人ばかりなんです。親自身が未熟で頼る人もおらず、『ここに来て初めて娘のことを相談できる人に会った』と喜ばれることがあるほどなのです」

別の教官の話では、保護者会で親に対して「これまで頑張りましたね。これからは私たちが親御さんのお手伝いをしますのでご安心ください」と言うと、泣きはじめる親もいるという。親自身も孤立していたのだ。

一方で、親の中には娘を完全に見捨ててしまう人もいる。親子関係が修復不可能になっているのだ。

「近年では出院した少年を家族が引き取らないケースが増えています。たとえば、親が精神を病んでいて余裕がないとか、シングルマザーで生活が厳しく養っていけないとかです。あるいは、性的虐待があった家庭には、子供を帰すことはしません。そういう場合は、更生保護施設、自立準備ホーム、自立援助ホームへ行かせることになります。全体の一割が施設へ行きますね。とはいえ、出院後のことは保護観察所が決めるので、私たちがあまり深く立ち入ることはできないんですが」

家に帰るにせよ、施設に入るにせよ、彼女らの人生は楽ではない。出院後のサポートはどうするのか。

「最近まで少年院の仕事は少年院の中だけということになっていて、出院者のその後の処遇については業務として認められていませんでした。だから、あくまで教官が相談を受けた時だけ許容範囲の中でやるしかなかったんです。でも、新法では、出院者の相談も業務に組み込まれることになりました。専用の窓口を設け、少年からの相談を受けることにしたんです。今では一日一、二件は電話がかかってきます。そういう子は、個別担任をものすごく信頼してくれています。彼女たちにしてみれば、電話をかけて相談できる環境があるだけで全然違うはずです」

社会に出れば、女の子たちは一人で困難に立ち向かわなければならない。そんな時に、いつでも相談できる場があるのは大きい。

熊倉は言葉を区切ってつづける。

「出院後のことで言えば、私は女子少年院っていうのはもう一つ大きな役割があると思っています。一言で言えば、『再生産』の食い止めです。少年院に来る子の大半は、家族を持ちたがります。自分が幸せな家庭で育ってこなかったので、家庭への願望が人一倍強い。でも、実際に赤ちゃんが生まれてみると、そんなに都合のいい存在じゃないってことがわかる。その時に接し方に困って虐待をすることで、子供を同じ道に進ませてしまうんです。それが『再生産』。そういう意味では、せめてここに来ている子にはきちんとした家庭をもつ能力をつけさせてあげたい、いや、つけさせなきゃいけないって思うんです。だから、子供を生んで育てるというところまで、ある程度学ばせてから社会に出してあげるのも重要な役割の一つだと思っています」

彼女たちが抱えている問題は、その子一人のものではない。次の世代にも広がる日本の課題なのだ。そして今在院している子供たちでいえば、その再生産を食い止めるまでの時間はわずか数年しかない。

そう考えれば、女子少年院が直面している問題は、私たち一人ひとりのそれと言えるだろう。

（二〇一六年三月取材）

治療と矯正——医療少年院

独房の鉄の扉には、人の拳で殴られた痕があった。きっと素手で骨が折れるくらいの力で何度も叩いたのだろう、扉だけでなく床にまで拳大の凹みが残っていて、壁の壁紙も剝がされている。

広さは、三畳半ほどだ。入ってすぐのところに布団を敷くスペースが設けられており、その奥に仕切りのないトイレと洗面台がある。休日や夜間は布団を畳んで、そこで過ごすのである。

教官は言う。

「うちでは、ここを『単独寮』と呼んでいます。単独寮の居室は教官が一人では開けてはならない決まりになっています。突然襲われたりする可能性があるので、必ず複数でしなければならないのです」

医療少年院なので、成人用の刑務所と違って、「寮」と表現をしているのだろうが、内観は刑務所の独房（単独室）と何も変わらない。ドアの脇には食器口があり、窓の外には鉄の柵がついている。

その時、廊下に非常ベルの音がけたたましく鳴り響いた。耳を塞ぎたくなるほどの音だ。教官は何事もなかったかのように説明をつづけている。私は、非常ベルが鳴っていることを指摘した。教官は平然と答える。

「何かあったんでしょうね」

——何かとは？

「少年が暴れたとかそういうことだと思います。うちではよく鳴るんですよ。一日に何度も非常ベルが押されることもあります。担当の職員が駆けつけることになっているので、大丈夫でしょう」

見ると、廊下の壁にベルトのついた担架がかけてあった。病院で見かける担架より頑丈そうだ。ここに収容されているのは一〇代後半の若者が主なので、大人が数人がかりで取り押さえなければならないことも珍しくないのだという。

しばらくすると、今度はカーテンで遮断された隣の単独寮から、ドスンドスンという音とともに、動物の咆哮《ほうこう》のような叫び声が聞こえてきた。精神的に変調をきたした少年が暴れているのだ。

教官は、別の教官と相談をすると、人差し指を口の前に当てて言う。

「静かにここを離れましょう。あの子は人に反応して取り乱す子なんです」

対人関係を築くことができず、知らない人の顔を見たり、声を聞いたりすると、パニックになるのだという。カーテンで遮《さえぎ》られているのは、そのためだったのだ。

私は教官の後を追うように足早に離れなければならなかった。

京都医療少年院。全国に四つしかない医療少年院のうちの一つが、ここ京都府宇治市の小高い丘の上にある。

少年院法では、ここと関東医療少年院の二カ所が「第三種少年院」と定められ、同四条には次のように定義されている。

「保護処分の執行を受ける者であって、心身に著しい障害があるおおむね十二歳以上二十六歳未満のもの」

心身ともに健全な少年であれば、一般の少年院に送られるが、「著しい障害」があれば、ここへ送致されるということである。（以下「医療少年院」と記すのは、第三種を示す）

次長の淵上泰郎（53歳）は語る。

「一般の少年院は、男子少年院と女子少年院に分かれています。しかし、ここでは男子と女子が同じ施設内に収容されています。今日現在（二〇一六年一〇月七日）では三九名の少年がいて、男子が二六名、女子が一三名です」

平成二七年（以下同様）の犯罪の内容を見ると、もっとも多いのが窃盗（三〇％）だ。つづいて虞犯（罪を犯すおそれのあること／一四％）、殺人（一〇％）、覚醒剤（八％）、傷害致死、道路交通法違反（各六％）、強盗、猥褻《わいせつ》、放火（各四％）。

あえてここの特色を言えば、殺人、傷害致死を犯した少年の割合が高いことだろう。ちなみに、男女の犯罪傾向の違いは多少あり、男子は窃盗が多く（男子八名、女子一名）、女子は覚醒剤が多い（女子四名、男子〇名）。

「少年たちは大きく二つの問題を抱えてここへ送致されてきます。一つが身体の怪我など一時的に治療のために来る少年です。逮捕された時に、交通事故で大怪我をして両足にボルトが入っていて歩けないとか、妊娠が発覚して中絶手術を受けなければならない、とかいった子ですね。彼らは数週間、ないしは数カ月の治療を終えれば、一般の少年院へと移っていきます。逆に、少年院にいた子が途中で病気になって治療を受けるために、こちらに送られてくることもあります」

淵上は区切ってつづける。

「二つ目が、精神疾患をはじめとした精神の病気を抱えている少年です。覚醒剤の後遺症によって幻覚が見えてしまっている少年、知的障害、解離性障害、統合失調症などがあって、一般の少年院では集団生活が難しい少年、あるいは極度の摂食障害で命の危険があるような少年もいます」

精神疾患の少年と、知的障害の少年では、前者の方が圧倒的に多いという。統計によれば、前年度に在院した少年たちのＩＱは次の通りだ。

一〇〇以上　九名
九〇台　一〇名
八〇台　八名

七〇台　　一三名
六九以下　　一一名

ＩＱは七〇台がボーダーで、六〇台以下が知的障害だとされている。一〇〇が平均値であることを考えれば、高くはないが、かといって知的障害児ばかりというわけではないのがわかる。

「おおまかに言って、全体の二割が怪我や妊娠といった身体的な問題のある子。残りの八割が精神的な問題のある子です。いくつかの問題を併発している子も少なくありません。覚醒剤による幻覚症状が出ている子が妊娠していたり、一人の子が複数の精神疾患を抱えていたり。明確に線引きできるわけではないのです」

中での生活については次のように述べる。

「集団寮と単独寮に分かれて暮らすことになっています。集団の中にいても問題ない子は集団寮、病気の症状によって人と一緒になるのが難しい子は単独寮に入ります。集団寮では、数人が寝食をともにしていてテレビを見る自由などもありますが、単独寮は一人ひとりに応じた規則が設けられます。今、男子の場合は集団寮にいるのが一一名、単独寮が一五名です。女子は半々に分かれています」

——少年一人に個別担任がつくシステムは一般の少年院と同じなんですか。

「そうですね。ただ当院が一般のそれと異なるのは、個別担任の他、少年一人に主治医と担当看護師がつくことです。個別担任、主治医、担当看護師が生活を見守ることになります」

医療少年院では、何より治療が優先される。一日のスケジュールは、朝七時に起床して朝礼が終わるのが九時頃。それからすぐに医師の診察が行われる。施設の一階の廊下に、「外科」「内科」「歯科」など診療科目ごとに診察室が並んでいて、少年たちはここへ赴いて担当医による診察を受ける。

「本人の心身の状況に大きな問題がなければ、午前の日課に出ます。日課というのは、少年院法で定められた矯正教育課程です。日課の指導に当たるのは、教育支援部門の法務教官たちです。こちらは全員で三七名となっています」

医療少年院では、医師と教官の役割が、分かれているということか。

「そう言っていいと思います。ここでの目的は、少年院と同じく矯正教育を施すことなのです。少年院の中に医師がいて医療設備があるというイメージですね。だから、少年たちは医師に治療をしてもらいながら、矯正教育を専門とする教官に指導を受けることになるのです」

少年たちのリアル

京都医療少年院は、入ってすぐの一階に診察室が並んでいる以外は、他の少年院と大きな違いはない。だが、よく観察していると、細かなところでは様々な差異が見て取れる。

たとえば、一般の少年院で廊下を歩く時、少年たちは軍隊のように一列に並んで行進することになっている。医療少年院でも原則はそうなのだが、それができない人も多く、挙動も不審だ。

たとえば、診察室の前の廊下で出くわした少年は、椅子にすわっているだけなのに、怯えきった小動物のように背を丸めて体を震わせていた。首や腕をしきりにかきむしって、落ち着かない。それなのに、私が前を通り過ぎようとしたところ、突然急に牙をむくような表情になって前のめりになった。

二階の教室も、机が並び、棚には本が置かれていて、一般の少年院と変わらないように見える。だが、注意すると、机の落書きが日本語の意味をなしていなかったり、壁に貼られた注意書きに「教室で歌わない」といった事項があったりするのだ。

理由を尋ねると、教官は苦笑した。

「うちの子たちは、教室で歌うことがよくあるんですよ。気分がいいと歌ったり、叫んだり、踊ったりしてしまう。一般の少年院と比べても、やっぱり精神的、知的なところで劣っている子が少なくないんです」

中を案内してくれたのは、教務担当の溝口慎二（46歳）だった。溝口は大学を卒業してから宇治少年院に勤め、その後加古川学園（少年院）を経て、八年前に京都医療少年院に来た。彼によれば、一般の少年院と医療少年院では、少年に対する矯正教育の基本的なあり方は変わらないという。

「少年がここに送られてくると、まず考査期間といって単独寮に入れられて、身体や精神の状態や知的レベルをチェックされます。そして、その子の特性や犯した罪に照らし合わせて、在院中の目標が設定されます。人に傷害を負わせて送られてきたのだとしたら、自分の罪をきちんと見つめ直して、二度とそれをしないようにする術を身につけさせる、ということですね。そうした目標に向かって行われる複数の指導を、まとめて『日課』と呼んでいるのです」

一般の少年院と同じく、医療少年院でも矯正教育は「生活指導」「職業指導」「体育指導」「特別活動指導」「教科指導」の五つに大別される。日課では少年各自の状態や目標に応じて、それぞれに合った指導を施すことになる。

「矯正教育の中でもっとも重要なのが、生活指導です。ある少年が悪い友人とともに傷害事件を起こしたとしましょう。生活指導では、個別担任の指導やグループミーティングによって、なぜそのグループに入るのがいけなくて、抜け出すにはどうしなければならないのかを考えさせます。あるいは、家庭環境が悪ければ、そこで受ける悪影響をいかに減らすかを考えさせる。少年たちの在院期間は、一年ほどですから、その間に目標を二つ三つ達成させることになります」

とはいえ、一般の少年院のようには物事がスムーズに進まないそうだ。医療少年院ならではの問題があるという。

「難しいのは、単独寮にいる少年です。統合失調症で幻覚や幻聴に悩まされて、人を見た途端に叫んで暴れる子や、覚醒剤の後遺症で立つこともできなくなって、一日中寝たきりの子なんかがいます。そういう子たちは日課どころか、朝礼に出ることすらできません。こうした少年は、目を離した隙に自殺を試みようとしたり、壁に頭を打ちつけようとしたりする。彼らに対して個別担任ができることは、一日一日を安全に終えられるようにするだけです。もちろん、個別担任だけでは負担が大きいので、他の教官も手伝いますし、施設としても一〇分おきに巡回し、特に注意を要する子であれば監視カメラで二四時間監視します」

ここ京都医療少年院でも、かつて蛇口にベルトをかけて首をつった自殺事故や、少年が暴れたことで教官に怪我をさせる事案が起きたこともあった。矯正教育を適切に実施する上でも、そうしたことを防ぐのが優先課題なのだ。

「そこまでひどくなくても、生活の基本が抜け落ちている子もたくさんいます。歯の磨き方がわからない、お風呂で体を洗えない、布団で寝たことがないといった人たち。家で教わっていなかったり、教わっても障害のせいで身につかないんです。彼らには、起こした事件と向き合わせる以前に、そうした生活の根本的なことを覚えさせていかなければなりません」

——それも矯正教育なのですか。

「私はその一環だと考えています。社会に出ていって、一人の人間として生きていく術を習得するという意味合いでは同じことですから。また、そういう日常の小さなことができるようになって自己肯定できるようになったり、達成感を得られたりするようになることもあります」

——お話を聞く限りだと、医療少年院の「更生」は、世間一般でイメージされる「更生」と少しズレがある感じがします。

「それは認めます。こういう言い方が適切かどうかわかりませんが、京都医療少年院では、自分たちの仕事をふり返って、『うまくいった例』というのがあまり思い浮かばないんです。恥ずかしい話、それが現実なのです。身体の怪我ならともかく、精神的な問題を抱えてここへ送られてきた少年たちに何をどこまでしてあげられるかは、なかなか答えが出ない問題なんです」

私はあえて「うまくいった例」を聞いてみた。溝口が「あるかな」と何度も首を傾げながら、一分ほど悩んだ末に語り出したのは、次のような話だった。

勝田修(仮名、自閉スペクトラム症)

修は一八歳で京都医療少年院に入ってきた。非行名は、窃盗だった。

彼は自閉傾向が強く、ひどい幻聴や幻覚にも悩まされていた。溝口は初めて修と会った瞬間、その尋常ではない目つきを見て、「これは危険だな」と直感した。

予想通り、修は頻繁に暴れて手がつけられなかった。目が合っただけで「悪口言ったろ!」と怒鳴り散らし、幻聴や幻覚に振り回されて暴れる。単独寮に閉じ込めておくのが精一杯で、朝礼や日課に出すことさえ難しい日々がつづいた。

それでも何カ月かするうちに、修は単独室から出られるようになった。最初は週に一度だけ朝礼に参加してみる、それに慣れれば今度は日課に出てみる。他の生徒の声を聞いただけでつかみかかってしまうこともあったが、溝口はその度に何がいけなかったのかを根気強く話し合い、一年間かけて出院までに悪いことをしたら「ごめんなさい」と言うことができるまでにした。

出院が決まっても困難はつづいた。両親は修を恐れて引き取ることを拒否したのだ。これまで家庭内暴力がひどく、両親は身の危険を感じていたのである。とはいえ、修は障害が完治したわけではないので、いきなり社会に投げ込まれれば、ここに来る前の状態に逆もどりして、問題行動を起こすのは自明だ。

溝口たちは協議した結果、修を地元のグループホームを併設している病院へ入院させることにした。そこであれば病気のことを理解して対応してくれるだろうと考えたのである。

この話を語った後、溝口はこう後日談を話した。

「しばらくして彼から手紙が来たんです。『うまくやってます。仲良くやってます』と書かれてました。あの子が対人関係がうまく築けて、手紙を書けるまでになったなんて、と思ったら嬉しかったですね」

これを聞いて、私は複雑な気持ちになった。

たしかに修は、京都医療少年院で約一年を過ごしたことで「気分がいい日は、朝礼や日課に出られる」「教官に説得されれば『ごめんなさい』と言える」「手紙を書ける」ようになったかもしれない。だが、修がどこまで犯罪と向き合えたのか、その後社会でやっていけるのか、と問われれば、甚《はなは》だ心もとない。

溝口もそれを認める。

「その通りだと思います。これはあくまで個人的な思いですが、私としては、せめて少年たちが税金を払えるような人間になってほしいと考えています。それが私なりの目標です。ただ、現実的にそこまでいける子は決して多くはありません。一人でお風呂に入れるようになったとか、布団を畳めるようになったとかいったところで終わる子もいるんです。それさえできないで出院していく子だっています。でも、現場にいる私としては、関わったからには来た時より何か一つでもできるようになって社会にもどっていってほしいと願っています」

それをすることが犯罪の予防につながるのだろうか。

「第一歩ではあると思います。いきなりすべてを解決することなんてできません。ならば、家庭裁判所が決めた期間、私は少年と正面から向き合って、小さなことでいいから何かを身につけさせるのが務めだと考えています」

私とて少年たちが医療少年院に来たからといって、抱えている問題のすべてが解決するとは思っていない。それは少年院だって、児童自立支援施設だって同じだろう。それでも、医療少年院の場合は、少年一人の更生の幅が、他と比べるとあまりに小さいと感じずにいられなかった。

非行と病理

京都医療少年院では、五〇名の少年のうち三二名が、ここへ来る前から病院や施設に入っている。具体的には次の通りだ。

少年院　八名
養護施設　八名
自立支援施設　一一名
精神病院　一九名
情緒障害児施設　四名
更生保護施設　二名
その他　六名
※施設歴が複数に跨っている者もいるため延べ人数は五八名。

六四％の少年が、京都医療少年院に来る前に何かしらの福祉や司法の網に引っかかって、治療ないしは指導を受けているのである。にもかかわらず、問題解決に至らぬまま事件を起こしてしまっている。

こうした少年たちに対して医療はどこまで役に立つのか。

そのことについて、教育支援部門の責任者である清水洋二（49歳）に尋ねた。清水はこう答えた。

「医療少年院では、病気の治療と、矯正教育とは別ものという考え方なんです。医師は少年を診てくれますが、矯正教育はしません。医師がするのは、あくまで病気の治療であって、犯罪予防ではないんです」

――でも、少年の病気が犯罪と関係していることはありますよね。

「少年によっては病気が犯罪と密接に関わっている場合はあります。しかし、同じ病気をもっているからといって、その人たちがみんな違法行為をするわけではありません。その少年がどういう環境に置かれてきたか、どういう考え方をしているのか、どういう友人がいるのかによって、社会での振る舞い方が異なるためです。だからこそ、病気の治療とは別に、矯正教育をしなければならないという考えなんです」

わかりやすいのが、覚醒剤の後遺症に悩む少年だろう。彼らは幻想や幻覚などに苦しんではいるが、それを取り除いたからといって、覚醒剤に手を染めた倫理観や環境が変わるわけではない。ゆえに、治療とは別に、矯正教育をやる必要があるということだ。

統合失調症の幻覚によって、暴力沙汰を起こした少年も同じだ。統合失調症の症状が投薬で軽くなったとしても、他人の気持ちを考えられないとか、命の重みが理解できないといった特性があれば、病気とは関係なしに出院後に暴力沙汰を起こす危険はある。ゆえに、治療とは別に、矯正教育を行わなければならない。

「病気自体も、医師が治療をすれば治るというわけではありません。知的障害はもちろんですが、統合失調症だとか、覚醒剤の後遺症は、大学病院に何年も通院、入院したって回復しないケースも多いですよね。これは非行をする人、しない人でも共通することです。医療少年院で働いている医師は、大学病院等から来て数年で他に移られる方から、長年勤務してくださる方までいろいろですが、大学病院にはない特別な治療方法を用いて、劇的に少年たちの症状を良くするなんてことはできないのです。治療に関しては、あくまで他所の病院で行っているものと同じなのです」

病気の回復はあまり見込めないということか。

「治療によって症状が軽くなることはあります。ここには親からの虐待もないし、悪い仲間もいない。教官や看護師が常にそばで見守ってくれる。だから、きちんと投薬をすることで症状が軽くなり、以前に比べて落ち着くことはあります。その時、適切な指導ができれば、本人も自分の罪と向き合えるし、社会で必要な常識を身につけられる可能性が高まる。治療と矯正教育は別とはいえ、やはり二人三脚でやっていくべきことだと思います」

清水はつづける。

「こういう考え方もできると思うんです。医療少年院というのは『つなぐ場』だと。家庭裁判所がなぜ彼らを一般少年院ではなく、医療少年院に送ったかといえば、病気があって一般少年院で他の子たちとやっていけない、と判断したからです。実際に、初めは一般少年院にいながら、病状が悪化して医療措置が必要だということで、うちに回されてくる子も二、三割います。それであれば、彼らの状態をわずかでも改善させて、一般の少年院にもどれるまでにしてあげる。あるいは、出院した後に、外の施設で静かに暮らすことができるまでにしてあげる。そういう『つなぐ場』だと考えれば、たとえ少年の病気の症状や犯罪に対する意識の改善が微小であっても、それなりに役割を果たしたことになるのではないかと思うんです」

私はこれまでインタビューをした職員が口をそろえて、「うまくいった例が見つからない」

と言っていたのを思い出した。一般少年院のように、目に見える成果を出すのが難しい以上、「つなぐ場」となるしかないのかもしれない。

しかし、それはそれで教官にとってはやりがいが見つからないということになるのではないだろうか。そう指摘すると、清水は否定せずに言った。

「人によりますかね。ベテランはうまく処理できるでしょうが、若い人はつらいでしょうね。ここの少年って全力で私たちにぶつかってくるんです。悲鳴、罵《のの》り、暴力、私たちはそれらを毎日のように受け止めて、愛情をもって返してあげなければなりません。でも、若い人は気持ちの切り替えがうまくできずにストレスを溜め込んでしまう。ですから、職員の精神的ケアについては上司が面接をするなどして、施設全体で互いの体調管理に努めています」

出院する「患者」たち

医療少年院に来たからといって、少年たちの病気や障害が、必ずしも完治するわけではない。むしろ、一般の少年院や社会の福祉施設につなぐために、少しでも少年たちの状態を良くすることに重点を置かざるをえない。

私はそう聞いたことで、少年たちの出院後のことが気になった。次に話を聞いたのは、谷山梨花（仮名、40歳）だ。現在は女子寮の寮長を務めるが、少し前まで少年の出院先を調整する調査支援業務に四年間従事していた。

谷山は語る。

「医療少年院の役割は、少年たちの病気や障害を完治させるというより、それらとうまく付き合っていく方法を教えることにあると思っています。少年たちの多くは、病気との付き合い方がわからずに問題を起こしてしまう。ならば、それを自分でうまく扱えるようになればいいのです」

そう言って、谷山は一人の少女の事例を教えてくれた。

少女は実の親ではなく、親戚の家に預けられて育った。だが、この親戚は少女と触れ合おうとしなかった。彼女は家でずっと独りぼっちでしゃべり相手さえろくにおらず、学校でも友達ができなかった。

そんな中で、彼女は一人で悶々《もんもん》とした気持ちを溜めていたのだろう。ある日、自分のした行動で周囲の人たちが慌てるのを見て面白くなり、そこから頻繁に暴力など問題行動を起こすようになった。

警察は、そんな彼女に目をつけ、何度か補導もした。だが、少女の非行は収まらず、ある日「人を殺したい」と言って、ナイフをもって外を歩いていたところを、警察によって逮捕された。そして京都医療少年院に送られたのである。

ここに来た後も、彼女は他の少女たちと付き合うことができず、何度もぶつかって取り押さえられた。ちょっとした生活音に反応して突っかかっていったり、ルールや課題を嫌だと言って騒いだりといったことをくり返したのだ。やむなく単独寮に入られることになった。

「あの子は、日常生活のいたるところに支障をきたしていました。たとえば、単独寮の布団で寝ることができないのです。肌触りが気持ち悪いと言って暴れて破ってしまう。本人にしかわからない、こだわりがあるんでしょう。それがストレスになっているから、日常の些細なことで感情を爆発させてしまう」

この種の特性は薬を飲んで即座に治るものでもない。

「私は、どうすれば彼女がこの布団で寝てくれるのかを考えなければなりませんでした。いろいろと試してみて、布団にその子の好きなキャラクターを描いたら、ちゃんと寝られるようになった。その後も、こちらのルールを押し付けるのではなく、彼女の生活場面から刺激になるものを一つひとつ取り除くことで、ストレスの原因を消していったところ、見違えるように大人しくなりました」

谷山はつづける。

「あの子は、自分でも何がストレスになるのか気づいていませんでした。だから、私たちの方でそれを見つけて、逆に彼女に教えてあげる。そうすれば、彼女は楽に生活できる方法を理解することができます。それが、病気や障害との付き合い方を教えるということだと思うんです」

日常の鬱積《うっせき》した感情が問題行動の原因ならば、病気や障害とうまく付き合ってストレスを溜めなければいい。それが解決策の一つということだ。

とはいえ、問題は出院後に彼らがどこまで一人でそれをできるか。谷山はこう述べる。

「少年たちの在院期間は、おおよそ一年ですので、入ってきた時から早くも出院の準備を開始します。出院後に、その子の引受人やサポートしてくれる相手を探す。それを担当するのが調査支援担当なのです。保護者の元に帰せるかどうかは最初に検討しますね。少年たちは幼い頃から親に暴力をふるっていたり、問題行動を起こしていたりしているので、両親が怖がって引き受けを拒否するケースが少なくありません。逆に、親が虐待をしているので帰せないとか、親が子供より重い精神疾患を抱えているので引き受けられない、といったケースもあります」

実際に、少年たちの家庭環境の複雑さは、入院前に誰と住んでいたかというデータを見れば一目瞭然だ。

実父母	三〇％
実母	四〇％
実父	四％
義父・実母	一八％
その他	八％

実の両親がそろっているのは三割しかない。それとて両親が「虐待」「精神疾患」といった問題を抱えていることも少なくないのだ。

「家族や親族の引き取りができないということになれば、私たちは別に引き取り先を探さなければなりません。また、病気や障害が重たい子は、そのまま病院の精神科へ入院させる場合もあります」

家族や親戚が引き受けてくれない場合はどうなるのか。

「保護観察所と連携して、更生保護施設や自立準備ホームなど施設を探すことになります。障害によっては、地域生活定着支援センターといって矯正施設と福祉をつなぐ都道府県の機関とも連携して、福祉関係のグループホーム等を見つけて、少年に適した生活や支援環境を整えます。この体制を整えるために、児童相談所、福祉事務所、保健所、病院に協力を求めることもあります」

統計では、出院後の行き先は、「家族」が五九％、「親族」が八％、「その他」が三三％となっている。三人に一人が家族や親族以外のところに行っているのだ。

医療少年院を出た子供の受け入れ先は簡単に見つかるものなのか。

「初めは私も心配でした。でも、やってみて、地域ってすごいって思い直しましたね。いろいろと壁はあるんですが、最終的には必ず受け皿が見つかるんです。少なくとも、私が担当して出院までに見つからなかったことは一度もありませんでした。保護観察官の熱意、地元のコミュニティー、地域の人たちの善意。それらが上手に絡み合うから、受け皿が整うんです」

少年たちの困難さを目の当たりにしているからこそ、「すごい」と感じるのだろう。

ただ、懸念がないわけではない。再非行の問題だ。谷山はそれについて複雑な表情で語る。

「再犯がないとは言い切れません。わかっているだけで、一〇％から一五％くらいの子はまた問題を起こして再入院していています。わかっているだけで、というのは、成人した後に刑務所に入った場合はこちらで把握できないからです。多くの少年は一〇代後半でここに来るので、出院時や出院して間もなく二〇歳を超します。その後に罪を犯しても、成人ですので少年院ではなく、刑務所へ送られることになる。その情報は、少年院には入らないのです」

私はここの教官たち数人がつぶやいた「うまくいった例が見つからない」という言葉を思い出した。

医療少年院を出た少年の多くが、出院後もサポートを必要としていることは想像に難くない。少年の特性をきちんと理解し、改善していけるように手助けしてくれる大人がいなければ、彼らが社会でやっていくことは困難だ。だが、少年院ですら、彼らのその後を把握できなければ、誰が理解して支援していけるというのだろう。

出院し、成人した少年は、ブラックボックスの中に消えてしまう。

そのことに釈然としない思いを抱えたまま、京都医療少年院の取材を終えて間もなく、私は息子が京都医療少年院に入っていたという女性に出会った。その女性の話は、医療少年院に入る子供の抱える困難を残酷なまでに象徴していた。

次は、その女性の話を紹介したい。

（二〇一六年一〇月取材）

医療少年院を出た子をもつ母として——手記

何度あの子を殺そうと思ったことか……。

あの子とは、息子の翔武（仮名）です。医療少年院に入る前も、出た後も、ずっと私はあの子をどうやって殺すかということばかり考えてきた気がします。

もちろん、あの子の人生を狂わせたのは私の責任でもあります。でも、だからこそ、私自身が殺人者となっても、あの子をこの世から消さなければならないと考えたのです。

私は、大阪府岸和田市の生まれです。現在四〇歳。小学生の頃から問題児でした。シンナー、暴力、売春、悪いことは何でもやりました。

周りの人たちは、うちは何も問題のない家族だと思っていたはずです。父は郵便局員、母は専業主婦、四歳違いの姉が一人。両親も同居していたので、環境的には恵まれていました。

でも、それは表向きのことだけなんです。いわゆる、仮面夫婦、いや仮面家族でした。家の中では二四時間空気が張り詰めていて、お互いのことを異常なまでに気をつかって、絶対に本音を語らなかった。みんなものすごく「いい家族」を演じようとしていた。

なぜなんでしょう……。実は、私は解離性障害なんです。幼少期の記憶がすっぽりと抜け落ちてしまっている。だから、家族のことを覚えていない。ただ、ほんの少しですが、思い出したことがあります。

大人になってから、何かの拍子に、姉から「私はお母さんから、ものすごい虐待を受けていたの」と告白されました。その時、私の心の奥底に隠れていた記憶が蘇《よみがえ》りました。それは、幼い日の私が母によってドラム缶の中に閉じ込められて泣きじゃくっている光景でした。私も母親から虐待を受けていたのでしょう。

私が記憶しているのはそれだけです。お医者さんからは、「解離性障害でつらい記憶を消しているのは、逆に心のバランスを保つためで、必ずしも悪いことではない」と言われたので、それ以上思い出さないようにしています。

ふり返ると、母が異常だったんだと思います。母は石川県の出身で、私と同じ不良少女で教護院（現・児童自立支援施設）に入れられていたそうです。そこを出た直後に、ヒッチハイクをして大阪に出てきて水商売をし、その店で知り合って一七歳で結婚した相手が、当時二三歳の父だった。

水商売の女性がお客さんと結婚するのは珍しいことではありません。ただ、母は結婚後も得体の知れない秘密を抱えていたのです。

私が一九歳の時でした。何かを探していて実家の棚を開けたところ、見知らぬ人が石川県の母の実家に宛てて出した封筒があったんです。開封すると、母が全裸で微笑んでいる写真がたくさん出てきました。どれもラブホテルのような場所で撮影されていて、母は笑顔でした。写真にプリントされた日付によれば、私が小学一、二年生の頃のもの。

後で、親戚に尋ねると、こう言われました。

「あなたのお母さんはTで働いていたんだよ」

Tというのは、大阪で有名な風俗店です。つまり、専業主婦だったはずの母は風俗嬢だったんです。

よく考えてみるとおかしいですよね。誰があんな写真を石川県の母の実家に宛てて送ったのでしょう。もしかしたら母は、誰かにこの写真を使って脅されていたのかもしれません。

姉は中学を卒業してすぐに沖縄へ行きました。虐待をする家族から逃げたい一心だったのでしょう。それで米軍基地で働くアメリカ兵と結婚して渡米しました。

一方、私は中学生で覚醒剤に手を出して捕まり、一五歳で母と同じように教護院に入れられました。一八歳で出た後は、また悪い仲間とつるんで覚醒剤にハマりました。

最初の夫は、その仲間の一人でフリーター。私は一九歳で夫との間に翔武を産みましたが、DVがどんどん激しくなって三カ月で離婚。間もなく別の男と結婚して、二五歳で長女の果歩(仮名)を産みました。二回目の結婚も五年で終わりましたけど。

二〇代の頃、私は出産や子育てに追われていたので覚醒剤からは離れていました。翔武は本当に手がかかる子で、思い通りにいかないと叫んだり暴れたりして、まったく言うことを聞きませんでした。手を上げてくることもありました。

彼が病院でADHDだと診断され、支援学級に通うようになったのは六歳の時でした。やっぱり、という思いです。ただ、彼が抱えていた心の問題は、支援学級に行ったところで、改善するわけもありません。逆に体が大きくなればなるほど、言動が激しくなって、女の私にはどうしようもなくなりました。

　こうしたストレスから、私は三〇代でまた覚醒剤をはじめました。家庭は、あっという間に崩壊しました。家には常に覚醒剤の売人やその仲間たちが出入りしていました。私はお金がなかったので、彼らと肉体関係を結んで覚醒剤をもらっていたんです。私は子供の前で堂々と注射器で覚醒剤を打ってセックスをするということをくり返していました。

　翔武は成長するにつれ、発作を起こしたように感情を爆発させて、暴れ回ることが増えてきました。ＡＤＨＤであったのに加えて、覚醒剤による無茶苦茶な生活を強いられてきたのが悪かったのでしょう。

　あの子は、私が何かを話しても、それをきちんと聞いて理解することはありません。そのため、いったん暴れはじめると、暴力で押さえつけるしかありませんでした。私や、愛人があの子を殴りつけて静かにさせるのです。でも、小学校の高学年くらいになってくると、あの子もだんだん体が大きくなって、女の私じゃ太刀《たち》打ちできなくなってきました。

　もうこの子を捨てよう。そう思ったのは、完全に手に余るようになった五年生の時でした。私の方から市の窓口に相談して、施設に入れてもらうことにしたんです。

　しかし、どの施設の職員も、翔武をもて余しました。職員や他の子供に飛びかかっていって怪我をさせてしまうわけですから、たまったものじゃありません。情緒障害児短期治療施設や、児童思春期病棟を数カ月おきに、たらい回しにされました。

　中学二年の五月、翔武はついに児童自立支援施設へ送られることになりました。母、私につづいて翔武まで、三代にわたって児童自立支援施設のお世話になった。でも、その職員ですら、体の大きくなった翔武を大人しくさせることはできませんでした。

児童自立支援施設に入った二週間後、翔武は首を吊って自殺未遂を起こします。この頃から、彼は攻撃性に加えて、自殺願望も抱くようになりました。彼は少年鑑別所に一カ月間収容された後、八月からは京都医療少年院へ送致されることが決まりました。

京都医療少年院にいたのは、一年一カ月です。そこでもずっと暴れて手がつけられなかったそうです。職員に大怪我を負わせてしまったこともありました。職員からは「こっちが悪いので」と言ってもらいましたが……。結局、何一つ改善しないまま中学三年の九月に出院。そのまま精神医療センターへ入院しました。

でも、どこへ行ってもダメなんです。暴れたり、自殺未遂をしたりして問題を起こしてしまう。今度は精神医療センターと児童思春期病棟のたらい回しです。

病院からはさんざん家で引き取ってくれと言われたのですが、私は覚醒剤で頭がおかしくなっている上に、家にはヤクザが常に出入りしている状態でした。さらに私自身が覚醒剤所持で警察に逮捕。そのため、病院から翔武が仮退院する際は、母が私の代わりに保護責任者となって、引き取ることになりました。

でも、五〇歳前後の両親が、そんな翔武の面倒を見られるわけがありません。二人は力ではかなわないので、翔武の言うことに従うしかない。そうこうしているうちに、両親は翔武の奴隷のようになりました。

お腹が空けば午前三時でもおかまいなく叩き起こされて、買い物に行かされる。ゲームのポイントを稼ぐために、寝ている間は両親にずっとゲームをやらせる。「気分がしんどい」という理由で、寝ている父親の顔をライターであぶって大火傷をさせたこともありました。

アメリカで暮らしていた姉が末期の乳癌だ、という知らせが届いたのは、その時期でした。

姉は米軍の夫と離婚していましたが、日本を離れてから約二〇年間で帰国したのは二回だけでした。たまに姉から「あんな家を離れてこっち（アメリカ）に来なさい」と誘われましたが、それだけ自分を虐待した両親を憎んでいたのでしょう。

両親はそんな姉が末期癌になったと聞くや否や、借金をして一〇〇〇万円近い治療費を姉に送ったそうです。姉を虐待したことへの罪滅ぼしだったのかもしれません。でも、治療の甲斐なく、姉はアメリカで亡くなりました。

翔武の世話、多額の借金、姉の死……。両親はそれらの中で人生に絶望したのでしょう、二〇一五年の五月に、そろって自宅で心中をしました。練炭自殺です。

この時は母だけが死亡し、父は奇跡的に助かりました。それで父は一〇カ月後に再び首を吊って後を追いました。

遺書にはこうありました。

「借金が苦しかった。もう楽な天国へ行きたい。残されるお前は、翔武に近づいちゃいけない。大阪から逃げなさい」

この時期、私はシャバに出てきていましたが、相変わらず覚醒剤に溺れる日々を過ごしていました。でも、姉、母、父と次々と家族の命が消えていくのを見て、新しい命がほしくなった。それで、愛人だったヤクザにこう頼みました。

「結婚も養育費もいらないから、赤ちゃんをつくるのを手伝って」

こうしてお腹に宿ったのが、次女の真由（仮名）だったのです。妊娠が明らかになった時、私は約一〇年ぶりに覚醒剤を止める決断をしました。

一方、両親の死後、翔武は大阪府内の病院を転々としていました。でも、仮退院の際は、母がいないので、私が引き取らなければなりません。否応にも、二人で過ごさなければならなくなったのです。

あの子と二人でいられたのは、長くもって一週間でしたね。翔武は家の中で何の理由もなく暴れ回って、私や娘たちを攻撃してきました。家の中で野生の獣を飼うような状態です。言葉が通じないので、どうすることもできない。

ある朝、私は、このままでは翔武を殺すしかなくなると思い詰め、行政の窓口に電話をして助けを求めました。市役所の各種窓口、保護観察所、児童相談所、鑑別所。でも、どこも動こうとしてくれません。私は最後に弁護士に電話してこう言った。

「私はあらゆるところに相談しました。でも、助けてくれません。もし私が翔武を殺して捕まったら、行政が助けてくれなかったと弁護してください」

そこまでして弁護士が力になってくれたことで、ようやく行政が重い腰を上げました。保護観察所から紹介された老人施設の空き部屋に、翔武を特別に六カ月入所させ、その間にアパートを用意したり、生活保護の受給手続きをしたりして、堺市のアパートに住まわせたんです。助けを求めていなかったら、間違いなく私は殺人者になっていたでしょう。

翔武はアパートで一人暮らしをしていますが、生活能力はゼロです。生活保護でもらったお金を一日で使い果たして餓死しそうになったこともあります。保護観察所も考えたらしく、今は彼らが生活保護費の管理をし、一日いくらというふうに渡しているみたいです。

今、翔武はサポートを受けながらなんとかやっています。一日一回くらいはＬＩＮＥで連絡が来ますね。一人暮らしを余儀なくされ、自分でもなんとか頑張っていこうとは思っているみたいです。ただ、病気がよくなることはありませんので、これからどうなるかは親として不安です。まだ二一歳ですから。

もちろん、私が悪いのは自覚しています。翔武にしても、私がちゃんとしてれば、あそこまでひどくならなかった。翔武からも言われます。

「お母さんがああだったから、俺もこうなったんだ」

私も親としての責任は果たすつもりです。もしあの子が大きな事件を起こしてしまったら、一緒に死ぬ覚悟もしています。

心残りは、長女の果歩と次女の真由ですね。果歩は中学一年生、真由はまだゼロ歳です。果歩は普通に学校へ行ってはいますが、私のひどい状態を間近で見てきました。性に関する観念だって壊れているでしょう。絶対に男を受け付けないか、私みたいになるか。

この子だけはなんとかしてあげたいと思っています。ただ、私も今日一日覚醒剤をやらないで乗り切るということだけで精一杯。お金も生活保護に頼っています。だから、どうすればあの子のために何かをしてあげられるかが、わかりません。
私は社会福祉に助けてもらっている。翔武も娘二人もそうです。だからこそ、今は頑張るしかない。そう自分に言い聞かせて、なんとか生きています。

（二〇一七年三月取材）

＊翔武は、取材から一年後の二〇一八年に男性に暴力をふるい、逮捕された。

少年たちは更生するのか――少年刑務所

奈良少年刑務所（二〇一六年廃庁）は、一〇〇年以上の歴史をもったロマネスク様式の建物である。赤レンガの門の両脇には二つの円塔がそびえ、鉄の門がしっかりと閉まっている。門の先には白い砂利が広がっており、その奥にはこれまた中世西ヨーロッパ風の四角いレンガの建物が悠然と建っている。

ここは、ジャズピアニストの山下洋輔の祖父である建築家・山下啓次郎によって、ヨーロッパの監獄をモデルにして設計されたものだ。明治四一年に「明治の五大監獄」の一つとして建設された。

刑務所の外観もそうだが、内部も当時の監獄の面影を色濃く残している。監視台から放射線状に伸びる廊下は、歩けば軋《きし》みそうなほど古い木造で、獄舎の天井は低く圧迫感を覚えさせる。また、壁に断熱設備がほとんど施されていないため、外気が入ってきて凍てつくように冷たく、冬は昼間でも吐息が白くなることがある。唯一現代の施設であるのを感じさせるのは、扉の横につけられた静脈認証キーぐらいだろう。

忘れてはならないのは、ここは世界遺産に登録された観光地ではなく、重大犯罪を起こした未成年者たちが閉じ込められる少年刑務所だということだ。

話を進める前に、少年刑務所がどういうところか説明しよう。わかりやすく、少年院との違いで考えたい。

未成年が犯罪を起こした場合、家庭裁判所で少年審判を受けることになる。社会で親などの協力を得て、更生させた方がいいと判断されれば保護観察処分になるが、そうでなければ少年院等へ送致され、施設で矯正プログラムを受けることになる。少年犯罪で多い、窃盗、傷害、覚醒剤使用、性犯罪などは大抵こうした処分だ。

ところが、少年の中には殺人など重大事件を起こした者もいる。最初は彼らも同じように家庭裁判所で審判を受けるが、一六歳以上で、非行内容が重大であり、懲役刑などの刑罰を科すべきと判断された場合は、逆送といって刑事裁判にかけられることになる。

刑事裁判では、大人の裁判とほぼ同じ形で審議が行われ、有罪判決が下されれば、彼らは少年院ではなく少年刑務所に送致される。わかりやすく言えば、一六歳以上の少年でも報道されるような凶悪な犯罪を起こした者は、矯正教育のための少年院ではなく、刑罰を目的とした少年刑務所に送られるということだ。

日本全国に少年刑務所は七カ所あり（女子は二カ所）、奈良少年刑務所は西日本にある三つのうちの一つだ。多くが西日本で殺人や傷害致死を起こした生命犯で、その他暴力で相手に深刻な傷害を負わせたり、悪質な性犯罪を起こすなどした者も含まれている。

罪の重さゆえに受刑者の数は少なく、現在、奈良少年刑務所にいる一〇代の受刑者は数名、懲役中に成人になった者を合わせても二〇名程度だ。そのため、奈良少年刑務所には、二六歳以下の成人の受刑者、ならびに性犯罪の更生プログラムを受ける成人受刑者なども収容されている。

施設を案内してくれた看守長の畑伸明（34歳）は語る。

「現在ここには成人も合わせて約四三〇名がいます。少年の受刑者は、大人の受刑者とずっと一緒にいるわけではありません。更生プログラムを受けさせたり、未成年としての指導をしたりしなければならないので、同じ少年刑務所にいながら、別々に行動していることもあるのです」

生命犯など重大犯罪を起こした少年たち。彼らは刑務所の中で、どのような日々を過ごしながら、社会復帰の日を待っているのだろうか。

少年刑務所の内部で作業やグループワークを一通り見学させてもらった私は、教育専門官の小西好彦（57歳）に話を聞くことにした。小西はここで暴力回避教育、窃盗再犯防止指導、希望開拓講座、英語教育などを担当しており、早稲田大学でも非常勤講師として教育心理を教えている。恰幅《かっぷく》がよく笑顔のやさしい、寛容な雰囲気の男性だ。

私が投げかけたのは、なぜ一〇代の少年が殺人などの重大犯罪を起こすのかという疑問だった。小西は語る。

「受刑者一人ひとり違うので、おおざっぱにしか申し上げられませんが、人間は食べ物を得るために人と競争するなど、もともと生物として生き抜くために多少なりとも残虐性を備えています。多くの場合は、家庭の中で愛情を注がれて育つことで残虐性が薄れて理性をもち、暴力を捨てて人と協調するなど社会性や道徳性を身につけるようになり、ストレス耐性も高くなります。でも、家庭などに恵まれない子は愛情飢餓状態のまま、残虐性が大きくなり、理性や社会性の欠落から重大犯罪を引き起こしてしまいます」

小西によれば、幼少期に家庭で愛情を注がれることで、感情的欲求が満たされ、安心感が高まっていく。この「安心感」が「自分は守られている」という気持ちになり、ひいては自尊心であったり、他人への信頼感を形成する。そして、子供はアイデンティティーを形成して感情が豊かになり、社会に適応できるようになるのだという。

だが、家庭で愛情を受けた経験がなければ、「感情未分化」の状態となって、細かな感情をもてなくなる。具体的には、他人を思いやることに何の意味も見いだせなかったり、生きていても楽しいことはないと投げやりになったりする。中には自分の命を大切にする意味さえわからなくなる者もいるほどだ。だからこそ、お腹が空いたから殴って奪う、ムカついたから刺すといった、短絡的な行動に及ぶことになる。

「もちろん、虐待家庭だからといってすべての子供が非行をするわけではありません。ただ、感情未分化の子ほど暇な時間ができたり、欲求や困難にぶつかったりした時に、自分を含めて周りのことを考えない行動に出る傾向が高いということです」

ここまでの話は、度々指摘されてきたことだ。ただ、逆にすごく裕福な家庭で生まれ育っても凶悪な非行に走る子供がいる。それはなぜなのか。

「家族機能、つまり親の問題だと思います。私は『バカ親』と『親バカ』はまったく違うと思っています。前者は、心理的虐待、ネグレクトをくり返す親。後者は正反対で、『権威的な親』『成果を求める親』『独占する親』『恩着せする親』です。子供には、もって生まれた気質（生得的気質）があります。親がそれを無視して、親の不安の軽減のために過剰な要求・過度な期待をすれば、子供は『本来の自分』になれずに『偽りの自分』を無理に演じつづけて壊れてしまう。うちにも経済的に豊かでも、愛情を搾取《さくしゅ》されつづけた子供がいます。親がしなければならないのは、子供の気質を見極めて、純粋にその部分を認めてあげることなんです」

小西は、一八歳の男子高校生の例を紹介してくれた。

その少年は高校三年の時に妹をバットで撲殺して逮捕された。当初彼は「妹に部活で失敗したのを笑われたから、ムカついて衝動的にやった」と証言していた。しかし、奈良少年刑務所に入所後、小西が時間をかけて話を聞くと、真実を打ち明けてくれた。

それによれば、彼の父親は離婚後に妹を偏愛し、長男である彼には厳しく接した。少年は父親に認めてもらいたい一心で、言われたように部活も頑張り、習い事もして、有名高校にも入学した。しかし、一度も褒めてもらえず、「男なら当然だ」としか言われなかった。少年は次第に自分を認めてくれない父親への恨みを募らせ、「父が愛している妹を奪えば、悲しませることができるだろう」との思いに至って殺害したという。

小西はつづける。

「あの少年はお父さんに認めてほしいあまり、『本来の自分』を殺して『偽りの自分』をひたすら生きてきたんでしょう。それでも認めてもらえなかったことで、憎しみだけがどんどん募って、何かのきっかけで爆発してしまう。つまり、子供にとって大切なのは、本来の自分を生きて、それを親に肯定してもらうということなんです。それをしてもらえなければ、子供は人格を歪められ、やがては親から愛情を搾取されつづけられたことに対する大きな怒りを抱くようになるんです」

では、そういう少年をいかにして更生させようとしているのか。

刑務所内の暴力回避指導では、まず少年たち一人ひとりに何が原因で犯罪に走ったかを認識させる。そしてグループワークでそれを発表して、客観的な意見をもらうことで自分の弱点（不適応な認知）を理解し、生活環境を改善したり、感情を適切に表現したりする方法を探る。いわゆる認知行動療法といわれる手法だ。

とはいえ、これだけで、少年の人格が修正されるわけではない。小西は言う。

「ここに来る少年のほぼ全員が『自分のことが嫌い』だと言います。生まれてから虐待などで存在を否定され、裏切られつづけてきたせいでしょう。自分、他者、社会、将来すべてに否定的です。だから平気で人を裏切るし、暴力をふるうし、自分のことすら傷つけようとするのです。私たちがしなければならないのは、彼らが本来の自分を肯定できるようにすることです。まずは私たちが本心で向き合い、信頼関係を築いた上で、彼らの中にいいものを見つけてあげ、自分を肯定できるように導いてあげなければなりません。たとえば『気が短い』というように、短所として捉えられてきたところを『決断力が早い』と肯定的な見方をしてあげて、その部分を伸ばす訓練をしてあげる。子供たちが更生のスタート地点に立つには、まず自分を肯定するところからはじめなければならないのです。自分を肯定できなければ、他人や社会を肯定することなんてできるわけありませんからね」

間の言葉を取りもどす

もう一人、私が話を聞いたのは教育専門官の乾井智彦（57歳）だ。

乾井は、同い年の小西とはまた違った雰囲気で、繊細で実直な印象のある男性だ。三〇歳の頃から奈良少年刑務所に勤務しており、現在は高卒認定指導、薬物依存離脱指導、性犯罪防止指導、社会性涵養プログラム、少年教育などを担当している。

ここで働くに当たって、彼は「思いを汲んで寄り添い、支え、手塩にかける」を信念にしているが、若い頃の苦い経験がきっかけだという。

かつて乾井は、手に余る少年を高圧的に抑えて指導したことがあった。だが、出所後、彼は再び大きな犯罪を起こしてしまった。乾井は力では何も改善しないことを思い知らされ、以来、心に寄り添うことに決めたそうだ。

乾井によれば、重大犯罪をする少年の多くは、いわゆる「正統な不良」とは少しズレた存在らしい。たとえば、同じ年齢の人と付き合えないような幼児性があったり、主流のグループから外されていた存在だったりするそうだ。

「ここの少年たちに共通するのは、自分の感情を表現するのが苦手ということです。苦手というより、ほとんどできない。彼らは何を尋ねられても『べつに』『普通』『大丈夫』としか言わないことが多い。照れて言わないのではなく、彼らは自分自身の細かな感情をわかっていないし、言語化できないのです。これは、感情から行動に移す間の言葉がないということなんです。普通は、他人に嫌なことをされたら、『何でこんなことをするんだろう』とか『気分悪いけど、周りの人の目があることだし無視しよう』とか、いろんな気持ちが湧き出て、結果として理性をもって感情を安定させようとしますよね。でも、そういう細かい感情がなければ、すぐに『やられたから相手を殺してやる』というところに直結してしまうんです。私はこれを『間の言葉がない』言っています」

乾井はつづける。

「虐待などをされてきた子供は自分の感情を押し殺してきたために、感情が発達していないんです。無意味に殴られる、親に相手にしてもらえない、常に命の危機にさらされるという現実は、子供の感情を殺してしまう。だから、私は子供たちを指導するに当たって〈表情カード〉を使用しています。人間の様々な感情をカードにして、子供たちに自分の中にある感情に気づかせる。その練習をくり返すことで、少しずつ『間の言葉』を得られるようにして、他人との付き合いをできるようにしたり、自分の気持ちを抑えられるようにしたりするんです」

逆に言えば、カードにして一つひとつ説明されなければ、自分が何を思ってどういう行動に及んでいるのかわからないのだ。

これに並行して少年たちが取り組むのは、命の大切さを知るということだ。

「私は少年教育の一つとして『命の教育』を行っています。少年教育の一年目は一般教養、二年目は情操教育、そして三年目が命の教育です。彼らのもう一つの特徴は、多くの子供たちが不遇な家庭環境のせいで他人の命の前に、自分の命すら大切に思っていないことです。たとえば、いつ死んでもいいと思っている子供が、他人の命の尊さを深く考えるわけありませんよね。そこで私はベビー・ドール、つまり赤ちゃん人形を使って命の大切さを実感する授業をしています」

ベビー・ドールの導入は、少年たちを観察する中で浮かんだアイディアだった。

それまで乾井がいくら指導の中で命の大切さを説いても、教材ビデオを見せても、ほとんど反応がなかった。だが、ある日、産婦人科の先生を招いて出産のシーンをビデオで見せたところ、少年たちは産声を聞いて一斉に顔を上げた。

これを見て、乾井は芹澤隆子（NPO法人日本ダイバージョナルセラピー協会理事長）のドール・セラピーを勉強。それを少年刑務所向けに応用して、ベビー・ドールを使用した指導をしようと考えたそうだ。

乾井は妻に頼んで新生児の体重と同じ三キロぐらいの砂を入れた人形をつくってもらった。そして少年たちにそれを抱かせて、生まれてから今までの人生の振り返りをさせ、赤ん坊にとって虐待やネグレクトがどれだけ過酷かを考えさせた。

少年たちは人形を通して、親からの虐待によって負った自分自身の心の傷を実感した。その上で、こうした赤ん坊がどうやって自分たちと同じ年齢にまで成長をするのか、そうして育った子供たちを傷つける、殺してしまうとは、どれだけ罪深いことなのか、といったことを教えた。

このような方法で説明されることで、少年たちは涙を流して自分たちの犯した罪を理解したり、更生を誓ったりするようになるという。

「自分の命の重さを理解できなければ、絶対に他人の命の重さなんてわかりません。だからこそ、私は感情カードやベビー・ドールを駆使することで、命と向き合う練習をさせるのです。それが命の授業なのです」

逆に言えば、ここまでしなければ、少年たちは他人の命はもちろん、自分の命の重さすらわからないのだ。それほどまでに不遇な生活環境の中で、感情や言葉を奪われつづけてきたということなのである。

私の脳裏に過《よぎ》ったのは、かつて出会った児童養護施設に勤めている女性の一言だった。彼女は、児童養護施設に来る子供たちの大半が被虐待児であることを言った上で、その子たちのことを次のように表現したのである。

「うちにいる子たちは、子供時代を経験させてもらっていないんです。子供って甘えたり、ふてくされてみたり、いじわるしてみたり、いろんなことをしながら感情を学んで大きくなっていきますよね。でも、ひどい家庭の子供ってそういう子供としての体験をしてこなかった子ばかりなんです」

私はこのことを乾井に話した。乾井は何かを思い出したのか、突然唇を嚙みしめて目を涙で潤ませてつぶやいた。

「子供をさせてもらえない……。石井さん、まさにそうなんです。子供であることを一度も許してもらえないということが、どれだけつらいことか……。本当にその言葉がわかります」

乾井が出会ってきた少年たちの多くが、同じように子供時代を奪われてきたのだろう。

一筋縄でいかないのは、彼らは虐待などの被害者である一方で、人の命を奪った加害者であるという点だ。そして少年刑務所はそういう少年たちに刑罰を与えるために存在する場所でもある。

乾井は言う。

「社会には、犯罪をした子供に対する厳しい目があるのは確かです。ただ、私の役割は教官として、その子が更生することを信じて手助けすることだと思っています。もちろん、明らかにそれが難しい子もいます。実際に人と接するのが怖くて、マクドナルドにさえ行けないという子がいます。再犯率の高さだってわかっています。それでも私は、その子を信じて寄り添っていかなければならないのです。親に捨てられて罪を犯してここに来た彼らには、私たち以外に頼れる人がいないわけですから」

乾井自身、その仕事の大変さを誰よりもわかっている。信じては裏切られ、信じては裏切られの連続だろう。

少年との関わりの中でくじけそうになった時は、妻に悩みなどを吐き出したりすることでバランスをとっているという。そこまでして三〇年近くこの仕事をつづけているのは、少年たちの支えになれるのは自分しかいない、という強い信念があるからだ。

少年たちにとって、乾井の誠意は暗闇に射す一筋の光に違いない。むろん、すべての少年が光に気づくとは限らない。だが、そんな光が、刑務所の外にも一本、二本と射せば、彼らの人生もまた異なったものになるのではないだろうか。

出所後の壁

奈良少年刑務所の内部には、監視台から放射状に伸びた廊下が広がっている。薄暗い廊下を抜けて外に出ると、技能訓練所と、教育施設の建物が現れる。

前者は「若草技能訓練所」と名付けられて機械科、介護福祉科、溶接科、理容科など一四種類の技能訓練が行われている。いずれも実用性に重きが置かれて、刑務所内に理髪店をつくって一般客を受け入れたり、奈良の伝統工芸である一刀彫りでつくった製品を販売したりしている。

後者の教育施設では、通信制高校の分校が設けられていて、定期的に授業が実施される。受刑者には中卒者や高校中退者が少なくないため、希望者はここで教官による英語や数学といった教科を少人数制で教わり、試験に合格すれば高卒資格を取得できるのだ。

近年、刑務所では受刑者の出所後の生活を見据えて行われる、職業訓練や教育プログラムが少しずつ改善されている。最終的な目標は、出所した後にスムーズに受刑者を社会に送り出すことで、少しでも再犯率を下げようとしているのだ。

現在、受刑者が出所後に犯罪に手を染める率は四六・七％に及び、一七年連続で増加している。しかも無職者の再犯率は、有職者の四倍になるという。つまり、出所しても職につけず、再び犯罪を起こす人の割合が急増しているということだ。

刑務所の受刑者一人に対してかかる税金は年間三二〇万円だというから、日本全体としてこれがどれだけの経済的損失を生んでいるかは容易に想像できるだろう。

奈良少年刑務所で受刑者の就労支援を行っている法務事務官・看守長の畑伸明は、次のように語る。

「刑務所は懲罰のためのものという考え方だけでは、再犯の予防はなかなか難しいと思います。最近になって国が再犯防止という方針を打ち出したことで、出所後の就職支援が活発に議論されるようになり、企業の側も協力をしてくれるようになったり、民間による就職支援プロジェクトがはじまったりするようになりました。これによって、刑務所内での就職支援のあり方も変わるのではないかと期待しています」

奈良少年刑務所では、三通りの就職支援を行っているという。一つが大阪府の保護観察所から、協力雇用主（元受刑者を積極的に雇用する企業）を紹介してもらうケース。二つ目がハローワークに登録された受刑者等専用求人を利用するケース、三つ目が、二〇一三年から始まった職親プロジェクトだ。

畑の役割は部署の責任者として、これらの求人を集めて受刑者に紹介し、求人票の見方や履歴書の書き方などを一から教え、企業と受刑者の間を取りもつことだ。とはいえ、重大事件を起こした少年受刑者となると、就職は決して容易ではない。

「少年受刑者の就職率はよくありません。就職試験では、犯した罪の内容が大きく問われるんです。一般的に、強盗、強姦など『強』がつく罪の場合は、就職の受け入れ口が大幅に減るとされています。この刑務所の少年たちは、さらにそれよりも重い殺人や傷害致死などで入ってきていますし、刑務所内で求人に応募する場合は前科を偽《いつわ》れませんので、大半は職が見つからないまま出所していきます」

企業の中でも出所者の雇用をするのは鳶職《とびしょく》のような肉体労働が多いが、それでも受け入れるのは窃盗や傷害など比較的軽い罪状の者に限られる。そのため、少年の受刑者はいったん出所した後に、経歴を偽造したり、名前を変えるなどして職を探すのが一般的だそうだ。

「過去を隠したところで、そもそもここの受刑者たちが、社会でうまく立ち回れるのかという問題もあります。彼らの中には発達障害などの傾向が明らかな子もいますし、仕事以前に人とコミュニケーションを取れないような子もいます。もし仕事がうまく見つかったとしても、社会に溶け込んでいけるような能力のある人は決して多くはありません」

こうもつづける。

「それともう一つの問題は、長い間刑務所で過ごしたせいで一般社会に適応できなくなっていることです。刑務所には受刑者を理解し支えてくれる教官がいますし、どんなに非常識であっても食べていくことはできます。けど、社会はそうじゃないですよね。普通の大卒者だって苦労するのに、一〇代から二〇代を刑務所で暮らしていた問題のある少年が、いきなり社会に出てもなかなか適応できない。浦島太郎状態になってしまうんです」

少年にとって出所とは、理解者や生活支援を失うということだ。社会の荒波の中で物事を打開していくことが、彼らにとっていかに困難なことか。

「受刑者は小さな失敗をたくさんやった上で、一線を越えた大きな失敗をして捕まった者たちです。彼らが社会に出れば、きっと小さな失敗はたくさんするはず。その穴を会社や制度が埋めるような寛容なシステムがなければ、少年たちが一人で生きていくのはなかなか難しいのではないかと思います。そういう意味で、就職支援をしている私が今、注目しているのは『職親プロジェクト』です」

職親プロジェクトとは、二〇一三年から日本財団が主体となって行っている、再犯防止のための全国的な取り組みだ。日本各地に受刑者雇用をしている企業があるが、日本財団が中心になってそれらを一つに集めて、少年院・刑務所との橋渡しをする。具体的には、次のような手順で行われる。

1、企業が少年院や刑務所に対して求人募集をかける。
2、企業は書類選考の後、少年院や刑務所の中で面接試験を行う。
3、合格者に内定を出す。

4、出院、出所まで企業の社長や担当者が内定者と面会をくり返して信頼関係をつくる。
5、出院、出所後、企業が内定者を雇用する。

少年院や刑務所にいる間に、企業が少年たちと信頼関係を構築しておけば、社会にもどった後にスムーズに仕事に取り組める。職親プロジェクトは、そうすることで少年たちを社会に適合させ、再非行を減らすことを目指しているのだ。

もう一つ職親プロジェクトで特徴的なのは、出所者のための中間支援を設けている点だ。受刑者が出所したところで、住む場所がなかったり、支援者がいなかったり、社会常識を教わる機会がなければ、元の木阿弥である。そこでプロジェクトで連携し合って、社会適応のための施設をつくっているのである。

「刑務所は受刑者を収容する施設なので、彼らが外へ出たら何かをすることはできません。でも、彼らの本当の困難は、出所後の生活にあるのです。刑務所には手が届かないところで、民間での支援が広がれば再犯防止の大きな力になることは間違いありません」

中間支援施設とはいかなるところなのか。行ってみることにした。

元暴力団員が更生に貢献

大阪市福島区のＪＲ野田駅前の小さな商店街から一本外れた細い道に、三階建ての小さなオフィスビルがある。入り口のガラスには、「ヒューマンハーバー大阪」という社名の横に「明るい未来の道標」と記されている。

ドアを開けると、一階の正面には学習塾のようにホワイトボードと机が並べられ、奥には事務机が置かれていた。二階と三階は寮になっていて、現在は二〇歳の男性と、一〇代半ばの女性が一人ずつ暮らしている。このビルが、職親プロジェクトの一つとして二〇一五年八月に大阪で立ち上げられた中間支援施設だ。

スーツ姿の背の高い細身の男性が迎えてくれた。

「こんにちは。よくいらっしゃいました」

黒川洋司（44歳）だ。彼は中間支援施設であるヒューマンハーバー大阪の代表を務める一方で、美容院を三軒、さらに託児所を一軒もつ企業の経営者でもある。物静かな印象とは裏腹に、元暴力団組員の過去がある。まず、その経歴から紹介したい。

黒川は大阪市内で生まれたが、物心ついた時から家庭は荒んでいた。両親は浮気が原因で、いさかいが絶えず、夫婦喧嘩が日常茶飯事だった。父と母が怒鳴り、取っ組み合う度に、黒川は三歳年下の妹とともに泣きじゃくった。

家庭の楽しかった記憶はほとんどない。友達を呼んで遊んだり、誕生パーティーをしたりという、子供にとって当たり前のことがまったくなかったのだ。唯一鮮明に覚えているのは、両親の離婚が決まった小学一年の時に、最後の思い出づくりのためとして四人で温泉に行ったことだ。

離婚後、黒川はやり場のない憤りを吐き出すように、非行に走った。万引きをくり返したり、カツアゲをしたりして、母親に注意されれば「やかましいわ！　俺は産んでくれって言った覚えはねえ！」と声を荒らげた。そして中学三年で、地元の「城東連合」という一〇〇人あまりの暴走族に入り、卒業後は高校へ進学せずに、恐喝、車上荒らし、パチンコなどで小銭を稼ぐ日々を送った。

一九歳で山口組系の暴力団の組員に。二一歳で覚醒剤絡みの失敗をして、指を詰めて堅気になった。長年の荒んだ生活は直らず、それからも競馬のノミ屋やパチンコのゴト師といったことをし、ある日コンビニで年下の不良相手に暴力事件を起こして逮捕された。

そんな彼の人生を変えたのは、二八歳の時だった。交際していた八歳下の恋人が妊娠したのである。黒川は生活を安定させるために、友人と建築会社を共同経営し、その二年後には稼いだ資金で別の友人とともに美容院を開業。幸運にも店は瞬く間に人気店となり、二店目、三店目と事業を拡大することに成功した。ようやく陽の当たる人生を歩むことができるようになった。

黒川が受刑者の社会復帰に取り組むようになったのは、三五歳の時に母親が突然死去したのがきっかけだった。脳に血栓が詰まって、病院に駆けつけた時には意識がなく、一度も言葉を交わすことができないまま亡くなった。

彼は母を失って初めてこれまでの親不孝を後悔し、毎日泣きつづけた。小学一年だった長男が、そんな父親を見て言った。

「お父ちゃんは、おばあちゃんに対していつも『やかましいわ』って言うてたのに、なんでそんなに泣いとんの？」

息子にまでそう思わせていたことを知り、これからは亡き母にだけは恥ずかしくない生き方をしようと決心した。

黒川が地域の清掃をしたり、児童養護施設でヘアカットのボランティアをしたりするようになったのは、それからだった。まず人のためにできることから行動しようと考えたのだ。

そんなある日、大阪のお好み焼き屋チェーン「千房《ちぼう》」の社長・中井政嗣《まさつぐ》から一本の電話が入る。一週間前に中井の講演を聴きに行って、名刺交換したばかりだった。

中井は言った。

「日本財団と再犯防止のプロジェクトを開始して、出所者や出院者の就職支援をすることになりました。黒川さんも一緒にやりませんか？」

黒川は即座に「やらせてください」と答えた。暴走族や暴力団から更生した自分だからこそできることはある、と確信した。これが、「職親プロジェクト」だった。

黒川は語る。

「それから半年後に、職親プロジェクトを通して、うちの美容院で加古川学園（兵庫県）から出院した一八歳の子を雇いました。ただ、僕の若い頃の経験からいって、出院者の心はかなり曲がっているので、そのまま雇っても絶対にうまくいかないと思っていました。人間性を根本から直さなければ社会人として働けるようにはならない。僕はやるなら徹底的にやるしかないと思い、付きっきりでその子を指導することにしたのです」

黒川は出院者の青年を一から教育するために、市営団地を借りて八カ月もの間、共同生活を送ることにした。通信制高校に入学させ、週に何度か経営や人間関係や学業を教え、それを「良心塾」と名づけた。黒川なりに考え抜いた「更生講座」だった。

青年の態度は、案の定ひどいものだった。店のレジに立たせたら一〇分で「疲れた」と床にすわり込み、ビラ配りに付き合わせても三〇分ほどで「ヘルニアなんで歩けないです」と帰ろうとする。黒川は語る。

「呆れるほどでしたよ。嘘つく、逃げるは当たり前で、レジのお金を取られたこともありました。でも、最後までやり抜こうと諦めずに昼も夜もずっと寄り添ったおかげで、少しずつ良くなっていきました。嘘や脱走の回数が減り、挨拶などもできるようになった。何十回、何百回と裏切られても向き合ったおかげで、僕らの間に信頼関係ができてきたのでしょう」

私は改めて人間一人を更生させる労力の大きさを思い知らされた。黒川は約三〇名のスタッフを抱える社長であり、家庭では三人の子供の親だ。その彼が家から離れて、会社の業務もこなしながら、一人の青年にそれだけの時間を割いても、一歩ずつしか前に進まない。まるで砂を一粒ずつ積み上げて山をつくろうとするような気の遠くなる作業だが、人を立ち直らせるというのはそれだけ労力を要することなのだ。

黒川はつづける。

「この良心塾が中間支援施設のはじまりでした。日本財団がうちの試みに注目して、福岡にあるヒューマンハーバーという会社を紹介してくれました。見学へ行ったところ、福岡では出所者に住居、仕事、教育を提供し、外部から専門家を呼ぶなど専門的な人間育成に取り組んでいました。そこで、私は福岡のノウハウを組み込もうと、良心塾をヒューマンハーバー大阪という形で発展させて、大阪を中心とした関西の中間支援施設を設立することになったのです。一応、福岡の会社とは別会社となっていますが、連携してノウハウを交換したりしています」

日本財団は、ヒューマンハーバー大阪の設立を援助するとともに、一人の出所者の引き受けにつき、月額四万円の支援金を払っている。決して多くはないが、なんとか慈善活動を継続していける額だろう。

「ヒューマンハーバー大阪は、これから職親プロジェクトに参加している企業が雇った出院者を、どんどん受け入れていくつもりです。私の美容院だけでなく、他社が雇った出院者をここに住まわせて、矯正教育を施しながら、企業に役に立てる人材にまで成長させる。それが実現すれば、自然と再犯率は下がっていくはずです」

成功者をつくる

黒川は、この試みの未来は、「成功例」を生み出せるかどうかにかかっていると考えている。

そこで、彼は今ここに暮らす出院者・川名朋彦（仮名・20歳）を紹介してくれた。

川名は眼鏡をかけてすらっとした体格で、物おじしない青年だった。話してみてすぐに頭の回転の速さを感じた。だが裏を返せば、その落ち着きは彼が非情な世界を見てきたためだとわかった。

川名は暴力団の組長の長男として生まれた。両親の離婚後は、父親に引き取られて幼少期の頃から暴力団事務所や賭場《とば》に連れていかれ、小学生の頃から自ら賭博《とばく》をやるほどだったという。

素行は否応なしに荒れた。中卒後すぐに一五歳で恐喝で逮捕、一七歳の時には暴走行為で二度目の逮捕、そして鑑別所を出て一八歳になった時、暴力団員に頼まれてパスポートなど身分証の偽造ビジネスをしていたことが発覚して三度目の逮捕。二年間、少年院に入ることになった。

職親プロジェクトを知ったのは在院中だった。出院後に働くなら、出院者だとわかってもらっている方が、気持ち的にも楽だろうと思って某社に応募し、院内で面接を行って採用となった。だが、出院後、この会社で働きはじめたものの適応できずに、わずか一カ月ほどで社長にさじを投げられ、ヒューマンハーバー大阪に引き取られた。

なぜ仕事をつづけられなかったのか。川名は語る。

「少年院から社会に出て、どうしていいかわからなかったんです。少年院では教官の言いなりになって、期待も目標も抱かず、ダラダラ過ごすだけ。それが沁みついた状態で、いきなり会社から『自分で考えろ』『学ぶ姿勢を見せろ』と言われてもできないんです。もともと何でもネガティブに考える性格だったので、やる気がなくなって投げ出してしまったんです」

だが、ヒューマンハーバー大阪に来て、定期的に勉強をしたり、社会生活について教わっているうちに、少しずつ考え方が変わってきたという。

「ここで黒川さんに出会って多くのことを教わるうちに、違う考え方ができるようになりました。黒川さんってあれだけ悪いことをしてきたのに、今はこんなに世のため人のためにって言って、頑張ってるじゃないっすか。今まで自分が出会ってきたヤクザってみんな金のことしか考えてないから、浅くて底が見えるんすよ。でも、他人のために生きてる人って限界が見えない。それを間近で見てたら、『人間ってその気になったら人のためにここまでできんねん』って思えるようになって、俺もポジティブにならなきゃって考えられるようになったんです」

ヒューマンハーバー大阪では更生プログラムが多数用意されている。ただ、私は川名の話を聞いているうちに、そうしたことより、信頼できる大人が一人でも身近にいて、真摯に向き合ってくれることの方が大きいのだろうなと思った。

奈良少年刑務所の畑は「あの子たちは一度信頼してくれれば、スポンジのように吸収してくれる」と話していた。少年たちはずっと裏切られつづけてきたからこそ、本当に尊敬できる大人と出会った時、そこから多くのものを得て、期待に応えようと努力する。中間支援施設の重要性は、そういう大人と出会えることなのかもしれない。川名は来週からヒューマンハーバー大阪に住みながら、新たに遺品整理の仕事をはじめることになっているという。

川名へのインタビューが終わった後、黒川は少し照れくさそうに言った。

「川名は、嬉しいこと言ってくれましたね。でも、本当の勝負は今からなんです。もし彼が成功すれば、きっとセカンドチャンスを与えようっていう企業はもっと現れてくるはず。そのためにも、彼には成功してもらいたいんです」

黒川の目標は少年一人を更生させることでも、ヒューマンハーバー大阪という会社を大きくすることでもない。日本の未来を良くしていくことなのだという。

「少年院の子供たちだって、やがては親になります。それを考えれば、罰を与えるだけじゃなく、なんとしてでも彼らを更生させなきゃいけません。それが日本の社会のためになるんです。僕も妻も中学までしか出てないけど、息子たちには愛情を注いでいるので、グレることはありません。同じようにあの子たちだって更生すれば、ちゃんと子供を育てられるはずなんです。そのための手助けをするってことは、日本の未来を良くしていく手伝いをするってことなんです」

重大な犯罪を起こした人に懲罰を与えることが悪いとは思わない。だが、罰するだけでは、日本の未来は明るいものにはならない。

広く社会を良くするには何をすべきなのか。今はまだ多くのことを模索する段階ではあるが、奈良少年刑務所の教官や、職親プロジェクトの取り組みは一つの答えを示しているように思える。

（二〇一六年三月取材）

出所者の未来を開く――協力雇用主

難波千日前《なんばせんにちまえ》の町は、大阪屈指のにぎわいを誇っている。たこ焼き屋からディスカウントショップまでが密集する商店街には、吉本興業の劇場「なんばグランド花月」「ＮＭＢ48劇場」などもひしめいている。休日ともなれば、地元の人から観光客までがごった返して真っ直ぐに歩くことすらままならない。

商店街の中でひと際にぎわっているお好み焼き屋が、「千房」の千日前本店だ。一九七三年創業の老舗だが、まるで高級ホテルの鉄板焼き店のようなスタイリッシュな内装で、店員の親しみやすい対応と、分厚くてモチモチした食感のお好み焼きで知られている。

お好み焼きグループチェーン「千房」は、海外を含めて全国に六三店（取材当時）を抱える企業だ。ここの社長の中井政嗣（70歳）は、これまで少年院や刑務所の出院者・出所者を数多く店のスタッフとして雇ってきたことで知られている。この中井こそ、いち早く彼らの社会復帰に尽力し、「職親プロジェクト」の中心となった人物なのである。

日本でも有数の出院者・出所者雇用の実績のある千房。彼らは受刑者をどのように受け入れ、どのような未来を思い描いているのだろうか。

難波駅の正面にある一三階建てのオフィスビル。ここの九階に千房の本社はある。

エレベーターを降りると正面がエントランスになっていた。スーツ姿の社員たちがパソコンに向かったり、テーブルで海外戦略や広告について議論する光景は、まるでＩＴベンチャー企業のようだ。お好み焼き店もここまで成長すれば、日本の食文化を世界に発信するグローバル企業になるのだろう。

社長室で出迎えてくれた中井政嗣は、名刺交換を終えた後にソファーに腰を下ろしてこう言った。

「今の千房はそれなりの企業になり、優秀な人材が自然と集まってくるようになりました。でも、初めからそうだったわけではなく、昔は藁《わら》をもつかむ思いで人を見つけてきては雇うということをくり返していたんです。思えば、出院者・出所者雇用の歴史は、この時にはじまったのかもしれません」

千房は、中井が中学を卒業後に乾物屋へ丁稚奉公《でっちぼうこう》に行った後、妻とともに開業した小さなお好み焼き店が原点だ。「出院者・出所者雇用の歴史」のはじまりは、八〇年代に千房が大阪を中心にして店舗の拡大を目指したことにあった。

当時の世の中は好景気にわいていて売り手市場だったため、小さなお好み焼き店は慢性的な人手不足に悩まされていた。だが、当時の店の規模では、大学の新卒者を雇うことはできない。

そこで中井は中卒者や高校中退者でも構わずに受け入れた。時には、中学の教師から「鑑別所送りになるのを避けるために仕事につかせてあげたい」と頼まれて紹介された非行少年を雇用したこともあった。

中井は自分が中卒だったため、学歴のない人に対する偏見はなく、むしろ「君ならできる」と励ましつづけた。たとえ、スタッフに商品を盗まれたり、逃げられたりしても、絶対に切り捨てなかった。

「もう一回チャンスをあげる。君がやる気なら、いつでももどってきなさい」

スタッフを信じてそう言いつづけたのである。

全員が中井の期待に応えたわけではない。だが、中井の実直さに胸を打たれて仕事に取り組むようになる者も少なからずいた。彼らは誰よりも大きな声で挨拶をし、自ら新しいサービスを考え、何人かは幹部へと昇進した。

中井はこの時の体験を次のように語る。

「そりゃ、難しいかなって思ったことは数えきれんほどありましたよ。けど、彼らを信頼していくうちに、一人また一人とそれに応えてくれる人が出てきたんです。それで私も『もう少し頑張ってみよう』っていう気持ちになり、仕事の権限を与えたり、意見を聞いたりしたらうまくいくようになった。人っていうのは信頼されるから応えようとするものなんです。こちらがダメだと思ったらそれで終わってしまうんです」

こうした若者の中には、少年院から出てきた者もいた。中井はそういう者たちも差別することなく雇ったが、まだ会社のプロジェクトとして積極的に雇用することまではしていなかった。

本格的に出院者・出所者の雇用に乗り出したのは、二〇〇九年のことだった。山口県にある刑務所「美祢《みね》社会復帰促進センター」から話があり、法務省矯正局のバックアップを受けて、刑務所内で受刑者に面接をして採用できる子がいれば、内定を出してくれないかと頼まれたのである。この刑務所は官民協働の刑務所として知られ、出所者の懲罰より、社会復帰に重きを置く方針を取っていた。

さっそく中井が社内会議にかけたところ、幹部たちの意見は賛否両論真っ二つに分かれた。否定意見は、人気商売であるため、イメージダウンになったら店の経営が危うくなるというものだった。中井は懊悩《おうのう》した末に、「もし出所者を雇って店が潰れるようなことがあれば、そんな日本はもうええ」と思い、引き受ける決断を下した。

最初の求人募集では、美祢社会復帰促進センターの一三人の受刑者から応募があった。中井は書類審査をして四人を選び、面接に二日かけて窃盗犯の男性二人に内定を出すことにした。

中井は率直に語る。

「想像していた通り、大変な子たちでしたよ。一人は途中で結婚して別の仕事についてしまい、もう一人は数年かけてなんとか主任までいったのですが、結局私にお金を借りて消えてしまいました。あちらこちらから数百万という額の借金をしていたようです。私の信頼が踏みにじられ、会社はパニックになりました。今後も刑務所からの採用を継続するかどうかについて、幹部たちと延べ一〇時間以上は話し合ったと思います。最終的に継続を決定したのは、我々自身がそこから何かを学べたり、お互いにやさしくなれたりすることに気づいたのが大きかったですかね。出所者を雇うからこそ団結が生まれたり、人にやさしくなれたりした。悪いことばかりじゃないんです」

受刑者の面接にはポイントがあるという。それは、面接を三〇分以内で切り上げることだそうだ。一時間や二時間以上も話を聞いてしまうと受刑者の不幸な家庭環境や生い立ちに同情して、客観的に見られなくなるらしい。また、大きな借金がないことも評価基準の一つだという。後で借金取りに押しかけられても助けようがないからだろう。

日本財団から再犯防止プロジェクトの一環として、出院者・出所者の雇用を一緒に進められないかと持ちかけられたのは、その矢先だった。

これまで千房は、刑務所の依頼を受ける形で単独で出所者の雇用を行っていた。だが、再犯防止という観点から考えれば、多数の企業が同じ志で取り組んでやっていかなければ限界が出てきてしまう。

また、出院者・出所者は住む所も所持金もないため、寮や家具や衣服をそろえるなど初期投資だけで五〇万円以上かかる。それを日本財団の支援によって補うことができれば、負担を軽減した上で全国的な活動に広げることができるのではないかと考えたのだ。

こうして二〇一三年、中井は知り合いの経営者に声をかけ、七社で職親プロジェクトをスタートさせた。出院者・出所者を雇用していることを公表し、かつ企業同士で情報交換をするという面では世界でも類を見ない計画だった。

開始から約三年あまり、千房ではこれまで二一人を雇い、五人が今なお働いていて、そのうち四人が社員になっている。保護観察中の者については、金銭出納帳を書かせている。

中井は語る。

「私はこの子たちを依怙贔屓《えこひいき》してるんです。名前はフルネームで覚えますし、大阪勤務の子には、給料日に一人ひとりと直接会って給料を渡し、話をしています。もちろん、裏切られても何度もチャンスを与えます。一〇〇%心を捧げているのです。この子たちがうまく会社で働けるようになれば、千房という企業がそれだけ社会に貢献したという証なんです」

中井の信念は痛いほど伝わってくる。でも、それだけ優遇したら、他の社員から不満が出ないだろうか。

「それはありません。優秀な人に依怙贔屓すれば社員からの嫉妬が噴出しますが、徹底的に弱い人に手を差し伸べるのは逆の意味をもつんです。ああ、社長はこんなに裏切られても人のために頑張ってるんだから、俺も一緒になってやろう、と考えるようになる」

学校の教師が成績優秀者だけを贔屓すれば妬《ねた》まれるが、できない生徒を根気強く教えれば、生徒からの信頼は高まる。それと同じことなのだろう。中井はそのことを経験の中で知っているのだ。

未来への道標

現場の店長はこうした中井の哲学をどう受け止めているのか。千日前本店の店長・石垣輔《たすく》

（31歳）に話を聞いた。

石垣によれば、職親プロジェクトで入社した元受刑者が、他の人より働く能力で劣っているということはないという。引きこもってゲームばかりやってきた人よりは、電話対応や接客の力はあるのだそうだ。ただし、と石垣は言う。

「出院者・出所者は信頼という意味ではマイナスからの出発です。僕がいる本店にもいますが、彼には『信用はしてるけど信頼はしてない。もし店でお金がなくなったら真っ先に疑う』と言ってます。そこらへんは正直に打ち明けなければ、お互いのためにならないと思ってますから」

石垣は中井と同様に、出院者・出所者がやる気のある限り、全力で力になりたいと考えている。だからこそ、彼らに対して素直に乗り越えるべきハードルを示すことにしているのだ。

「店の従業員にはいろんな考え方の人がいます。初めは元受刑者と聞いてギョッとする人もいるでしょうし、アルバイトの子の親が心配することもあるでしょう。私としてはできる限り馴染めるようにはします。ただし、そうした周りの視線を乗り越えられるかどうかは、本人の頑張り次第。誰よりも成果を出して、ようやく普通の人と同じように認められ、『成功例』になっていくんだと思います」

中井がいくら「一〇〇％心を捧げる」と言っても、現場の店長が彼らを過剰に優遇するわけではない。環境を整え、力になりながらも、彼らには元受刑者という壁を乗り越えてもらうことを求める。それが本当に向き合うということなのだろう。出所者に話を聞くと、本人もそのことはしっかりと理解していた。

中井はこのプロジェクトの未来についてこう語る。

「職親プロジェクトが日本で成功するには、世界的に名の知られている大企業の参入が不可欠です。目下の目標は、あと数年かけて出院者・出所者の中から主任や店長を出すことです。『成功者』を生み出したという事実をつくれれば、他の企業さんを説得することができると思っています」

職親プロジェクトに加盟している企業は三一社。雇用する出院者・出所者は、窃盗や詐欺などの犯罪に限られ、傷害致死や殺人といった生命犯は対象外となっていることからわかるように、まだまだ道のりは長い。

ただ、先を急ぎすぎても仕方がない。心に傷を抱えた者たちが社会に出て、自分の力で生きていけるようになるには、数えきれないぐらいの壁を乗り越えていく必要があるし、支援者はそれを一つひとつ支えていくことが求められる。

彼らの前途は薔薇色だなどと安易に言うつもりはないが、このプロジェクトが闇を抱えた人々の一つの道標になっていることは間違いないだろう。


（二〇一六年三月取材）

第四章

貧困と教育

地域で貧困を支える——子供食堂

日本において、一人親家庭の二世帯に一世帯は、貧困に陥っていると言われている。ＯＥＣＤ（経済協力開発機構）の調査によれば、一人親家庭の貧困率は先進国の中で最悪の数値である。

今の日本では、子供の六人に一人が貧困家庭で育っているとされているが、その多くは一人親家庭の子なのだ。

岩手県盛岡市に、そんな子供たちを支えるためのＮＰＯ法人がある。「インクルいわて」だ。インクルいわてでは、月に三回ほど「インクルこども食堂」を開催している。寄付からなる一人親家庭を中心とした、地域の無料食堂である。

二〇一七年一二月二三日、ここでクリスマスパーティーが開かれると聞いた。大勢の一人親の子供たちが集まり、家では難しいような盛大なパーティーを開いて、プレゼントも配るという。

聖なる夜に、無料食堂に集まる子供たち。

どんな人たちが彼らを支えているのかを知りたくなり、雪の降り積もる盛岡へと向かった。

盛岡市材木町では、冬の期間を除いて土曜日に「よ市」が開かれる。歩行者天国に一〇〇店以上の出店が並び、買い物客が集まるのだ。

そんな通りに「いわて内陸避難者支援センター」のオフィスがある。ここの一階のフリースペースを借りて、よ市に合わせてこども食堂は開かれる。

道を歩く人々の目には、テーブルに並ぶたくさんの食事が見える。栄養たっぷりの肉料理や、手作りの品々、大きなケーキ、フルーツの盛り合わせ……。子供や大人がそれを取り囲んで楽しそうにはしゃぎながら食事をするのだ。

事務局長の花坂圭一（39歳）はこう語る。

「当団体は、困窮家庭だけを対象にするこども食堂にしているつもりはありません。支援を必要とする人たちを排除しないで、支援につなげることはもちろんですが、それと同時に、地域の人たちをたくさん巻き込んでいきたいんです。だからこそ、よ市に合わせてこども食堂を開催することで、いろんな人たちにも『我がこと』として気がついてもらって、どんどん参加してもらいたいんです。実際に、よ市に来られた方が、なんか楽しそうなことやってるな、みたいな感じでのぞき込んでいらっしゃるケースもあります」

ＮＰＯ法人を立ち上げたのは、理事長の山屋理恵だ。

彼女が一人親家庭の貧困問題に気づいたのは、今から一〇年ほど前のことだった。市の消費生活相談の担当をしていたところ、多重債務の相談に来る人の中で、一人親の多さが目立ったのである。彼らはローンに苦しんでいたり、学費で悩みを抱えていたりしていた。

山屋は大勢のそうした親たちの話を聞いているうちに、一人親支援の必要性に気づく。そして起きた二〇一一年の東日本大震災。これによって、岩手県における一人親家庭の問題は、より深刻なものとして露呈した。

山屋がＮＰＯ法人の立ち上げを決意したのは、震災のすぐ後のことだった。知り合いの弁護士、社会福祉士、母子支援員、元幼稚園教諭、助産師などに声をかけ、一人親家庭を支えるためのＮＰＯ法人を設立したのである。

最初から物事が順調に進んだわけではなかった。一人親支援といっても、どこから手をつけていいのかわからない。そのため、山屋たちは市内で一人親支援のフェアやシンポジウム、相談会を開き、当事者である親子の声を集めていくことにした。

当事者たちからは、一人親家庭ならではの悩みが数多く出てきた。「塾へ行かせたいが、お金がない」「卒業式に着る晴れ着がほしい」「就職の面接に着ていくためのリクルートスーツがない」「中学の制服が高くて買えない」……。

山屋たちは、こうした悩みを一つずつ解決していくことにした。子供たちのための無料の勉強会を開催したり、晴れ着やリクルートスーツを無料で貸し出したり、お古の学生服を集めて譲ったりしたのだ。

一組また一組と山屋を頼りにする親子が増えてきた。傍目《はため》には、彼らはみんな明るく振る舞っていて、毎日を楽しんでいるようだった。だが、一歩踏み込んでみると、つらい現実が垣間見えた。

書道教室を開いた時のことだ。何でも好きな字を書いていい、と言ったところ、子供がなにげなく「涙」という字を書いた。母親はそれを見ると、慌てて「笑」という文字を書き加えたという。

一人親家庭の支援をしていくうちに、インクルいわての活動も次第に体系的なものになってきた。母親たちの相談の場を「インクル・カフェ」、子供たちの遊び場は「おひさまクラブ」と名づけ、定期的に集まれる場を設けた。母親と子供の両面から家庭を支えていく体制が整えられたのだ。

こうした活動の中で発案されたのが、食堂プロジェクトだった。

貧困家庭の子供は、家で手の込んだ食事をとることができないとか、若いうちから母親に代わって自分で料理をしているといったことがある。そういう子供たちを集めて、楽しい食卓を無料で提供しようとしたのだ。

あっという間に、食堂プロジェクトは、インクルいわての活動でもっとも盛況なものとなった。そしてこれを地域と一体化して進化させたのが、二〇一六年一月から正式にスタートした「インクルこども食堂」だったのだ。

日常のガス抜きの場

花坂の言葉である。

「こども食堂の事業は、一般の方々の募金や企業さんの協力で成り立っています。農家の方がお米や野菜など食材を送ってくださったり、青果卸の企業さんが、形が悪いなどという理由で、廃棄品となった食材をくださったりするんです。岩手県は農業が盛んなので、食材関係の支援は恵まれています。私たちはそうしたものを一つにまとめて、どんな料理を出すかを決めていくんです」

こども食堂では、子供たちから食べたいものの希望を出してもらっている。あらかじめ付箋《ふせん》に書いてもらい、次回、食材がそろえばつくるようにしているのだ。

運営側の正規のスタッフは六名いるが、それ以外に市民ボランティアや学生ボランティアが五〇～一〇〇名ほど登録している。運営側からは毎回一〇名くらいの人々が参加して、調理の手伝いや遊び、それに相談などに当たっているという。

「こども食堂に集まる親子は、毎回三〇名くらいですかね。親子で来るのが大半ですが、時には子供が一人で来ることもあります。料理を食べるだけでなく、そこでボランティアの大学生と遊んだり、母親同士がつながって話し合える場を設けたりする。もちろん、職員が相談を受けたりすることもあります。いわば、食事は入り口で、その先でコミュニケーションをとることが目的なんです」

インクルいわてでは、学生服の貸し出しから相談まで、多様な事業を手がけてきた。こども食堂を入り口にして、それらすべてのサービスを提供できるイメージで展開しているのだ。

実際、母親から相談を受けることは少なくない。内容は「経済問題」「仕事のストレスによる体調不良」「子供の進学相談」などが目立つそうだ。

　こども食堂に来る母親は非正規社員が一番多く、正規社員でも十分な所得の人は少ない。彼らの年収は、平均して二〇〇万円前後。行政の臨時職員であっても、これと同じくらいの収入だという。また、生活保護を受給している世帯もある。

「母親は本当に一生懸命なんです。家でも会社でも頑張りすぎて体調を崩す。でも経済問題はまったくよくならない。そんな悪循環が目立ちます」

　子供たちからの相談は、恋愛や学校のことなど表面的にはたわいもないことばかりだが、少し踏み込むと、深刻な現実に直面する。

「子供の話を聞くと、お母さんのことをしきりに心配している現実があります。また、経済的に余裕がないので、幼いうちから将来のことを真剣に考えるようになる。学校を卒業したら何々の資格をとって何々になるんだ、なんて言う子が少なくないんです」

　余裕のない暮らしの中では、母親も子供もストレスを隠して、気を張って生きている。だからこそ、こども食堂はそんな親子にとってガス抜きできるような場所であることを目指し、肩の力を抜いて楽に生きられるような人とのつながりをつくりたいと考えているのだろう。

　ここに来る母親たちは、何を求めているのだろうか。二人の母親に話を聞いた。

大西理美子（46歳）
大西は、夫と三年前に離婚。小学三年生の男の子がいる。一〇時から一七時まで建築関係の会社でパートとして働いている。フェイスブックで偶然、こども食堂を見つけて通うようになったという。

悩みは、息子の食の細さだった。息子は家では何も食べようとしないのだが、学校では他の子と同じように食べているらしい。家庭では気をつかっているのだろうか。

大西は、息子が人に囲まれて無料で食べられるなら、学校と同じように食をとってくれるかもしれない、と考えた。それで無料ということもあって、こども食堂に参加してみることにした。

実際、息子はこども食堂では別人になったようによく食べた。特に、カレーと餃子は驚くほどたくさん平らげた。

大西は語る。

「中国人の方が餃子の作り方を教えてくれるイベントがあったんです。うちでは冷凍の餃子しか食べさせたことがなかったので、肉厚でジューシーな餃子を自分の手で料理して食べるのが、本当に嬉しかったみたい。いつもはまったく手をつけないのに、その時は餃子だけで二〇個以上食べていましたから」

食事以外にも、息子は学生ボランティアの男の子とキャッチボールをすることを楽しみにしているという。

母子家庭では、なかなかキャッチボールなど男の子が好きなスポーツの練習相手をしてあげることができない。だが、ボランティアの青年が父親代わりとなって、子供と遊んでくれるのだ。

そんなところも気に入って、今は月二回ほど利用している。

金沢玲子（48歳、仮名）

八年ほど前に離婚。女児二人、男児一人の三人の子供を育てている。正社員として経理の仕事をしている。

金沢は、一人親の家族が参加できるイベントをネットで探して、ここを見つけた。離婚してからシングルマザーとして三人の子供の面倒を見る中で、同じ境遇の友達がほしくなったのだという。

彼女は語る。

「女性ってやっぱり愚痴をこぼしたいんですよ。仕事帰りに子供の習い事の送迎をしなきゃならなかったりするじゃないですか。あるいは、子供が病気になったら会社を途中で抜けなければならない。でも、旦那さんのいる家庭は、代わりにやってもらえたりしますよね。そういうことに対して『旦那がいる家はいいよね』『シングルマザーはつらいよね』とか愚痴りたい気持ちがあるんです。でも、それって同じ母子家庭同士じゃなきゃできないですよね。それで一人親が集まるイベントを探すことにして、ここにたどりついたんです」

金沢によれば、一人親家庭ではできないことが意外にあるそうだ。りんご狩りや、大きなクリスマスツリーの飾りつけ。こうしたことは、一人親だとつい面倒になってやらなくなってしまう。だからこそ、インクルいわてのイベントに参加して、子供たちにそういう体験をさせてあげたいと思っているのだ。

「たくさんあるイベントで、一〇歳の息子が一番喜んだのは流し素麺ですかね。あと、スイカ割り。こういうのって一人親家庭だとできないんです。それを学生ボランティアの人たちと一緒にワイワイ騒ぎながらやるのは楽しいみたいです」

長女は、今年成人式を迎えたそうだ。これまで支えてもらって成長したお礼にと、彼女は振袖姿でこども食堂にやってきて、子供たちに披露したという。二〇歳になって働いている今でも、会社を休んでイベントに参加することもある。それだけ、彼女にとって、インクルいわての活動が重要なものになっているのだろう。

現在、岩手県内だけでも複数のこども食堂がある。ともすれば埋没しかねない中で、未来に向けてインクルこども食堂をどう発展させていくつもりなのか。

理事長の山屋理恵にその質問を投げかけると、次のような答えが返ってきた。

「こども食堂の利用者を、生活困難な家庭の子供たちに限定したくないんです。私はここを地域につなげたい。地域のお年寄り、会社員、障害者、学生などが参加して、みんなで子供を見守って、ともに成長を助ける場にしたいんです。子供というのは、社会の宝です。すべての子供が社会に希望をもって、何かしらの役割を担えるように成長させてあげたい。それこそが社会資源の創出にもつながる。そうした考え方を社会全体がこども食堂をきっかけに共有できればと思っているんです」

理想的な支援

山屋にとって思い出深い出来事がある。

こども食堂をスタートさせて間もない頃、岩泉町で肉の卸業者と農家を営む社長さんから連絡があった。自身も困難な幼少時代を過ごしたので、子供たちの支援をしたいという。

以来、その社長さんは、こども食堂やイベントの度に高価な牛肉を大量に送ってくれた。スーパーなどではなかなか手に入らない高級な部位ばかりだ。社長本人がバーベキューに参加して、肉を焼いてくれたこともあった。

子供たちは、社長さんの顔を覚えて心を開いた。いつしか、彼らは社長さんを「お肉のおじちゃん」と呼ぶようになった。

ところが、ある時期から、社長さんがぱったりと肉を送ってこなくなった。聞くと、台風の影響で畑が大損害を受けて経営が立ちいかなくなったのだという。

子供たちはそれを聞いて「みんなでお肉のおじちゃんを励まそう」と言って色紙三枚にびっしりと寄せ書きをして送った。

後日、社長さんから手紙が届いた。次のように書かれていた。

〈ありがとう。僕はずっと君たちを支援しているつもりでした。でも、逆に僕自身が君たちに支えられていることに気づきました〉

山屋はこの手紙を読んで、こういう支え合いの関係にこそ本来の支援の形がある、と思った。支援する側、支援される側がはっきりと分かれている関係ではなく、表裏一体の形こそが理想なのだ。

最近、新しいプロジェクトを立ち上げた。その名も「しゃいん食堂」だ。

「これは岩手県内の企業の人たちに来てもらって、仕事を教えてもらい、地域の人たちがつくったご飯を一緒に食べるイベントなんです。ハンダを使って電子版モグラ叩きゲームをつくったり、液体窒素でいろんなものを凍らせてみたり。子供たちと企業とをマッチングして、職業体験をさせたかったんです」

子供たちが夢を抱いて社会に羽ばたいていこうとするならば、早いうちからきちんと企業との接点があるに越したことはない。職業体験を通じて仕事の楽しさに気づいたり、仕事の多様性を知ったり、自分がしてみたいことを見つける。それが、子供たちの将来につながるのだ。

インクルいわての事業は、今はまだ盛岡市内で留まっているかもしれない。だが、この試みが少しずつ社会へと広がっているのは間違いない。

近い将来、きっと山屋が望むように、ここに来る一人親家庭の子供たちが地域全体に支えられ、希望をもって社会へと羽ばたいていける日が来るのではないだろうか。

（二〇一七年一二月取材）

沖縄の改革――夜間中学とフリースクール

珊瑚舎《さんごしゃ》スコーレは、沖縄で初めてつくられたフリースクールだ。

校舎は那覇市の古いビルの中にある。一見しただけでは、学習塾のように見えなくもない。スタッフや講師は思い思いのラフな服装で、自由な雰囲気で談笑している。

ここは単なるフリースクールではなく、夜間中学校を備えた教育施設である。そしてここを創設したのは、島人《シマンチュ》ではない。東京で生まれ育ち、地方や東京の公立や私立の高校に勤めてきた一人の教員なのだ。

星野人史《ひとし》（69歳）がその人だ。

もともと星野は首都圏の自由な校風で知られた私立高校に創立時から携わり、のちに高校の校長も務めた。沖縄については、若い頃から柳宗悦《やなぎむねよし》や島尾敏雄などの著作を通して強い関心をもっていた。

一九九五年、そんな星野の人生を変える出来事が起こる。校長になって二年目、沖縄で三人の米兵が一二歳の少女を拉致して暴行する事件が発生したのだ。星野は報道される抗議の県民集会に圧倒された。関心は沖縄に引き寄せられた。地元紙の東京支社に出掛け、沖縄の現状を調べ、学校が学力主義に陥っていることを知る。そして学力向上対策が必要以上に叫ばれていると感じた。

――学校現場がこういう雰囲気になれば、ついていけずに学校に疎外感をもつ生徒が多数出てくる。

星野は長年教育現場に携わっていた経験から、直感的にそう思った。彼は一区切りとなる三年で高校を辞め、一年後沖縄へ向かう。沖縄で、点数序列と管理主義とはまったく別の学校をつくろうと考えた。

知人の一人が、沖縄に何のつてもない星野を心配し、ある私立の進学校の教員になる段取りをつけてくれた。新しい学校を創立するまでのつなぎとして働かないかともちかけてくれたのだ。

理事長との面接の際、星野は自分が進学校とは異なる学校観の持ち主であることを理事長に告げた。それでも理事長は、星野を採用したい旨と、その理由を丁寧に話した。

理事長の言葉に星野の心が動き、その学校の教壇に立つことを決めた。そして一九九七年、沖縄で新しい学校をつくるため、仲間や資金を集める活動を開始した。

ところが、しばらくして計画が中倒れになってしまった。バブルの崩壊によって、日本の経済がかなり悪化し、資金集めが頓挫《とんざ》したのだ。ならば、と星野は学校法人ではなく、NPO法人によるフリースクールの創設へと舵を切った。

こうして誕生したのが、珊瑚舎スコーレだ。フリースクールという言葉がまだ耳慣れていない時代。地元紙は「沖縄初のサポート校」と報じた。生徒九人からのスタート。無認可ではあったが、管理主義と点数序列とは一線を画した小さな学校の幕開けだった。

星野の言葉である。

「沖縄は不登校や非行をはじめ、高校中退者、あるいは精神的疾病のため休職する教員数など、他県に比べると多いんです。学力向上を目指す一方で、そういう否定的な状況は、改善されるどころか増加傾向にあります。閉塞状況に陥っている本土《ヤマトゥ》の学校の後を追えば、ますます状況は悪化する。なので別の学校観で運営される学び場をつくりたかったのです」

珊瑚舎スコーレに通う費用は、月額にすると授業料が二万三〇〇〇円、教育活動費が一万六〇〇〇円、入学金が三万五〇〇〇円だ。

星野が沖縄に移住して新たに実感したことがある。それは、沖縄の文化が学校教育に負の影響を与えているかもしれないということだ。

「沖縄に限らず、学校では教員に従順で、その指示をよく守り、また集団をまとめる役割を一生懸命に果たす生徒は高い評価を得ます。それは指示待ちと、集団主義を無条件に是とする感覚を育ててしまう。沖縄は特にこの傾向が強いんじゃないかと感じるんです。沖縄人《ウチナンチュ》はよく『オリコサン』という褒め言葉を使う。いわゆる『お利口さん』です。また『先輩《シージャー》』を無条件に上位とする文化もある。単に敬うだけならいいんだけど、年配の人が絶対的な存在になってしまっている。こういう環境が教師の権力を必要以上に大きくし、必要以上の管理教育を生み出しているところがあるように思うのです。生徒が自由に意見を言い、思索し行動する環境ができにくい。それが学校を不自由な場にしているんです」

星野によれば、本土から沖縄に移住した「本土人《ヤマトンチュ》」もまた、沖縄の学校に戸惑いを感じているという。

「珊瑚舎の生徒のうち、半数くらいがヤマトゥの生徒です。地元の学校より珊瑚舎を選んで入学する生徒と、沖縄の学校に転校して、そのギャップに適応できなかった生徒の二つに分かれます。沖縄の学校に転校した生徒は、過剰な管理主義の中で教師が求める『オリコサン』になることができない。結果として、不登校になり珊瑚舎に入学しています」

沖縄で学校教育の一つの典型を具現化したいという思いから珊瑚舎を開設したが、生徒の半数以上は本土の生徒である。沖縄の学校信仰は、本土のそれに輪をかけたように根強く、星野は珊瑚舎の受け入れにはもう少し時間がかかると考えている。

それでも、生徒九人でスタートした珊瑚舎スコーレの評判は少しずつ広まって、その規模は大きくなっている。今は小学生から高校生まで二四人の子供たちがフリースクールに通っている。

夜間中学をつくる

二〇〇四年、星野はフリースクール事業に加えて、全国でも例がない民間の「夜間中学校」を開設する。沖縄に来て、ずっとやらなければならないと考えていたことだった。

珊瑚舎スコーレに夜間中学を設置したのは、沖縄が歴史的に抱えてきた問題が大きく影響している。

沖縄は太平洋戦争で唯一、住民を巻き込んだ地上戦が行われ、凄惨《せいさん》な戦場と化した。その戦中・戦後に学齢期を迎え、混乱と貧困のため義務教育を受けられなかった子供が多数いることは知られていたが、県や自治体は彼らにまで支援の手を差し伸べることはしてこなかった。

そこで星野は代わりに立ち上がることを決意する。フリースクールの校舎を使用して、月曜から金曜の午後六時〜九時まで、三年間で九教科を教える夜間中学をつくったのだ。一年目は定員を上回る二五人でスタートし、平均年齢は七〇歳弱だった。

夜間中学にはどんな生徒が通っているのか。二人の生徒を紹介したい。

砂川明俊（78歳）

宮古島で生まれ育ったものの、家が貧しかったことから、七歳の時に八重山の網元の家に兄弟とともに丁稚奉公に出された。沖縄では「いとまんうい」と呼ばれ、金銭と引き換えに、下働きをさせられるのである。子供には過酷なものだった。

網元の家には一五人くらいの丁稚奉公がいた。砂川は九歳まで家の掃除などをやらされ、それ以降は海で働かされた。年季は、二一歳までの一五年間。その間、報酬はもらえなかった。

網元は、砂川たちに学校へ行くことを禁じた。その時間があれば働け、ということである。幸運だったのは、公務員だった網元の息子が、夕方から一時間、子供たちを集めて「ひらがな」「足し算」「引き算」を教えてくれたことだ。

二一歳で年季が明けた後、砂川は網元の家を離れて那覇で土木関係の仕事をすることにした。困ったのは、漢字が読めないことだった。建築現場で資料を渡されても、同僚に読みあげてもらわなければならなかった。

車や重機の免許を取る際も、テキストが読めず、壁にぶつかった。砂川は、教習所の先生にテキストの漢字に仮名をふってもらい、猛勉強の末に車の免許を取得。後に、重機の免許も同じように取得して、自ら土木関係の会社を立ち上げた。

息子が成人すると、砂川は会社を譲って引退したが、文字の読み書きができずに苦労してきたことから、ずっと学校で教育を受けたいという気持ちがあった。そんなある日、妻と息子が珊瑚舎スコーレの夜間中学のことを知り、「学校で勉強するのが夢なんでしょ。行ってみたら?」と勧めてくれた。それで通うようになったという。

砂川は語る。

「国語が勉強していて一番楽しいね。なんせ、字が読めるようになるんだから。この年齢になって、世界が広がったような感じがする。夜間学校のおかげです」

牧野順子(75歳)

牧野は七歳の頃まで宮古島で暮らしていたが、その後、父親の都合で沖縄本島へやってきた。本島でパン屋を営むことになったのだ。

ところが、牧野は引っ越してくる際に教科書をなくして授業を受けられなくなった。仕方なく学校で学ぶ代わりに、パン屋の手伝いをすることにした。

牧野はずっと心の底では学校へ行きたいと思っていた。だが、長女である自分が店を支えなければならないし、今更行ってもついていけないと考え、諦めざるをえなかった。

彼女が勉強をしなかったのを本当に後悔したのは結婚の後だった。社会に出ても領収書を書くことができず、家庭で子供たちに「これ何て読むの?」と尋ねられても答えられない。四二歳で交通事故で夫を失ってからは、余計に不便さを感じた。

夜間中学に通うことを決意したのは数年前。妹が勧めてくれたのだ。ここでの勉強について、牧野は次のように語る。

「歴史が一番好き。特に沖縄の歴史。自分が生きてきた島に国王が何人いたのかとか、中国とどんな貿易をしてきたのかとか、知らないことがたくさんある。沖縄のことをもっと勉強したい」

多様な授業を生徒とつくる

この二人のような、学校へ行かなかった高齢者が沖縄にはたくさんいる。本土の夜間中学の生徒の多くは外国人だが、沖縄の場合はまだまだ戦後間もない頃に学校へ行けなかった高齢者がいるのだ。

珊瑚舎スコーレはこのような高齢者に、授業を提供しているのだが、驚くことにその授業料は、年間わずか三万円。

「人生の最後の忘れ物として教育を受けたがっているお年寄りから、高い学費を取りたくない」

そんな思いから、夜間中学に賛同してくれる支援者からの寄付金とボランティア講師の協力で成り立たせているのである。

珊瑚舎スコーレは、教室を置いて塾のように生徒たちが通ってくるのを待って授業をしているのではない。フリースクールのコースに関しては、「がじゅまるハウス」という寮をつくって、希望する生徒はそこで集団生活を送れるようにもしている。

現在、「がじゅまるハウス」では、六人の生徒たちが暮らしている。男子コーナー、女子コーナーに分かれ、二人一部屋で寝起きをともにするのだ。六人の生徒は北海道出身者二人、他に兵庫県、愛知県、長野県、久米島から一人ずつ。寮のモットーは〈楽しく過ごす〉だ。

星野の言葉である。

「いかに勉強するかではなく、いかに楽しく生きていくかというところに、力を入れているんです。そのためには、一人ひとりが生きる力を養っていかなければなりません。人と仲良くし、自分の意見を言い、行動する力です」

生徒たちがこうした能力をつけるために、珊瑚舎スコーレが用意した施設が、「山がんまり」だ。

これは宿泊施設が併設された環境学習施設だ。南城市にあった約一〇〇〇坪の山林を切り開いて、農園や炊事場などを設置。生徒たちはここを定期的に訪れ、農作業をしたり、石段を設置したり、食べられる草花を学んで採取に出かけたりするのだ。

「今の子供たちは何でも自動的に提供されたり、コンピューターで管理されたりで、生活の術を知りません。草木の名前も料理の方法も知らず、外では気の合う子供としか会わない。ひどい子になると、『うちではトイレが自動で流れるんです』と言って、トイレの流し方すら知らない子がいる。国が子供に株取引を勧める時代ですからね。僕はそれではダメだと思っているんです。体育では『自分の体を、地球の面に垂直に立てる』ことを目標の一つにしています。山がんまりでは都会では学べないことを身につけてもらう。金槌、鋸《のこぎり》や包丁の使い方から、友情や信頼の育み方、農作業などを自然の中で、他者と交流することで養うことを大切にしています」

「がんまり」とは沖縄の言葉で「いたずら」だ。「まじめないたずら」こそ、をすること生きる力の習得につながるのだ。

珊瑚舎スコーレの他者との交流を軸にした人間教育は、フリースクールと夜間中学との垣根をも越えている。夜間中学で学ぶ高齢者たちは、子供たちにとっては「生きた教科書」だ。それを利用しない手はない。

星野は言う。

「うちではフリースクールの生徒と夜間中学の生徒が交流する機会がたくさんあります。お祝いの会や学習発表会、遠足などを合同で行うんです。他にもいろいろあって、たとえば沖縄の『慰霊の日』には、魂魄《こんぱく》の塔へ行って慰霊をすることにしています。その時、夜間中学の高齢者が若い子に戦争のことを教えたりする。こういう経験は必ず生きるはずです」

県が学力向上を目指して、生徒たちへの教育指導を熱心にすること自体が悪いとは思わない。ただし、そこからこぼれてしまう生徒たちにも、同等の配慮が必要なのである。

学校のために子供たちがいるのではなく、学校が子供たちに寄り添う。

それが、珊瑚舎スコーレなのだ。

（二〇一七年一〇月取材）

進学塾のあらたな形――無料塾

全国初の、県が支援する大学受験のための「無料塾」が、沖縄ではじまっている。

現在、低所得家庭の子供たちの学習を支援するための無料塾は、全国各地に立ち上げられている。

多くの場合、これらはＮＰＯ法人によって運営され、小中学生を対象に、家庭以外に居場所をつくる目的で運営されている。家に親がいなかったり、問題を抱えたりする子供のサポートが主な目的だ。

沖縄で行われている「無料塾」は、これとは若干異なる。

通常、大学・専門学校の受験生は、学習塾や予備校に多額の授業料を払って受験勉強をサポートしてもらう。だが、低所得の家庭の子供は、月謝が負担になって、そこに通うことができない。そこで沖縄県は独自に予算を割いて、民間の学習塾や予備校に無料のクラスを設置してもらい、低所得家庭の子供を通わせるという試みをしているのだ。

事業の対象となる子は、「児童扶養手当受給世帯の子」「住民税非課税世帯の子」「児童養護施設に入所、または里親に委託されている子」「生活保護世帯の子」だ。親子面接等を経て合格すれば、特別に設けられた無料のクラスに入ることができる。

この事業に初めて手を挙げて認められたのが、県内でも指折りの予備校「那覇尚学院」だ。予備校の中に、県の後押しを受けて「無料塾」をつくる試みは、沖縄以外にはない。事業は二〇一七年度から一気に拡大しているという。

沖縄で何が行われているのか。那覇尚学院へ行ってみることにした。


那覇市に降りると、一〇月なのに真夏のような日差しが照りつけていた。

国際通りには中国人や韓国人をはじめとした観光客が列をなし、提灯が吊るされた沖縄風の居酒屋が軒《のき》を連ねる。漂ってくる匂いは、日本というより、東南アジアのそれに近い。

那覇尚学院は、ホテルやビルが立ち並ぶ国道五八号線沿いに建っていた。本館と別館が向き合うように建ち、近くには小中学部の校舎もある。老舗の予備校といった佇まいだ。

沖縄は長らく学力が低迷してきた。これは歴史的なこととも関係がある。

たとえば、全国的には社会科の受験科目として日本史を選択する人が多いが、沖縄では公民が選ばれる傾向にある。沖縄県民にとって本土の歴史は親近感を抱きにくいというのが理由なのだ。似たような事情で、古文を不得手とする人も多いらしい。

では、英語はどうかと言えば、実は英語の成績も低迷しているのだ。沖縄と聞いて米軍基地を思い浮かべるが、実際に外国人と接しているのは、基地の仕事をしているごく一部の人たちで、大半の人は英語や外国人とは無縁な暮らしをしている。

近年、沖縄では、こうした学力の低迷に歯止めをかけようと、教育改革が叫ばれてきた。その象徴が進学校の強化だ。

沖縄には〝3K〟と呼ばれる県立高校（開邦《かいほう》高校、球陽《きゅうよう》高校、向陽《こうよう》高校）に加え、私立の昭和薬科大学附属高校、沖縄尚学高校の五校が進学校として競い合っている。今回訪れた那覇尚学院は、このうち沖縄尚学と深い関わりがあるという。

無料塾を担当する識名《しきな》昇《のぼる》（67歳）は語る。

「3Kを含む多くの県立高校は、生徒を予備校に行かせず、学校内ですべてを完結させようとします。早朝授業の他、放課後の授業まで取り入れることで朝から晩まで学校で勉強をさせる。一方で沖縄尚学は、それとは少し違います。もともとは沖縄でできた最初の私立高校だったのですが、経営難に陥り、那覇尚学院の経営者・名城政次郎《なしろまさじろう》が参入して立て直しました。そして、沖縄尚学は、進学校としての地歩を固めてから元の学校法人から分離して今にいたったのです。つまり、運営母体が予備校なのです。その影響もあってか、沖縄尚学には学校以外にも予備校などを利用して受験勉強をしようという雰囲気が強い。事実、うちに在籍する現役の生徒の多くは沖縄尚学の生徒です」

二〇一四年、そんな那覇尚学院に変化が訪れる。県から無料塾設立のために意見を聞かれたことがきっかけで、この事業に参入することを決め、公募にエントリーしたいくつかの事業体から選ばれて、受託することとなったのだ。沖縄尚学の生徒が多数を占める中に、無料塾を設置することになったのである。初年度の生徒は二一人。那覇尚学院は改革を迫られた。

「沖縄尚学は一流大学を目指す生徒が多く、高二で高三までの教科書はすべて終わっている生徒もいます。でも、『無料塾』事業の生徒たちは別の高校に通っているので、授業の進み方も普通だし、学力がずば抜けているわけでもありません。この事業には、一般生徒とは別に無料塾専門のクラスをつくって指導する指針がありますが、そもそも私立進学校生対象のクラスと混ぜることはできません。そのためKS（子育て支援）クラスという独自のクラスを編成したわけですが、大学と専門学校志望者の学力差が大きすぎるので、さらに二つのレベルに分けての授業を行わざるをえませんでした。ただ、KSの中にも学力の高い子はいますので、そういう子たちは通常のクラスも受講できるようにしています」

初年度は那覇の教室だけだったが、二年目からは沖縄市にも教室を開校。さらに一六年度一二月から、名護・宮古・石垣にも拡大。一七年度からは沖縄本島九教室、宮古・石垣を合わせて全一一地区で合計約三五〇人の生徒が、本事業の対象になったという。この数を見る限り、事業は成功しつつあると言えるのだろう。

ここにはどのような生徒が来ているだろうか。案内してもらうことにした。

誰のための無料塾なのか

校舎は古い学校のようだった。二階が授業専用の教室、三階が授業と自習室、四階にKSクラス専用教室がある。

クラスの授業とは別に、自習室にもKSクラスの生徒たちが集まって机に向かっていた。識名は言う。

「低所得の家が多いので、生徒たちは家に自分の部屋がなかったり、クーラーがついていなかったりするんです。それで学校が終わってからまっすぐにここに来て、二二時頃まで自習をしています」

ワンルームのアパートに親子が三、四人で暮らしていれば、集中して勉強することは難しい。そういうところのサポートも欠かせないのだろう。

ただ、この無料塾の事業は順調にスタートを切ったわけではなかった。低所得家庭の子供だからこその問題にぶつかったのである。

識名が覚えている女子高生がいる。

その女子高生は、母子家庭で育った通信制高校の三年生だった。母親と一緒に面接にやってきて、沖縄県立芸術大学に進学したいと言った。だが、家計を助けるために平日はアルバイトをしなければならず、土曜日しか授業に出ることができないという。

このような生活スタイルでは受験の責任はもてない。識名はそう考えて入学を断った。すると、母親が去り際にこう言い残した。

「県の子育て総合支援モデル事業っていうのは、私たちみたいな境遇の人を救うためにあるんじゃないんですか」

この言葉が識名の胸に突き刺さった。

後日、識名は学院内の責任者に相談し、土曜日しか来られないのならば、インターネットを使った映像授業と合わせながら、勉強を教えてはどうかという結論に達した。そして、改めて親子に連絡を取って通ってもらうことにした。女子高生は必死に勉強をし、希望の大学に合格したという。

「うちに来る子は非常に真面目です。昨年度の生徒六五人中、五四人が大学や専門学校を受験し、四六人が合格しています。合格率は、八〇％以上。残念ながら、他の一一人は、経済的な理由で就職に進路変更したり、うちに通えなくなったりしています」

四六人中、一五人が国立大学、二〇人が私立大学・短期大学、一一人が専門学校だという。沖縄の高校生たちは下宿代がかかることもあって、県内の学校へ進学する傾向にあるそうだ。だが、県内の学校に行ったとしても、学費の問題はついて回る。

「私大へ進学すれば、初年度で一〇〇万円。県立、国立でも七〇〜八〇万円はかかります。卒業した時には、生活費も合わせて五〇〇万円以上のローンを抱えていることも少なくありません。正社員になれればいいのですが、沖縄には公務員や沖縄電力などの他に、安定した就職先はない。私たちとしては奨学金のことは細かく説明し、絶対に利子のかからないものを組ませるようにしています」

生徒たちは大学卒業後の進路も真剣に考えており、より就職に直結する看護学科などを希望する生徒が多いそうだ。

「問題は入学金なんです。奨学金は大学に入学した四月からしか組めないことが大半です。そうなると、入学金の支払いができないケースが出てくる。それで、我々の方から大学に頼み込んで、入学金の支払いを奨学金が出るまで待っていただいたこともあります。そういうことも私たちの仕事なのです」

現在、奨学金の返済でワーストの地区が、九州・沖縄地区という統計が出ている。二四・六％（四人に一人）が返済していないのだ。最近は未払いをつづける者が裁判に申し立てされるケースが多く、沖縄では年間四〇〇～五〇〇人が裁判となっている。

那覇尚学院は、大学に入った後に生徒がそういう事態にならないことの防止にも取り組んでいるのだ。

無料塾の生徒が与える影響

授業で生徒たちに接している教師は、無料塾の事業に何を思っているのか。

ＫＳクラスで小論文を担当する照屋《てるや》真《まこと》（54歳）に話を聞いた。照屋は開口一番にこう言った。

「ＫＳの生徒には、いくつか特徴があります。一つは、成績の伸びしろがあること。生徒たちはこれまで塾に通ったことがなく、放課後はずっと部活をやっていました。そういう子たちが本腰を入れて勉強をはじめると、成績が一気に伸びていくんです」

実際に無名の高校の生徒が一年勉強しただけで、国立大学に合格することもあるらしい。逆に言えば、教育格差によってそれだけ能力が埋もれていたということなのだ。

「二番目の特徴は、素直なことですね。進学校の生徒は幼い頃からずっと塾に通って、テスト前は出席日数を計算して学校を休んで勉強するなんてことをします。けど、ＫＳの生徒はそんなことをしないし、塾の授業を珍しがって嬉々として聞いてくれます」

私も授業を見学したが、生徒たちが食い入るように授業を聞いていたのが印象的だった。あえて言えば、ずる賢い受験ビジネスとは無縁だったことから、「すれていない」子供が多いのだろう。

「三番目の特徴は、大人びている子がいること。家庭でいろんな苦労をしてきたので、将来のことなどをしっかりと考えているんです」

照屋の印象に残っている生徒がいる。児童養護施設に在園していた男子学生だ。

彼は二歳の頃からずっと施設で暮らしており、知的障害のある弟がいた。商業高校に通っていたが、毎日学院にやってきては遅くまで勉強し、バス停まで走っていって最終バスで帰宅していた。

将来の希望は、看護専門学校へ進学して看護師になることだった。小論文の授業で照屋がその理由を尋ねると、こんな答えが返ってきた。

「将来、僕は知的障害の弟の世話をしなくちゃならないんです。就職をした上で、医療についても知らなければならない。だったら、看護師になるのが一番だと思ったんです」

照屋はそれを聞き、こういう子をなんとかして合格させたいと心から思った。それは恵まれた家庭の成績優秀な生徒を一流大学に入れるのとは、まったく別のやりがいだった。

「この事業がスタートするまで、当院は沖縄尚学をはじめとする進学校の優秀な子を、いかに一流大学に行かせるかを考えてきました。しかし、ＫＳクラスができたことで、想像もしていなかった風が吹いてきた。それは、教師の授業に対する意識や生徒のイメージを大きく変えたはずです。通常クラスの生徒たちも同様でしょう。まったく置かれている状況が異なる同学年の子たちが、必死に将来を見据えて受験勉強をしているのを見れば、たくさんの影響を受けます。ＫＳの生徒たちは、教師や進学校と呼ばれる高校の生徒たちの考え方をも変えているのです」

一通り話を聞いた私の中には、一つのわだかまりがあった。

予備校や塾といった民間教育機関は、ビジネスといった側面が大きい。学院の通常クラスの生徒たちは、年間で三〇万円ほどの授業料を支払っている。県が学校以外の受験教育に介入して無料塾を設置すれば、通常クラスの生徒や保護者から不満が出ないだろうか。

事業の責任者である川辺寿幸《としゆき》（58歳）にその質問をぶつけてみた。川辺は当初はそういう懸念もあったと前置きした上で、次のように述べた。

「今は教育の機会は均等であるべきだと考えています。これだけ大勢の学生が塾や予備校に通っている現在、貧困によってそこに通えないというのは、教育の機会が均等ではないということです。それであれば、県が貧困の連鎖を断ち切るために学生を支援して予備校へ通わせることとは、正当だと言えるのではないでしょうか。少なくとも私はそう考えて、この事業を進めています」

ここまで受験ビジネスが広まっている時代、教育の機会は塾や予備校にまで浸透されるべきだという考えは正論だ。

川辺はつづける。

「KSの生徒たちの中には、卒業後も学院とつながりをもちつづける子もいるんです。今、うちにはKS出身の大学生六人が受付や学生フォローとしてアルバイトをしてくれています。彼らがKSの後輩を励まし、私たちが彼らを経済的にも支援する。そんな形ができはじめているのは嬉しいことです」

KSの生徒が那覇尚学院にアルバイトという形で帰ってきたのは、それだけここでの経験を良いものとして捉えているからなのだろう。それは、この事業の成功を示していることに他ならない。

事業の第一期生は、現在大学三年生。これからどんな社会人生活を歩んでいくのだろうか。

那覇尚学院の教師たちは、社会に羽ばたいて活躍する人を一人でも多く輩出することこそが、事業への還元になると考えている。

（二〇一七年一〇月取材）

第五章

命の現場

小さな命を輝かせる――子供ホスピス

大阪市内にある鶴見緑地は緑に囲まれ、パークゴルフ場、乗馬苑、バラ園、球技場、テニスコートなどが点在する都市公園だ。夏の休日には、プールやフリーマーケットの前は人波で歩けないほど混雑する。

その一角、ドッグ・ランのわきに、木造二階建ての「ＴＳＵＲＵＭＩこどもホスピス（ＴＣＨ）」がある。二〇一六年四月にオープンしたホスピスだ。

ＴＣＨの建物は、中庭を囲むような半円形をしている。一階の壁はガラス張り、二階はテラスになっていて、建物のどこからでも中庭の青々とした芝を眺めることができる。

この日、中庭では水遊びのイベントが開催されていた。子供たちが両親や兄弟、それにボランティアと一緒にゴム製のプールで遊んだり、遊具で水をかけ合ったりしている。

私は弾けるような笑顔の子供たちを見つめながら、児童館に来たような錯覚に陥っていた。だが、「こどもホスピス」だけあって、子供たちの手足は枯れ枝のように細く、肌は土気色をしている。はしゃぎすぎて体力がなくなって、仮眠室へ運ばれる子もいた。みな難病を患い、長く闘病しているのだ。

現在、小児癌を含む難病の子供（一八歳以下）は、日本に約一五万人いる。うち生命を脅かされているのは約二万人。病気の種類は、小児癌、心疾患、神経筋疾患、先天性異常、重度脳性麻痺などだ。

ＴＣＨは、そうした子供たちのためにつくられた、日本で初めての民間の小児ホスピスなのである。

「日本に子供用のホスピスをつくりたい」

そんな声が大阪で上がったのは、一〇年ほど前だった。その人物は、大阪市立総合医療センターの医師・多田羅《たたら》竜平（46歳）だ。多田羅は二〇〇六年から一年間英国で小児の緩和ケアを学んだ際、世界初の小児ホスピス「ヘレン・ダグラス・ハウス」を訪れて感銘を受けた。

当時の日本には小児ホスピスは皆無で、難病の子供たちの居場所がなかった。入院中は医師や看護師に相談できるし、病室の子供は親と過ごすことができる。だが、在宅治療に切り替わった途端、彼らはそうした人間関係から切り離され、孤立するのだ。

ヘレン・ダグラス・ハウスは、そうした子供たちに居場所を提供するための施設だった。難病の子供たちを集めて、遊びを通して友情を育んだり、勉強をしながら未来を語り合ったりする。子供が仲間とつながり、子供らしく生きられる場所だったのである。多田羅はこういう施設が、日本にも必要だと確信した。

帰国後、多田羅は同じ病院の小児科医にこのことを話して回った。当時、関西で同じ志をもっていたのが、大阪大学医学部から大阪市立総合医療センターへ移っていた小児科医・原純一

（61歳）だった。彼もまた、難病の子供のケアに限界を感じていて、小児ホスピスの構想に共鳴した。

二〇〇九年、彼らは大阪市中央公会堂にヘレン・ダグラス・ハウスの創設者シスター・フランシスを招き、講演会を開催した。小児医療関係者や患者の親族が参加した。

講演の中で、シスター・フランシスはホスピスの存在意義を説いた後、こう投げかけた。

「できることから、はじめなさい」

これが、原や多田羅たちの心に火をつけた。いきなりホスピスをつくるのが難しいなら、訪問ボランティアから開始しよう。翌二〇一〇年、彼らはそれをすべく、「ＣＨＰ（こどものホスピスプロジェクト）」を立ち上げた。

ＣＨＰは、看護師や保育士など小児医療の関係者が集まった組織で、活動は手弁当で行われた。重度の脳障害の子供の自宅を訪れて勉強を教えたり、通院中の子供と外出したりする。あるいは、「わくわくタイム」といって、関西国際大学の一室を借りて、難病の子供たちと一緒に遊ぶイベントを開催したりした。

子供や保護者に、この訪問ボランティアは好評だった。一方で、ジレンマも抱えていた。大阪市立総合医療センターの医師を中心に発足したため、同病院の患者への支援が主になっていたのだ。活動を大きくするためには、病院の垣根を越えて、専門のスタッフがいる民間の小児ホスピスが必要だった。

ホスピス建設の話が具体化したのは、二〇一二年だ。日本財団からの支援を受けて、兵庫県宝塚市の中古の建物を買い取ろうとしたのである。だが、購入直前に、地元住民から反対意見が噴出して断念せざるをえなくなった。「子供用のホスピスができたら、周辺の地価が下がる」と言われたのだ。壁の高さを痛感した出来事だった。

運命は、彼らを見捨てなかった。二〇一二年、ユニクロ主催の「Clothes for Smiles」に、小児ホスピスの構想を応募したところ、見事に選出され、設立資金の支援を受けられることになったのだ。

問題は、土地である。住宅街に建設しようとすれば、宝塚市の時のように住民の反対でつぶされるかもしれない。そこで、大阪市が鶴見緑地駅前エリアの土地活用事業をしているのを見つけて応募し、四三〇〇平方メートルの敷地が使えることになった。

こうして、二〇一六年に「ＴＣＨ」が完成したのである。

家であり、友として関わる

私がＴＣＨを訪れたのは、その年の七月のことだった。

案内してくれたのは、事務局長の水谷綾《あや》（48歳）。彼女は前年までボランティアコーディネートの仕事をしており、四月からＴＣＨで地域や支援者との調整を担っているという。

ＴＣＨの半円形の建物は木でできていて、コテージ型のレクリエーション施設といった内観だった。全部で一八の部屋があり、窓からは眩しい陽光が射し込んでいる。

ギターやドラムセットなど楽器が並ぶ「おとの部屋」、光でリラクゼーションを促す「ひかりの部屋」、図画工作のための道具がそろう「紙ひこうきの部屋」。さらには家族や親と食事を楽しめるカフェや、ペンションのような宿泊部屋、銭湯さながらの大浴場まである。

常駐している正規スタッフは一二名。看護師、保育士、保健師など、これまで難病の子供に関わったことのある専門家ばかりだ。この他ボランティアとして、医師、教師、税理士、セラピスト、大学生などが活動を支えている。

水谷は言う。

「ここを利用するには、まず保護者の方に見学に来てもらって、病気の程度やご家族の意思を確認します。その後、うちの会議で利用者として承認するかどうかを話し合って決めます。利用者として認められれば、うちのイベントに参加してもらったり、ご希望に添って自由に利用していただいたりすることになります」

オープン三カ月で約六〇組の問い合わせがあったそうだ。子供の病気は小児癌が一〇組、他は心疾患や重度脳性麻痺など様々だという。

TCHでは、子供や家族向けのイベントが毎週のように開催されている。家族で過ごす「週末プログラム」、親同士の悩みを語り合う「おとなカフェ」、子供に夢や希望を教えてもらい、スタッフやボランティアがそれを実現する取り組みもある。

「ここはホスピスですが、高齢者向けのそれとは少し違います。高齢者のは『緩和ケア』や『看取りの場』のイメージですよね。でも、TCHは『難病の子供が子供として生きられる場所』なんです。助からないと言われる子供たちだって、日々精神的にも、肉体的にも成長をつづけているのです。それなら、その子がその子らしく生きられる場所を与えようということなんです」

施設内の多様な部屋や豊富な遊具は、そのためのものだ。だが、「子供らしく生きられる」という言葉には深い意味が込められている。

「子供は難病になった途端に、多くのことを諦めることになります。学校や塾通いを止め、遊びを禁じられ、友達とも会えなくなる。将来だって見えなくなる。そんな中で、彼らは、自分は生きているだけで迷惑なんじゃないかって考えるようになります。そんなことないのに、そう感じさせてくれる場所がないんです。だからこそ、彼らが諦めたものを取りもどすための場をつくりたい。友達と笑う。花を植えて生命を育てる。親にプレゼントをして喜ばす。そういう当たり前の体験を重ねることで、自分だってみんなの役に立つし、生きていていいんだって自信をもってもらいたいんです」

日本の社会には医療設備こそ無数にあるが、難病の子供たちが生きている実感を得られる空間はほとんどない。ＴＣＨはそうした場所をつくり出し、難病の子供たちに生きるエネルギーを与えようとしているのだ。

「ＴＣＨは医療施設でなく、民間の施設であることを大切にしています。病院で保護者や子供同士でつながることはありますが、退院して在宅治療に切り替われば切れてしまう。その後の助け合いや友人関係を維持できない。それが、病院や病院併設型のホスピスの限界なのです。

他方、ＴＣＨの指針は、『病院でなく家であり、友として関わる』です。つまり、家のように、いつでも同じ場に来られて、悩みや喜びを分かち合える場を目指しているのです」

現在日本には病院に併設される小児ホスピスは二、三カ所あるが、どれも病院の事業の一部として組み入れられたものだ。

対して、ＴＣＨは病院からは切り離された、「家」であることを目指している。その取り組みは徹底していて、財源を税金や補助金でなく、寄付に頼って独立性を維持している。

「独立性を保つのは、規制を受けないためです。たとえば、癌の子供がフェラーリに乗りたいという希望を言ったとしますよね。もし一定の補助金の中でやりくりしようとしたら、それを叶えてあげられません。けど、個別の財源であればいくらでも実現できる可能性はある。保護者には、ここは医療施設ではありませんということは、くり返し伝えています。スタッフの中に医療従事者もいますが、それは難病の子供たちが安心して遊べる環境を提供したり、家族にアドバイスをできるようにするためで、医療を行うためではないのです。原則的には、体に異変が起きた場合はここで治療をせず、すぐに病院へ搬送します」

実際にスタッフはみな私服で、名札は服に貼ったシールに手書き。病院のような堅苦しい印象はまるでない。

ただ、私はなぜそこまで「家」であることを大切にするのかが、いまいちわからなかった。子供たちにだってそれぞれ家庭があるのだから、少しは医療施設の役割も求められるのではないかと思ったのだ。

だが、私のそんな考えは、現場の医師の話によって打ち砕かれることになる。患者やその家族は、私の想像よりはるかに難病によって追いつめられていたのである。

難病が子供から奪うもの

その日の午後、私はＴＣＨの一室で、原純一から話を聞くことになった。

先述のように、原はプロジェクトの立ち上げの中心人物の一人だ。現在は大阪市立総合医療センターの副院長を務める傍ら、ＴＣＨの副理事をしている。

原は三〇年以上にわたって多くの小児癌の子供たちの治療に携わり、その死も見てきた。そんな経験から、まず出たのは、患者や家族が置かれている状況についてだった。

「私たちが『家』であることを目指す理由はあります。闘病中の子供の家庭は温かなものばかりではないのです。まず、両親が子供の病気をしっかり受け止められないことがあります。パニックになったり、落胆して精神を病んだりしてしまう。しかもそれが何年もつづいたりしますから。そうしたことから夫婦がぶつかって、家庭にひびが入ることがあるんです」

――難病の子供自身にとっても、治療は大変ですよね。

「もちろんです。幼稚園、小学生ぐらいの子供たちが癌を宣告されて、つらい手術や抗癌剤治療をくり返し受けるのは、想像を絶する苦しさです。子供がそうした体験によって、うつ病やＰＴＳＤになることは珍しくありませんし、中には現実逃避しようとするあまり、二重人格になることだってあります」

　原は一度言葉を区切ってからつづけた。

「最近目立つのは、家庭の経済的な問題ですね。国の制度で治療費が無料になっても、付き添いにかかる交通費などは別に必要になります。共働きができなくて、家計が成り立たなくなるということは昔からよくありましたが、最近は貧しいシングルマザーも多いので初めから困難が山積していることも珍しくない。仮に子供が一時的に退院できたとしても、経済的な問題が深刻化して食べさせていくことさえ厳しいということもあるんです」

　子供の難病治療は、国からの助成金で賄《まかな》える。だが、それはあくまで子供の治療に対してのみで、実際には親が付き添ったり、見舞いに行ったり、あるいは差し入れをしたりすれば、別にお金がかかる。こうしたことが原因で家計が成り立たなくなって、離婚に至るケースは少なくないらしい。

「家庭が壊れてしまった子供は大変です。まず家庭が壊れたのは自分が病気になったせいだと考えて、生きる意味を見失ってしまう。病院側との信頼関係もなかなか築けなくなる。仮に何年か後に治療がうまくいって完治したとしても、その後の人生を支えてくれる家庭がないのです。そうなると、彼らは何を目標にどうやって生きていくべきかわからなくなり、思春期以降に自殺を選ぶ子も出てきます。私の経験上、健康な子供に比べると、小児癌を経験した子供の自殺率はかなり高い。彼らは治療の後遺症や学歴の遅れがありますから、さらに家庭という支えを失った状態では、生きていくのが難しいのです」

私は返す言葉が見つからなかった。ここまで小児癌をはじめとする難病が、家族から根こそぎ何もかも奪っていくものだとは想像していなかった。たしかにいくら病院がソーシャル・ワーカーやチャイルド・ライフ・スペシャリストを置いたところで、病院の外の家族に対してできる支援には限界がある。

「だから、民間のホスピスが必要なのです。病院は治療ができても、家庭そのものを最後まで支えることはできません。ゆえに、家の代わりとなる民間の施設をつくり、専門スタッフが難病の子供や、親御さんたちをサポートする場を提供しなければならない。ホスピスというのは、もともとホスピタリティー（もてなし）を意味するものなのです」

ここまで言われて、初めてここが「家」の代わりでなければならない理由がわかったような気がした。

とはいえ、一つ懸念があった。語源の意味はどうであれ、一般的に「ホスピス」といえば、終末期の患者が最期を過ごすための場所というイメージだ。子供自身がネットで検索した場合、自分の病気の深刻さを知ることになりはしないか。

原は語る。

「子供は病気のことをしっかりと受け止めますよ。小児癌の治療では、きちんとすべてを説明するのが基本なんです。小児癌の子供は体調不良を自覚して、病院で何度も検査を受けています。だから、本人が一番自分の状態が普通じゃないってことをわかっている。もし、そこで医者が『大丈夫だよ。すぐに治るよ』なんて軽々しいことを言えば、不信感が芽生えてしまう。

大切なのは、病気の深刻さもきちんと説明した上で、病院と家族が一丸となって治療することを理解してもらうことなんです」

年齢にもよるが、子供には病名を正確に伝え、放っておけば命に関わるものだと説明するそうだ。たいていの子供が「やっぱり」と合点して闘病の意志を固めるという。

「そうやっても病気に打ち勝てずに命を落とす子もいます。医者としても、ある時点で『これ以上は無理』と感じる一線がある。それ以上は、なす術がないのです。その時、医者や家族は、子供の『クオリティー・オブ・デス（死の質）』について考えざるをえなくなります。命を救えないのならば、どのようにしてその子の死の質、つまり死に至るまでの生活の質を高めるかというふうに目標を切り替える。子供や親御さんに、できるだけ充実した時間を過ごしてもらう。このホスピスにはそういう役割もあるのです」

それまでは家族を支えるための施設だったのが、死が避けられないものとなった途端に死の質を高めるための場所に切り替わるのだ。

――先生の考える「子供のいい死に方」とは何でしょうか。

「家族が死を受け入れて、その子の最期に安らぎを与えてあげることだと思います。家族が死を認めず、いろんな病院に引っ張っていって最期まで闘病を強いれば、苦しみが重なる。やはり、どこかで家族が子供と向き合って包み込んであげる。一緒に何かを体験し、学び、笑った思い出をきちんと残す。そういうことをすることが、死の質を高めることにつながるんだと思います」

――でも、親が子供の死を受け入れるのは耐え難いことです。

「そうですね。絶対に諦めたくないっていう親もいます。でも、だからこそ、親が冷静になれる場所、客観的な意見をもらえる場所、何より思い出をたくさんつくることのできる場所が必要だと思うんです」

――それがこの施設だということですね。

「そのつもりです」

ＴＣＨは大きく二つの意味をもっている。闘病の間に家族を支える場としての施設、子供に「いい死」を迎えさせるための施設だ。いずれも、「家」としての空間であるからこそ、それができる。

では、実際の難病の子供や保護者たちは、どういう思いを抱いてここにやってくるのだろうか。施設の一室で、母・北東恭子に伺ってみることにした。

恭子の長女である紗輝は、中学二年生だ。二歳の時に脳腫瘍が見つかって手術を受けた。一度は治癒したものの、五歳で再発。長い抗癌剤治療が終わり、回復へと向かっていた八歳の頃、今度は急性白血病が判明し、一年三カ月にも及ぶ入院を強いられた。現在、紗輝は脳腫瘍の後遺症で体の半分が麻痺しているが、体調が安定したことから、再発を危惧しながら公立中学校に通っている。

母親の恭子は、一〇年以上娘の闘病に付き添ってきた。その経験を踏まえて語る。

「難病が家庭を壊すという意味は、わかります。たとえば娘が病気になる前、私は公務員をしてたんです。でも、娘の脳腫瘍が再発した時に退職を余儀なくされました。娘の癌が再発した後、外来で抗癌剤治療を受けることになったので、病院の行き帰りに付き添ったり、自宅で看病をしなければならなかったんです」

福利厚生が整っているといわれる公務員ですらこうだ。民間企業なら余計に両立は難しいだろう。

「夫とは数えきれないぐらい衝突しました。娘の闘病は長引き、不安と恐怖といら立ちの日々で気持ちに余裕がなくなり、夫に当たってしまう。つまらないことが気になってケンカになる。別れようと思ったこともありました。私も胃潰瘍で倒れたほどですから」

——母親としてつらいことは何でしたか。

「たくさんありますが、病院の外に理解者がいなかったことですかね。娘は車椅子なので友達と遊びにいけないし、免疫力が弱いので外出の際に感染や日焼けに気をつけなければなりません。そうしたことを理解して受け入れてくれる場がないんです。また、私にしても相談相手がいませんでした。お医者さんや看護師さんには治療や入院中のことは聞けても、病院の外のことについて相談できない。でも、在宅治療だと病院外のことの方が圧倒的に多いじゃないですか。ずっと独りぼっちで戦っている気持ちでした」

——TSURUMIこどもホスピスは、そういう家族に「居場所」を提供すべく立ち上げられました。

「患者にやさしいと思います。まず娘の病気を理解してくれるスタッフがいるので、すべてわかってもらえている安心感があります。無料なのでお金の心配だっていらない。それに、私自身、病院でできない相談をここの看護師さんにできたり、他の保護者の方とイベントを通じて知り合って情報交換ができる。些細なことなんですが、家族はそういう場所を望んでいるんです」

病院の穴を、民間のホスピスが補っているということだ。

ここへ来て、娘は何か変わったのか。その問いに、恭子は少し考えてから答えた。

「将来のことが明確になりましたね。病院で闘病している時は、その日を生きることしか考えられませんでしたが、ここでいろんな人と過ごしていると未来のことを考えられるんです。娘が一番楽しみにしているのが勉強です。ボランティアの先生と一緒に机に向かうのが楽しいって。実は今も教室にいるんですよ」

ＴＣＨは、子供たちに「遊び場」を提供する他に、「学び場」を提供している。ボランティアの先生が子供たちの希望に沿って勉強を教えているのだ。

「娘は決して勉強は得意じゃないんです。小学校の時は入院ばかりで、ろくに通学できませんでしたから。でも、できないなりに勉強をするようになってから、将来あれをしたいとか、こうなりたいと語るようになったんです。それを見ていると、娘の成長を実感します」

最初の施設案内でＴＣＨが勉強する場を提供していると聞いた時、私はこんな遊具がたくさんある場所で勉強を望む子なんているのかと思った。それは、私の思い違いだったのだろうか。

教育という光

ＴＣＨの二階に「こもれびの部屋」と名づけられた一室がある。中央に大きなテーブルがあり、手前と奥に一つずつカラフルなソファーが置かれている。長方形の窓から暖かな陽が射し込み、ラジカセからはクラシック音楽が流れる。ここがＴＣＨの「教室」だ。

この日は、恭子の娘・紗輝が先生とテーブルで漢字の書き取りをしていた。授業風景は、私の知っている学校のそれとはずいぶん違った。大きなテーブルに先生と生徒が一対一で並んで座り、生徒がやりたいことだけをやる。生徒が数学のドリルを持参すればそれをやり、絵が得意だと言えばお絵描きをし、疲れたらお茶を飲んでおしゃべりをするのだ。

紗輝はちょうど先生と一緒に漢字の書き取りをしていた。先生は一生懸命にノートに向かう紗輝を微笑ましそうに見守る。まるで休日の午後に父と娘が好きなアニメの絵でも描いているような光景だ。

「上手に書くね。すごくうまい。いやー、驚いた」

紗輝は先生の言葉にはにかむ。

実は、この先生は、院内学級の世界では名の知れた副島賢和《そえじままさかず》（50歳）だ。ピエロのように鼻に赤いスポンジをつけ、「あかはなそえじ先生」と名乗り、二〇一一年にはＮＨＫの「プロフェッショナル 仕事の流儀」に出演したことがある。現在は昭和大学病院にある院内学級で教えながら、月に一度ＴＣＨに来ているのだ。

　授業の合間、私は別室で副島に話を聞くことにした。部屋で待っていると、副島は人懐っこい笑顔を浮かべて入ってきた。

「いやー、授業を見られるのってやっぱり緊張感ありますね。僕、うまくやってましたか」

　もちろんです、と私は答える。

「そう言ってくれると嬉しいですね。ただ、ここでの僕の本来の役割は、子供に勉強を教えることじゃないんです。教員の養成の方なんですよ」

　副島がＴＣＨと関わりをもったのは四年前だった。大阪市立総合医療センターの講演会に講師として呼ばれたことで、原やプロジェクトの関係者たちとつながった。ＴＣＨの設立決定後、「子供たちに『遊び場』と同じく、『学び場』も保障してほしい」と協力を要請されたのだ。病院に院内学級はあるが、義務教育を終えた子供にはそれがないため、ＴＣＨが代わりに担おうということだった。

　副島はスーパーバイザーとしてＴＣＨに集まる教育ボランティアの研修を受けもつことにした。大阪教育大学、関西国際大学、大阪大学の学生たちに九〇分×五コマで難病の子供たちへの指導法を教えるのだ。学生たちはそれぞれの大学の教員によるサポートも受けているという。

「ここに来る生徒の中には学校へ一度も通ったことのない子や、死が避けられない子がいます。単なる熱意だけで接してもうまくいかない。教える側が心に傷を負うこともある。なので、各大学の指導教官のサポートを得ながら、研修できちんとした向き合い方を教えているのです」

副島の冷静な言葉には、難病の子供と向き合う厳しさを感じた。

私が副島に尋ねたかったこと。それは、難病の子供にとって教育のもつ意味だった。副島は天井を仰ぐように見上げ、言葉を選んで言った。

「病気で子供は、『子供でなく、患者であれ』と要求されます。彼らは子供として生きるのではなく、立派な患者であることを求められる。だから、一生懸命に良い患者であろうと振る舞うあまり、感情の自由も、行動の自由も、発言の自由もすべて抑え込んでしまう。ありのままのその子でいることができないんです」

私は恭子が同じようなことを話していたのを思い出した。病院で白血病であることを告げられた時、娘はパニックに陥るどころか、動揺する母親に向かって「ごめんね、病気になっちゃって。頑張るから」と言って安心させようとしたり、新米の看護師さんが採血に何度か失敗したのを母親が怒った時に、「お母さん、あんまり言わんでやっておいて。頑張ってくれてるんやから」となだめたりしたという。恭子は娘の大人びた態度に驚いたと語っていたが、副島の言葉を借りれば「自分を抑え込んで、良い患者として振る舞う」ということなのかもしれない。

「難病の子供は、良い患者を演じる必要なんてないんです。まず自分が普通の子供なんだと認識するのが大切。勉強はそのきっかけの一つになりえるんです。勉強って未来に向かって行うことですよね。自分を知り、夢を抱き、将来のために学力をつける行為。難病の子は勉強を通して、自分がまだ未来のある子供だってことを自覚できるようになる。そしてこのことをしたいと考え、そのために何かを勉強しようという意志をもつ。それが未来に向かって歩きだすということなんです」

——勉強を通して、子供は自分を見つめ、目標をもてるようになる。

「そう。私は、子供にとって勉強は『生きるエネルギー』だと思っています。実際に、院内学級に来て子供たちが授業を受けはじめると、みるみるうちに変わっていきます。私はそんな子供に言います。自分の気持ちに素直になっていいんだよ、したいことをしていいんだよ、自分のために生きていいんだよって。勉強には、その子を未来へと推し進める力があるんです」

難病の子供にとって勉強をすることは、未来を想像し、そこに向かって歩んでいく行為なのだ。そしてそのことが子供たちの生きる原動力となる。

だが、先述のように子供たちの中には勉強を通して未来を見つめられるようになっても、命を落としてしまう子もいる。副島は、そんな子供の死とどのように向かい合っているのか。それを尋ねると、彼は一瞬言葉に詰まった。

「そういうことはあります。あるんです……。でもね、子供って勉強を通して本来の自分を取りもどすと、最後まで希望を失わずに生きようとするものなんです。一カ月後に死ぬとか、半年後に死ぬとか考えない。最後まで漢字を覚えて、計算を解いて、図工をやって、歌を歌おうとする。最期の瞬間まで、未来に向かって生きるんです」

高齢者であれば、己の終末を受け入れて、家族や世の中に何かを遺そうとする。だが、子供はいったん湧き出た生へのエネルギーを止めようとはしないのだという。

「子供が生きることを諦めなくても、死が現実のものとして、すぐそこにある場合があります。そういう時は、私のような者が、本人に代わって家族のために何かを遺してあげることになる。本人には気づかれないように、国語の授業で家族への手紙を書いてもらったり、図画工作で作品をつくってもらったり。あるいは、音楽の授業で歌声を録音したり。子供が死んだ後、親にとっては遺されたすべてのものが大切な宝になるんですよ。プリントに書かれた小さな名前だって、その子が生きた証なんです。子供自身が死を受け入れて何かを遺そうとしない以上、私が代わってそれをしなければならないんです」

教育によって「生きるエネルギー」を与えようとする一方で、死後のことまで考えて授業をしなければならない。副島はそんな仕事の中で何を大切にしているのか。

「重要なのは、教師がそこにいつづけることです。同じ教室に、同じ教師がずっといること。難病の子供たちは、その日その日を懸命に生きて、教師にあらゆることを委ねます。それなのに、教師が人事異動だ何だと言ってコロコロ変わったらどうでしょうか。それこそ生徒の命をかけた信頼を裏切ることになってしまいます」

副島はつづける。

「家族にとっても、教師がそこにいることは大切なんです。子供が亡くなった後、その子が学んでいた学級や教師というのは、親御さんにとっては大切な思い出なんです。フラッと立ち寄って、子供が学んでいた教室を眺め、担任だった教師と思い出話にふける。それだけで、親御さんは救われた気持ちになるはずです」

――ＴＣＨの「学び場」もそうあってほしいと思いますか。

「もちろんです。民間の施設だからこそ、それができると思っています。この施設が今のままの形で二〇年、三〇年と残り、同じスタッフが働いている。それが親御さんにとって大きな救いになるわけですから」

ＴＣＨは今日一日を生きる子供たちだけのものではない。ここで思い出をつくった家族の人生を支えるための場所でもあるのだ。

気がつくと副島が目に浮かんだ涙をぬぐっていた。彼はつぶやいた。

「こう立派に語っていますけど、子供や親御さんのことを考えるとつらいですよね……。本当につらい」

鼻の先が、赤らんでいた。

先に見えるもの

午後三時、緑の芝の中庭で、小児癌を患った子供たちによる植木のイベントがはじまった。ＴＣＨでは、同じ病気を抱える子供や家族が出会える場をつくるため、病気の種類ごとに催し物が行われるのだ。

ボランティアの男性が綿の苗を前に花の説明をしていた。今の時期に鉢に植えると、一〇月頃には花が咲いて白い綿花を採ることができるという。子供たちは説明を受けた後、男性に教えてもらいながら、苗を一本ずつ鉢の土に植えていく。

両親はそうした子供の姿を写真に収めようとする。彼らが持っているのは、高価な一眼レフばかりだ。いつ子供の体調が悪化するとも限らないため、なるべくいい形で思い出を残そうとしているのだろう。

夕方、私は紗輝に話を聞くことにした。半身が麻痺した紗輝は片腕を曲げ、片足を引きずるようにしてやってきた。現在は公立中学へ通いながら、TCHに月一、二回のペースで遊びにきているのだという。

なぜTCHを選んだのか。その質問に、紗輝は答えた。

「気持ちが楽なんです。やっぱ患者同士だと気をつかわずに済みますから。中学だと、みんなの共通の話とかあって、私はうまく入っていけない。その点、ここなら、同じような子ばっかりだから、自分のペースで何でもできるんです。それがすごく楽」

幼少期の大半を闘病に費やしてきた彼女にとって、同級生との会話や遊びについていくのは難しいことなのだ。

——お母さんから勉強が好きだって聞いたけど、本当？

「うん、好き。全然得意じゃないけど、楽しい。最近は、塾にも通いだしたんです」

——なぜ塾に？

「やりたいことが見つかったんです。私、小さな頃からずっと病気してたでしょ。だから、看護師さんになりたいの。だって、私だったら、患者さんがどんな思いかわかるじゃないですか。闘病の大変さとか、注射の痛さとか。でも看護師さんになるには勉強が必要。だから、もっともっと頑張らなきゃならないんです」

彼女は屈託のない笑顔を見せた。副島が話していた勉強が「生きるエネルギー」を生むというのは、こういうことだったのか。

「簡単じゃないことはわかってます。たとえば、私、片手が麻痺してるから、看護師さんになっても人に注射を打てない。それで一時は諦めようと思ったんです。でも、最近いいアイディアが浮かんだの。ここのホスピスの看護師さんになればいいんだって。ここだったら看護師さんでも注射する必要ないし、私の経験を病気で苦しんでいる子供たちに伝えられる。すごく合ってると思いません？　それに、ここの看護師さんとも仲良くしてるから、勉強とかも教えてもらえるし」

彼女なりに多くのことを考えた末につかんだ夢なのだろう。むろん、彼女の夢がこのままつづくのか、別のものに変わるのかはわからない。だが、ＴＣＨでの活動を通して彼女が自分自身を取りもどし、未来に向かって進んでいることだけは確かだ。

——そうなったら、紗輝は創立の年からずっとここにいることになるんだね。

「そうなったらいいですね！」

弾むような声を聞きながら、私はＴＣＨが向かっていく先がぼんやりとだが、わかったような気がした。

何年、何十年とつづいていく過程には、楽しいことと同時に、数えきれないぐらい悲しいこともあるだろう。だが、少なくともここで過ごした日々の思い出は、子供や家族にとって永遠にかけがえのないものになるはずだ。

私はＴＣＨの創立の年に居合わせられたことを幸運に思うと同時に、何十年か後のＴＣＨを見てみたいと切に願った。


（二〇一六年七月取材）

なぜ子供は命を絶つのか——自殺

若者の「自殺」の問題は、長らく注目を浴びてきた。若年層の死因として非常に高い数字を示してきたからだ。

年齢別の死因を示せば、図6のようになる。

ここからわかるように、一五歳から三九歳までの死因の一番が自殺なのである。アメリカ、フランス、イギリスなど欧米の先進国では、いずれも一位が事故であることからすれば、割合が高いと言わざるをえない。

一〇代の自殺に関して言えば、メディアがそれを報じる場合は圧倒的に「いじめ」が注目される。一九八〇年代から九〇年代にかけて「いじめ自殺」が大きく取り上げられ、その後も責任追及が容易なことから、どうしても目立つのだ。

気をつけなければならないのは、いじめによる自殺は大きな問題だが、必ずしもそれだけが原因ではないという点だ。警察庁の発表では次のようになっている。

学校問題　一五一人

健康問題　一〇九人
家庭問題　九三人
男女問題　四五人
勤務問題　二九人
経済・生活問題　一一人
その他　五五人

これを見れば、学校、健康、家庭の問題など原因が多岐にわたっていることがわかるだろう。今の子供たちはどんな壁にぶつかり、何に苦しみ、そしてなぜ死へと向かおうとしているのか。

長らく自殺問題に取り組んできた精神科医・張賢徳《ちょうよしのり》（帝京大学医学部附属溝口病院精神神経科科長）に話を聞いた。（以下、張賢徳談）

なぜ「いじめ」が目立つのか

若者の死因で最多なものは自殺ですが、その動機については不明なことが多いのです。

警察庁が公表している自殺の原因分類は、正確なものとは言い切れません。自殺が起きれば、まず警察が対応して家族や関係者に話を聞いて、その原因を書き込みます。ただ、警察がきちんと調査をした上で原因を突き止めているかといえば、すべてがすべてそうだというわけではない。

たとえば、精神科の通院歴があって一年前から死にたいと言っていたという証言があれば「健康問題」が原因とされ、遺書に「いじめられていた」とあれば「学校問題」とされ、親子関係が悪くて悩んでいたと周辺が話せば「家庭問題」となるのです。警察庁の統計で「学校問題」「健康問題」「家庭問題」が上位に並んでいますが、このように作成された情報を基にしたデータなので、どこまで正確かは不明なのです。

図⑥ 平成28年における年齢別死因順位

年齢階級	死因		
	第1位	第2位	第3位
10～14歳	ガン	自殺	事故
15～19歳	自殺	事故	ガン
20～24歳	自殺	事故	ガン
25～29歳	自殺	ガン	事故
30～34歳	自殺	ガン	事故
35～39歳	自殺	ガン	心疾患
40～44歳	ガン	自殺	心疾患
45～49歳	ガン	自殺	心疾患

厚生労働省「人口動態統計」を参考に作成

自殺は、たった一つの要因で起きることは稀です。

G君という男子中学生がいたとしましょう。G君は幼い頃から発達障害を抱えていた。親は発達障害に理解がなく、なんとかG君に言うことを聞かせようと手を上げるようになった。

彼は親に暴力をふるわれながら小学校を卒業したものの、進学したのは不良がたくさんいて荒れている中学校だった。そこで、不良たちに目をつけられ、発達障害を理由にいじめに遭うようになった。

G君は家にも学校にも居場所がなくなり、うつ病になって「死にたい」と言いだした。でも、学校の先生も親も本気だと思わない。そして、とても残念なことにG君は自殺をしてしまった。

この場合、G君の自殺の要因を何にすればいいでしょうか。

発達障害だったことでしょうか。親が暴力をふるったことでしょうか。それともいじめ？あるいは、うつ病の症状として生じる希死念慮《きしねんりょ》のせいでしょうか。

このように、子供たちは複合的な要因で自殺に追い込まれていることがあります。でも、先に述べたように、警察は何か一つのことを原因とします。

もし正確に子供の自殺の要因を突き止めようとすれば、第三者が入って多角的に検証する必要があります。でも、これがなかなか難しい。

現在、第三者委員会が立ち上がるのは、遺族から意向があった場合が大半です。遺族が「原因はいじめにあるはずだ」などと訴えた際に、自治体が弁護士や学者を呼び集めてつくって調査を依頼する。

第三者委員会は遺族の意向を受けてできているので、家庭内の問題に踏み込むことが極めて難しくなります。家族は自殺の原因がいじめにあると考えていますし、家庭の問題を赤裸々に話すことはほとんどないでしょう。無理に問いつめれば、遺族に鞭打つことになりかねない。第三者委員会をもってしても、原因を明らかにしにくいのです。

そう考えると、一〇代の自殺の原因を正確に統計化するのが困難であることをご理解いただけると思います。にもかかわらず、今は学校や警察が「いじめだ」「虐待だ」と決めつけているのが現実なのです。

日本人の自殺の方法として一番多いのは、首吊りです。若い人の場合、それ以外で目立つのは、オーバードーズ（薬物の過剰摂取）、刃物、飛び降りなどです。

ちなみに、自殺の方法は国によっても違いがあります。アメリカでは銃が氾濫していますので、銃による自殺が多く、ヨーロッパでは服薬自殺が多い。ヨーロッパの人々の中には、歴史的にも自殺に対して服毒のイメージがあるのかもしれません。

アジア全般で多いのは、首吊りです。こちらは、アジアには着物の帯といった伝統的衣装に基づく「帯」の文化があるからではないかと推測しています。

自殺の時代背景

若者は社会の空気に敏感ですので、その時々の風潮や流行に影響を受けることがよくあります。ただ、社会的な問題が、どこまで子供の自殺願望に影響を及ぼすのかは不確かです。

図7を見てください。日本の若者の自殺の歴史を俯瞰《ふかん》した際に顕著なのは、終戦から少しした一九五〇年代に自殺率が急増したことです。現在の自殺率の三倍もの数値になる。

この時代に自殺率が急増した背景には、「価値観の転換」があると説明されてきました。

当時の若者は、敗戦を小中学生として迎えた子たちです。もっとも多感な年齢で、価値観をひっくり返された。学校で教師によって「これまでのことはすべて嘘だった」と言われて教科書を墨塗りさせられ、偉い人たちが次々と戦犯となって裁かれていく。彼らは否応にも、社会への不信感や憤りを抱え込みました。

彼らは終戦後の貧困の中、希望をもてないまま一〇代後半から二〇代になりました。社会はまだ不景気で職がないのに、一部の大人たちは過去を忘れ去ったかのように偉そうにのさばっている。一部の若者がそうしたことに絶望し、自殺に走ったという説です。

ただ、これは一般に語られる社会的要因であって、視点を変えれば別の事情も浮かび上がります。

一つが家庭の問題です。彼らの親たちは、世代的にほとんど戦争に駆り出されている。戦場で親を失ったり、精神や身体に傷を負った復員兵の親に虐待を受けたりしていた子も少なくなかったでしょう。家庭が貧困に陥って荒んでいたこともあったはず。つまり、家庭環境においても大変な時代だったのです。

さらに薬物の流行という問題もありました。軍からヒロポン（覚醒剤）やモルヒネ（鎮痛剤・麻薬）が流出して、社会に広まったのです。大勢の人がこれに手を染めて依存症になりました。後で申し上げますが、違法薬物やアルコールは人を自殺に追いやる要素を孕《はら》んでいます。

こう見ていくと、一九五〇年代の自殺の急増は、いくつもの社会要因が絡み合っていたと言えるでしょう。裏を返せば、自殺はそれだけ複雑な要因によって起こるのです。

この後、大幅に低下して以降、若者の自殺率は現在にいたるまで、ほぼ一定しています。お

図7 自殺者の推移

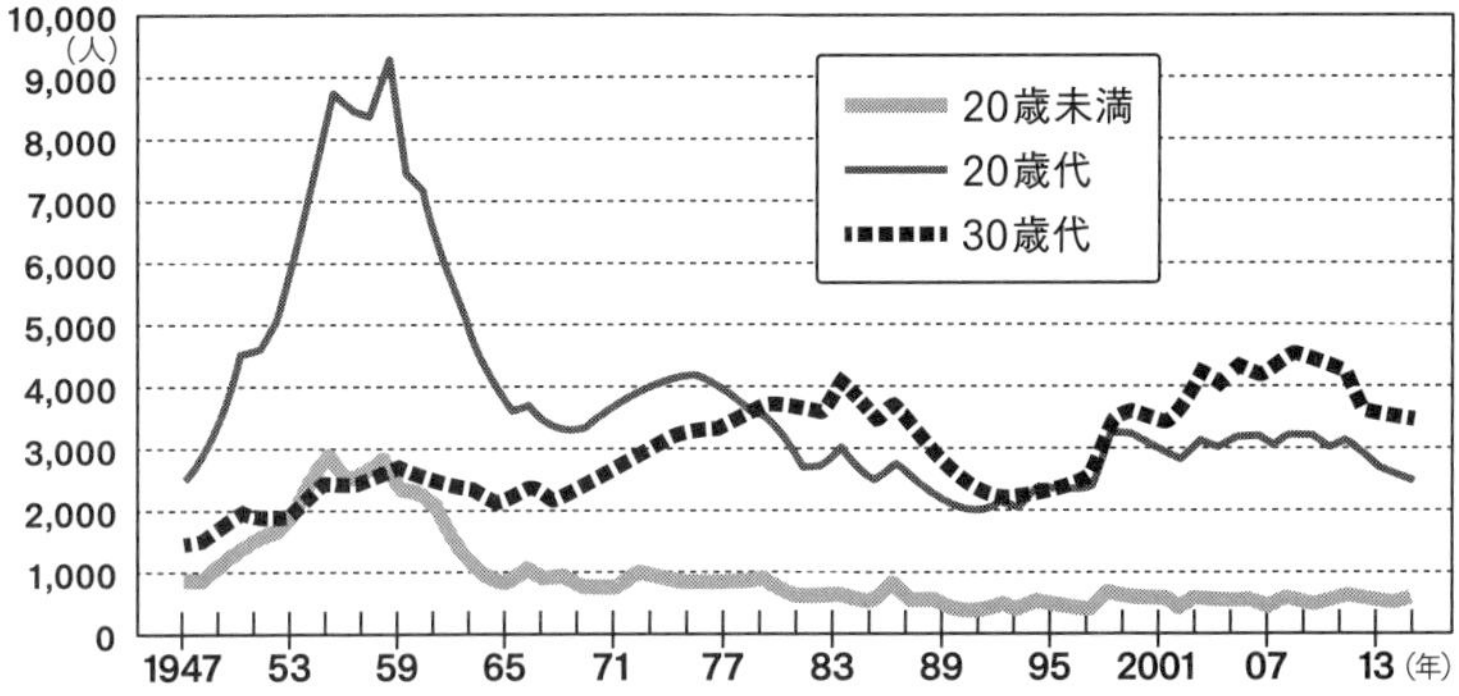

厚生労働省「人口動態統計」を参考に作成

およそ半世紀の間、同じくらいの率を維持している。

これは、子供が周りの環境に影響を受けにくいことを意味しているのではありません。むしろ、子供は、家庭や学校くらいしかコミュニティーがありませんので、それらの環境が及ぼす影響は大人よりもずっと大きいと言われています。

また、自我が確立していないので、被暗示性が強いことも指摘されている。被暗示性とは、周りに影響されて暗示にかかるように動いてしまいやすいということです。

一例が、群発自殺ですね。誰かが自殺したことによって、それに影響を受けて、連鎖するように自殺してしまう。アイドルの自殺、友人の自殺が、その子を自殺へと駆り立ててしまうのです。

では、なぜ統計の上で社会の変化に伴って、子供の自殺率がそこまで大きく変化していないのでしょうか。

それは子供たちには社会よりも、家庭や学校が与える影響の方が大きいからだと考えられます。社会が不景気かどうかより、家庭や学校が劣悪な環境であることの方が問題なのです。子供にとっての親密なコミュニティーは、社会より、家庭や学校であり、その良し悪しが重大なのです。

若者のうつ病

そもそも、自殺がなぜ起こるのかについてお話ししたいと思います。

自殺者の九割が、自殺をする時点で何かしらの精神疾患を患っているという調査結果があります。精神疾患には統合失調症、アルコールや薬物の乱用、適応障害、解離性障害などありますが、おおよそ半分を占めるのがうつ病です。つまり、うつ病は自殺のとても大きな要因なのです。

人はうつ病になると、気持ちが沈んで「自分なんて生きていたって仕方ない」「消えていなくなりたい」というように、否定的な考えに囚われます。彼らは、自身の気持ちを制御することが難しいので、どんどん自殺へと流されていってしまう。

自殺をする人は、その前に兆候を見せると言われています。「死にたい」と希死念慮を口にしたり、不眠症になったり、学校や会社に行くことができなくなったり。これらはうつ病が引き起こす症状であることもあります。

ところが、子供においては、大人ほどその前兆を示すことが少ないと指摘されています。子供がまったく自殺願望を表に出さないわけではありません。子供が言葉や行為で示しても、周りの人たちがそれに気づかないか、知らず知らずのうちに潰すかしているのです。

たとえば、家の食卓で子供が「死にたい」とつぶやいたら、親は「なにバカなこと言ってるの！」と言ってあしらってしまう。友達だったら「えー、こいつ死にたいんだってー」と、冗談だと受け取ってからかってしまう。どう返していいかわからず無視する子もいるでしょう。そうすると、子供は「言っちゃいけないんだ」「言っても無駄なんだ」と考えて、自殺願望を口に出さなくなります。

あるいは、周囲の人たちが、誤った対応をしてしまうことがあります。親や教師が、子供に「死にたい」と言われたことでパニックになってうろたえ、おおごとにしてしまう。子供は「迷惑をかけてしまった」と考えて沈黙する。

子供にとって自殺願望を口に出すことは、SOSを発信しているのと同じです。しかし、社会の側がそれを受け入れて対処する方法がわからず、子供のSOSを抑え込んでしまう。

こうなると、子供は黙りこくりますが、自殺願望がなくなったわけではありません。彼らはそれを自分の中だけに留めて、どんどん肥大化させていき、ある日実行に移す。周りはその子が突発的に自殺したのだと考えますが、実はそこにいたるまでには長い道のりがあるのです。

だからこそ、大人は子供のうつ病をはじめとした精神の変化を読み取って、予防につなげていく必要があります。

一〇代の子のうつ病の発生率はあまり広く議論されていませんが、年々増えている印象があります。小学生の低学年で二、三クラスに一人くらい、高学年になると一、二クラスに一人、中学生だと一クラスに一人か二人くらいの割合でうつ病になっている子がいますね。もちろん、程度の差がありますので、全員が自殺願望を抱くわけではありませんが、その危険があることには違いありません。

子供が病院を受診するきっかけは、周囲の大人が精神の異変に気づくというのが大半です。親、先生、あるいはスクールソーシャルワーカーなどですね。

最初は地元のメンタルクリニックを受診し、症状が重度で自殺の可能性があったりする場合は、大学病院を紹介されるというのが一般的です。なので、私のところに来る患者さんは比較的重症であることが多い。

病院で子供たちに会うと、まずきちんと話を聞いて各々が抱えている問題を明らかにしていきます。子供自身に言葉が少ないとなかなか原因を特定しづらいので、家族など周囲にも話を聞いたりします。

一〇代の子がうつ病になる背景には、大きく二パターンあります。

意外かもしれませんが、一つは甘やかされて育ったことで自己愛が肥大したパターン。これは七〇年代や八〇年代から少しずつ見られて、二〇〇〇年以降になって急増したものです。

七〇年代から八〇年代に、「ボンボン」という言葉が流行りました。裕福な家庭で過剰に甘やかされて社会常識を身につけずに成長した子供、いわゆる「おぼっちゃま」を示します。当時はまだ、そこまで多くはありませんでした。

けれど、少子化の波が押し寄せて、多くの家で子供を甘やかすようになっていきました。過保護です。親は子供を叱らず、「すごいねー」と必要以上に褒めまくる。子供が悪いことをしても、学校の先生や社会に責任を押しつける。学校も社会も、親のクレームが怖くて子供のしつけができない。

その結果、過保護で脆弱《ぜいじゃく》な子供が増えるのです。子供は甘やかされたことで自分を等身大以上のものとして捉え、「俺はこんなすごい人間なんだ」という虚像を生み出す。自己愛をどんどん肥大化させていく。でも、それは現実の自分とは程遠い、いわば張りぼての自己愛に塗り固められた虚像です。

世の中は、家庭のようには甘くはありません。成長して受験だとか、就職だとかいう社会の現実に直面した途端、彼らは本当の自分を直視せざるをえなくなる。初めて等身大の自分に気づくんです。

「こんなはずじゃなかった」

そう思ってももう遅い。こんなはずじゃない自分こそが、本当の自分なわけですから。

彼らの中で張りぼての自己愛が崩壊し、どうしていいのかわからなくなり、そして心を病んでいく。これが近年急増した、若者がうつ病に陥るパターンです。

つまり、現代の子供は、過保護に育てられたことで、すごく壊れやすくなっている。そして、それが精神疾患を患う要因になってしまっているのです。

若者がうつ病になる二つ目のパターンは、虐待によって自己否定感を膨らませ、心を病んで自殺へと走るケースです。

親からのひどい虐待は、子供を存在から全面的に否定する行為です。「おまえなんて産まなければよかった」「おまえが死ねばいいんだ」と言われつづけ、正当な理由もなく殴る蹴るの暴行を受ける。甘えさせてもらえず、自分の意見を言うことさえ許されない。抵抗することもできず、ひたすら抑えつけられるのです。

子供は虐待を受けることで、自己否定感を膨らませていきます。親の暴言をそのまま受け取り、「自分が生まれたからいけないんだ」とか「死ねばいいんだ」というように考える。それが、その子の基本的な考え方になってしまうので、家庭の外でも、先生から注意されたり、友達と仲たがいしたりするだけで、同じように考えてしまう。

虐待は肉体だけでなく、精神的にもその子を大きく傷つけます。そして、子供はとても脆くなり、ガラスのように割れやすくなる。だから、ほんの些細なことに必要以上に傷ついて、自殺願望を膨らませるのです。

また、身体的暴力がなくても、親が言葉で子供を追い詰めて精神を病ませることもあります。いわゆる「スパルタ教育」なんかがそれですね。

ある親が子供にものすごく高い理想を求め、東京大学へ行って官僚にならなければダメだと言ったとしましょう。

子供は頑張って親の求める人間になろうとします。親はそれが当然だと思っているので、子供が努力してテストで九〇点取っても褒めない。一流高校へ進学しても、褒めない。むしろ、どんどん高い理想を押しつけてくる。

「なんで九〇点しか取れないんだ。お兄さんや弟は一〇〇点だったぞ。おまえは頑張ってないんだ」

そんなふうに、ハードルをどんどん上げる。

こういう家庭環境だと、子供は親の言葉によって自己否定感を抱くようになります。自分は兄弟に比べてダメなんだとか、親に認めてもらえないという不安を常に抱く。

もしその子が東大に合格できず、早稲田や慶應に進学したらどうなるか。早慶だって立派ですが、両親は認めません。「おまえは劣等生だ」と片付けてしまう。全否定です。子供は心を病みます。

あるいは、東大に合格したところで燃え尽きてしまったり、官僚になるためにさらに高い競争があることを知って、力尽きてしまったりすることもある。こういう子供たちも、心を病んでしまう傾向にある。

ここからわかるのは、虐待も、スパルタ教育も、子供を否定する点では一致するということです。いずれも、子供は自己否定感の塊になって精神的に追い詰められ、些細なことで病んでしまう。

また、子供たちが生まれつきのハンディーで自殺願望をもつこともあります。具体的に言えば、発達障害の子や、軽度の知的障害の子です。

発達障害の子は人間関係をうまく築けず、家庭でも学校でも疎外されることがあります。知的障害児も軽度であれば、自分が周りに適応できていないことを自覚します。

そばにいる人たちがきちんと理解して、生きやすい環境をつくってあげていればいいのですが、そうでないと彼らはストレスを溜め込むだけになっていく。それが精神疾患になり、自殺を引き起こすことがあるのです。

記憶に残る自殺

これまで、私は思春期の子たちをたくさん診てきました。その中から、私が助けたくても助けられなかった、家庭に問題を抱えていた女の子の例をお話ししたいと思います。

Yさんと呼びましょう。Yさんは幼い頃から父親の虐待にさらされてきました。お母さんは自分も暴力をふるわれていたので、止めようとはしなかった。

年の離れたお姉さんがいたのですが、機転のきく子だったらしく、彼女はうまい具合に家出をして逃れました。一方Yさんは知的障害のボーダーだったこともあって、父の虐待を一人で真正面から受けつづけた。

父親は外に恋人をつくって、Yさんが中学生の時に出ていきました。しかし、これが新たな問題の幕開けでした。Yさんは父親から離れることができた安心感からか、精神を病んでしまったのです。私の病院に来たのもこの頃でした。

私は懸命に向き合って治療をしました。Yさんはなかなか回復しません。ある日、こう言ってきました。

「お父さんから離れられたけど、誰も私のことをわかってくれない」

母親は性格がかなりきつい人で、娘のことを理解していなかった。家出から帰ってきたお姉さんも我が強く、Yさんを言いなりにしようとしていました。母親とお姉さんの無理解な言動が、父親に代わって彼女を追い詰めていたのです。

私は何度も相談に乗り、自立させようとしました。その甲斐あって、Yさんは数年後にアルバイトをはじめ、友達ができるまでになりました。お金を稼げたことで、少しずつ趣味もできたようです。

これでうまくいくかもしれないと思っていた矢先でした。病院に母親とお姉さんが乗り込んできたのです。彼女たちはすごい剣幕で言いました。

「最近、Yが口答えをするようになった。先生は、何をしたんだ！」

私はYさんに自己主張をするように勧めていました。社会ではきちんと自我をもたなければやっていけないからです。しかし、母親とお姉さんは、自分の言いなりにならなくなったと受け取って、怒鳴り込んできたのです。

この二人の様子を見て、私は家庭でYさんがいかに息苦しい生活を強いられていたかがわかりました。

その後も、私はYさんの診察をする度に、自己主張の大切さを説きましたし、彼女もそれを目指してくれた。でも、しばらくするとまた、母親とお姉さんが病院に怒鳴り込んでくる。そんなことのくり返しでした。

ある日のことでした。突然、病院に母親とお姉さんがやってきてこう言ったのです。

「Yが自殺しました。これまで診てくれてありがとうございました」

彼女は母親とお姉さんに押しつぶされるようにして自殺してしまったのでしょう。せっかく父親の暴力から逃げることができたのに、二人に自殺へと追いやられてしまったのです。

しかし、あの二人はどういう気持ちで「ありがとう」と言ったのでしょうね。なぜYさんが自殺したのか、わかっていなかったはずです。

私は、Yさんが家庭の問題からうつ病になって、自殺に至ってしまったと考えています。医者として、もっと何かできなかったか。今もずっと考えています。

自殺の遺伝子

――自殺は遺伝する。

そんなふうに言われることがあります。これは、あながち間違っているとは言えません。統計でも、親が自殺していると、その子供が自殺する割合が高いことが明らかになっているのです。

親が自殺をしている場合、子供にとって自殺は困難から逃避する方法としての、一つの選択肢になりえることは確かです。しかし、ここでいう遺伝とは、もう少し生物学的《バイオロジカル》なものです。

人間の脳に、セロトニンという物質があることをご存じでしょうか。セロトニンは人間の情緒に大きく影響していて、この物質が少ないと気持ちが落ち込み、ネガティブな思考になります。うつ病が発症する原因の一つは、これが少なくなることです。

セロトニンは、ストレスによって減少することもありますが、生まれついて不足している人がいます。人によって男性ホルモンや女性ホルモンの量が違うのと同じように、セロトニンの量にも大小があるのです。

先天的にセロトニンが少ない人は、一般的に「根暗《ねくら》」と呼ばれて虐《しいた》げられることがあります。彼らは生物学的な問題で消極的な性格になっているのです。そういう子はもともとうつ病になりやすい上に、友人関係や社会生活がうまくいかないことも多いため、どうしても自殺率が高くなってしまう。

これが、「自殺の遺伝子」の正体です。生物学的に、自殺の衝動に駆られやすい人がいるのだと思います。こういう人たちがうつ病になったり、自殺願望をもちはじめたりした場合は、投薬という形で治療をしていくことが必要になってきます。

セロトニンのことで、もう一つ重要なことがあります。生まれつきセロトニンが少ない人もいますが、あるものを摂取することで、急激にそれが減ってしまうことがあるのです。

アルコールや違法ドラッグがそれです。

人はアルコールを摂取すると、セロトニンが減ると言われています。多少の飲酒なら問題ないのですが、アルコール依存症になれば、慢性的にセロトニンが欠乏している状態になります。アルコール依存症と、うつ病の併発はよくありますが、こうした問題が背景にあるのです。

似たようなことで言えば、違法ドラッグを挙げることができます。覚醒剤は体内のドーパミンを過剰に出すことによって、人をハイテンションにさせる効果があります。ドーパミンというのは、気分を高揚させる物質ですね。

しかし、人は無限にドーパミンをもっているわけではありません。覚醒剤によって無理やり絞り出されているだけなのです。だから、覚醒作用が切れた瞬間にドーパミンが欠乏して、気分の下降に歯止めがかからなくなる。無理やりハイテンションの状態をつくったぶん、止めどもなく落下していくのです。そうなると、人はうつ病に近い状態になります。そうしてみると、違法薬物が「死の薬」と呼ばれる意味がわかるでしょう。

未成年の飲酒や覚醒剤は、それ自体が違法なことなので、あまり深く議論されることはありません。でも、一〇代で自殺をした人たちを見ると、それらに手を染めている人は少なくありません。

もともと家庭に恵まれなかったり、人生に希望を見いだせなかったりする人は、刹那《せつな》の快楽のためにアルコールや違法ドラッグに走る割合が高いと言われています。しかし、それらがうつ病を引き起こし、子供たちを自殺へと駆り立てる。

私としては一〇代の子供たちのアルコールや違法ドラッグが、健康を蝕むだけでなく、うつ病、さらには自殺にもつながるということを、より多くの人に知っていただきたいと思っています。

自殺を思いとどまらせるには

現代は、若者が心を病みやすい時代になっていると言えるかもしれません。

昔はムラ社会があったことで、逃げ場がありました。両親に虐待されても、親族や近所の人が助けてくれた。

でも今は違います。核家族化し、格差もあり、社会の余白が減って子供にとってのガス抜きの場がどんどん少なくなっている。行政はNPOなどによって居場所をつくろうとしていますが、それが十分に効果を上げているとは思えません。人工的につくられた人間関係と、人情によって自然に結びついた人間関係とでは、まったく違うからです。

子供たちは、社会での息苦しさから逃れるためにインターネットにのめり込むことがあります。しかし、ネットも安らぎの場にはなっていません。問題は匿名性です。匿名だから何を言ってもいいんだ、という風潮があることで、人を平気で批判し、差別し、利用しようとする。

神奈川県座間《ざま》市で起きた、九人連続殺人事件（二〇一七年）がいい例でしょう。

若い人はボキャブラリーに乏しいので、平気で「死にたい」とネットに書き込みます。でも、これは本当にそう思っているのではなく、「助けてほしい」の裏返しなのです。ＳＯＳ発信なんです。

しかし、座間市の事件の犯人は、相手の気持ちを考えずに、文字通り受け止める。「殺していいんだ」と考えて呼び出し、本当に首を絞めて殺してしまう。居場所がない人々がネットに集まったところで、真の居場所にはならないことの象徴的な事例です。

私は、自殺を減らすには、学校を支援するよりも、家庭を健全にさせることの方が、より重要だと思っています。

自殺未遂者に、なぜ自殺を思いとどまったかを調査したデータがあります。彼らが自殺を中断した理由で一番多いのが、「家族を悲しませたくなかったから」(五七%)なのです。「死ぬのが怖かった」(一四%)よりずっと多い。逆に言えば、家族がその子に愛情を示していれば、それが自殺の大きな抑止力になるということです。

私の患者さんでこんな例がありました。Uさんという女性です。

両親は仲が悪くケンカが絶えませんでした。Uさんはそのせいで、小学生の頃からリストカットをくり返すようになっていた。

両親が離婚して母親と二人で暮らすようになっても、母親はUさんを娘というより、友人のように見なして前夫や仕事の愚痴ばかりをこぼしていました。母親の感情の捌け口にさせられていたのです。

そのせいで、Uさんは父親の血を継いでいる自分が嫌で嫌でならなくなった。自分なんか生まれてこなければよかったと考え、さらに自殺未遂をした。手首だけでなく、腕や脇など複数の箇所を切っていました。薬物の大量摂取をしたこともあります。

やがて彼女は風俗で働きだします。ものすごくきれいな子なんですが、自己否定感があまりに強すぎて、自分を汚さないと気が済まない。出会う男性もろくな人間ではなく、何度も騙されては傷つけられていました。

でも、Uさんはどん底に落ちたことで、逆に生きようという意欲が湧いたようです。自分はここまで底辺を見たんだから、もう頑張って生きるだけ。そう開き直ることができたのです。

これは、いわゆる「底つき体験」と呼ばれるものです。それ以降、彼女はなんとかリストカットを止められるようになった。通院はしていますが、少しずつ生きる意欲を取りもどして社会に溶け込もうとしています。

正直、底つき体験は劇薬です。Uさんにとっては立ち直るきっかけになりましたが、別の人にとっては自殺の引き金になりかねない。だから、私のような医者は恣意的に患者さんにそれを体験させることはできません。でも、立ち直る人は、底を見て立ち直る。

なぜかわかりますか。

Uさんの場合、家庭で味わった幸福体験があったからです。親に恵まれなくでも、何かしら優しくしてもらった経験があった。だからこそ、底を見た時に、その幸せを目指して頑張れたのです。

専門用語で、これを「ベーシック・トラスト」と言います。人がもっている基本的な信頼感。幼い頃に幸せを一回でも体験した人は、それが元となって立ち直ることができるのです。これがあるのとないのとでは、まったく違う。いわば回復力になるのです。だから、家庭は大切なのです。

とはいえ、子供がそれをもっているかどうかにかかわらず、私のような医者はあらゆる子に全力で向き合うことしかできません。うつ病を直し、自己否定感を少しでも減らし、生きる意欲を与えてあげなければならないのです。

それでも私のような医者が一人ですべてをするのは難しい。どうしても家庭、学校、友人など、周りにいる人たちの協力が必要不可欠なのです。だからこそ、自殺をする子供たちのことをもっと知ってほしいし、そこで自分に何ができるのかということを考えてほしい。

そうすれば、若者の自殺は減るはずだと信じています。


（二〇一八年一月取材）

子供の未来は変えられる——赤ちゃんポスト

二〇一八年の一月、私は熊本県熊本市に降り立った。隣には本書の冒頭で取り上げた特別養子縁組の支援団体Ｂａｂｙぽけっとの代表・岡田卓子がいた。岡田が「こうのとりのゆりかご（赤ちゃんポスト）」で有名な慈恵病院と組んで、特別養子縁組のサポートを行うことになったと聞いて同行したのである。

慈恵病院が赤ちゃんの救済事業を始めたのは、二〇〇七年のことだった。当時、社会では嬰児殺しや遺棄事件が頻繁に報じられ、熊本市内でも同様の事態が起きた。院長の蓮田太二《たいじ》（81歳）がそうした赤ちゃんを助けようと、病院の敷地内に匿名で赤ちゃんを預けることができる場所を設置したのである。

日本で初めての試みだったこともあって、「こうのとりのゆりかご」は全国で賛否両論の渦を巻き起こすこととなった。これについては後述するが、慈恵病院が行ったのは、ゆりかごの運営だけでなく、育児困難に陥った親たちからの相談事業もあった。病院内に専門のスタッフを配置して妊娠相談窓口を開き、全国の妊娠で悩む女性にアドバイスをしたり、養子縁組の提案をしたりしてきたのだ。

慈恵病院は医療機関であって、養子縁組の支援団体ではないため、養親になりたいと考えている夫婦を集めて支援することまではできない。そこで、専門の団体と提携し、病院で生まれた赤ちゃんをその団体を介して養子に出すことにしたのだ。

慈恵病院は関東に拠点を置く一団体とのみ提携していたが、二〇一七年の夏から新たにＢａｂｙぽけっととも提携した。そこで今回、慈恵病院に同行したのである。

空港から慈恵病院へ向かう途中、岡田は言った。

「愛知県の児童相談所で特別養子縁組を進めた矢満田篤二《やまんたとくじ》さんという方が、もともと慈恵病院の『こうのとりのゆりかご』と関わっていたんです。それで矢満田さんからうちに声がかかり、慈恵病院と組んで特別養子縁組のサポートをやってくれないかと言われた。慈恵病院の方は私たちの理念について引っかかるところもあったようです。去年の夏に院長と副院長と話をして、理念を説明したところ、理解していただいて一緒にすることになったんです」

多くの団体は実母と養親を完全に切り離して特別養子縁組を行っている。他方、Ｂａｂｙぽけっとは、子供に特別養子であることを早い段階から説明するように推奨し、時には実母との対面の機会をつくったり、手紙やプレゼントの交換を認めたりしている。実母、養親、特別養子をつなげているのだ。

ただ、実母には様々な事情を抱えて子供を手放した経緯がある。風俗店で働いていて客の子供を孕んだ女性。性犯罪者にレイプされて妊娠した女性。不倫関係の果てに子供を身ごもった女性。虐待をやめられずに育児を放棄することにした女性……。

もし子供たちに実母とつながりをもたせれば、そうした出生の複雑な秘密を知ることになりかねない。慈恵病院が懸念していたのは、まさにその点だった。

とはいえ、Ｂａｂｙぽけっとはすべての子供が実母と関係を結んだり、出生の秘密を知ったりする必要はなく、子供や親が抱えている事情や状況を踏まえて、判断するべきだと考えている。慈恵病院はそうした岡田の説明を受け、納得して事業をともにすることを決めたのである。

「慈恵病院で特別養子縁組の場合は、まず実母の出産の予定がこちらに伝えられてきます。それを受けて、私たちの方で会員の中から養親を探して紹介します。慈恵病院は出産の直前に養親に病院に来てもらって、個室に入院してもらい、分娩室で赤ちゃんが生まれたら、すぐに実母から引き離して養親のところへ連れていく。生まれてすぐに両者を結びつけることで、親子の認識を早い段階から芽生えさせるためです。以前は実母に赤ちゃんを見せないことにしていたそうですが、最近は実母が希望すれば一回くらいは対面させているようです」

出産直後に親子分離を行うのは、実母に必要以上の母性を抱かせないようにするためであり、養親にその日のうちに預けるのは親子の絆をつくる効果がある。病院が特別養子縁組を支援しているからこそできることだ。

ちなみに、日本の病院の多くは特別養子縁組への協力に積極的ではない。そのため、実母が退院した後に支援団体が赤ちゃんを引き取り、それから養親に渡すのが一般的だ。この場合、赤ちゃんと養親の対面は、生後一週間以上かかる。

「今回の実母は一〇代と聞いています。男性からDVを受けていて、妊娠中にシェルターに逃れたとか。すでに別れていて、そんな男性の子供を育てたくない上に、経済的な問題や精神的な問題もあって、特別養子に出すことにしたそうです」

赤ちゃんは数日前に生まれていて、今は病院に入院する養親と過ごしているという。養親は妊婦同様に一週間ほど入院し、赤ちゃんの検査に同行したり、育児教育を受けたりしてから退院するのだ。

そうこう話しているうちに、車は慈恵病院に到着した。

生まれたばかりの子をもらう

慈恵病院はなだらかな丘の上に建っている、マリアの宣教者フランシスコ修道会の修道院を中心に、系列の幼稚園、老人ホーム、ヘルパーステーションが集まっていて、病院はその一角にあるのだ。

病院は旧館と新館に分かれていて、新しくできたのがマリア館だ。中世の西洋の屋敷に似せたレンガ造りの建物だ。正面には白いマリア像があり、ロビーに入るとグランドピアノやソファーが並び、大きな窓から陽光が射し込んでいる。まるでヨーロッパの映画に出てくるサロンのようだ。

病院関係者で話を聞かせてくれたのが、安原美智子（仮名）。安原は新生児相談室の保健師をしている。

案内された面会室で、安原は言った。

「一八九八（明治三一）年にカトリックの外国人神父と五人のシスターが、当時差別されていたハンセン病の患者さんを集めて治療する私立の療養所『待労院《たいろういん》』を設立したのが、当院のはじまりです。そうした経緯から、ここには、弱い立場の人に手を差し伸べる精神が昔から根づいているのです」

かつてハンセン病患者は社会の最底辺に位置する被差別者だった。神父やシスターたちの慈善の精神は今の病院関係者にもなお受け継がれているのだ。

「当院には、匿名で赤ちゃんを預かる『こうのとりのゆりかご』と、電話やメールで相談に当たる『妊娠相談窓口』の二つがあります。私が直接関わっているのは後者です。妊娠相談窓口には、常勤が二名、在宅スタッフが五、六名いて、昼、夕、夜の三交代に分かれて対応しています。平成二八年度の相談件数は、約六五〇〇件。つまり、一日一七〜一八件の相談が全国から寄せられているのです」

相談内容は、「妊娠したかもしれないけど、どうしよう」というものから、「虐待をしてしまっている」とか「妊娠を隠していたけど、今すぐ生まれそう」という緊急性を要する案件まで様々だという。安原たちは全国から寄せられる悩みに一つひとつ向き合い、解決策を提示したり、福祉につなげたりしているのだ。

「ここに相談してくる人の中には、相談相手がいない人が少なくありません。そういう子はとにかく話を聞いてもらいたがっているので、私たちも耳を傾けるように心がけています。ただ、育てられないのに中絶可能な期間が過ぎてしまっている人もいる。そういう女性で、熊本まで来られる方については、ここで出産してもらい、養子縁組団体さんなどを通して特別養子縁組の手続きをしてもらうことになります」

子供を特別養子に出すことを決めた女性たちは、大抵妊娠したことを恥じ、後悔している。安原はそんな女性たちを、こう言って励ますそうだ。

――出産はあなたの誇りよ。子供は養親や将来出会う人などたくさんの人を幸せにするはず。だから、世の中に幸せをつくると考えて、お産を頑張って。

実母にとって望まなかった出産かもしれない。だが、特別養子に出せば、養親だけでなく、その周りの人々、そしてその子が育って将来出会う何千、何万という人たちを幸福に導く。だからこそ、女性には前向きになってお産をしてもらいたいと考えているのだ。

「世の中としては、育児ができない母親には厳しい目が向けられます。でも、彼女たちにはそれぞれ理由があるんです。だから、絶対に彼女たちを叱りません。彼女たちの苦悩を真正面から受けとめて、お産を頑張るように励まします」

安原がよく覚えているのは、虐待を受けて育った母親だ。両親が離婚して親族の家をたらい回しにされてきた。学業も諦め、一〇代で風俗の世界に入った。

妊娠をしたのは風俗嬢になって、しばらくしてからだ。父親はわからず、経済的にも厳しかったことから、彼女はここで産んだ子を特別養子に出すことにした。それから少しして再び妊娠。彼女は前回の苦い経験から、「今度生まれる子は育てたい」と言い出し、自分で引き取ることを決めた。

安原は言う。

「彼女が虐待を受けた経験から、どのような育児をするかはわかりません。でも支える人がいればなんとかなる。私はそう信じて、彼女をこれからも見守っていきたいと思います」

特別養子の制度は、赤ちゃんの生活環境を整えるという意味ではいいことだ。実母にとってはどうなのか。

「女性は出産を誇りに思ってくれれば、子供を手放したとしてもいい形に作用すると思っています。よその家庭で暮らしている子供にとって、恥ずかしくない実母になろうと考えて風俗の仕事を辞めて、表の仕事に就職する人もいます。あるいは、周りの人たちにやさしくなれたりする人もいる。出産を前向きに捉えさえすれば、また別の人生を生きていける可能性が生まれるのです」

出産するしかないのならば、母親にとっても子供にとっても次につながるステップにしたい、という考え方が根本にあるのだろう。

では、このように特別養子になる赤ちゃんは、どのような夫婦に育てられるのだろうか。病棟に入院中の養親に会いに行くことにした。

病院のスタッフに案内され、エレベーターで病棟に上がり、養親が入院している病室を訪ねた。

一〇畳ほどの広い個室には、生まれたばかりの赤ちゃんがベビーベッドの上でおむつをして眠っていた。入院している母親である小俣玲子（仮名、47歳）と、見舞いに来た父親・啓治（仮名、49歳）と娘（2歳）が楽しそうに赤ちゃんを囲んでいる。

私が挨拶をすると、玲子は声を弾ませて言った。

「すごく大きな赤ちゃんなんです。四〇〇〇グラム近くあるんですよ。目も、もうちゃんと見えてるみたいにパッチリ開いてる。本当に元気な子で、いまうんちをしたばかりなんです」

部屋には赤ちゃんの甘い匂いが充満している。玲子はベッドの上に座っている娘に言った。

「これでお姉ちゃんになったね。弟ができて嬉しい？」

娘は、家族が一人増えた喜びを嚙みしめているようにはにかむ。家は中部地方にあり、啓治は実母の出産予定日に合わせ休みを取り、玲子と娘とともに飛行機で慈恵病院に来たのだという。

私は病室のソファーに座らせてもらい、啓治に話を聞くことにした。啓治は言った。

「実は、娘の方も特別養子なんです。娘はＢａｂｙぽけっとさんを介して二年前に我が家に来た。できればきょうだいがほしいねと言っていたところ、今回もご縁があって、ご紹介いただくことになったのです」

啓治と玲子は結婚以来、子供を切望していた。希望とは裏腹に、なかなか妊娠しなかったため、不妊治療を行った。五年で二度妊娠することができたが、いずれも流産してしまった。一回目は妊娠一カ月、二回目は妊娠三カ月でのことだった。

二人はすでに四〇代の半ばにさしかかっていた。医師から「もう難しい」と告げられたことから、二人は流産のつらい記憶もあって妊娠を諦め、養子をもらおうと考え方を切り替えた。そこでネットで調べていたところ、Ｂａｂｙぽけっとに出合ったのである。

Ｂａｂｙぽけっとに会員登録をした後、岡田から連絡があった。関東に暮らす中学二年生が出産をして特別養子に出すことを望んでいるが、引き取ることができるかどうかという話だった。こうした二人のもとにやってきたのが、今の娘だったのである。

「特別養子をもらうことを決めるに当たって、親族には説明をしました。きょうだいは理解してくれましたが、母親は抵抗があるようなことを言ってました。誰が産んだかわからない子をもらうなんてと否定的でしたが、何度か話し合って納得してもらいました」

啓治は娘を産んだ中学生についてどう思っているのか。

「実母がどういう人かは気にしていません。生育環境がその子にとって大きな要素だと思っていますので。それに、娘の実母にはいい印象があります。娘の一歳の誕生日に、彼女からＢａｂｙぽけっとを通して手紙と娘の生後すぐのアルバムが届いたんです。生まれて数日しか一緒にいなかったと思いますが、彼女はその間にたくさん写真を撮ったらしく、それらを手作りのアルバムにして送ってくれたのです。やさしい子なんでしょうね」

今回の息子を産んでくれた実母にも同じように思っているのだろうか。

「同じ病院内にいても、会えないので直には存じ上げません。ただ、こんな大きくて元気な子供ですから、何も心配していません。実母にどんな事情があったとしても、この子がちゃんと育つかどうかは、私たち親がきちんと生育環境を整えられるかにかかっているのですから」

話の間、玲子は赤ちゃんを抱いて何度も微笑みかけていた。私はそれを見ながら、かつて特別養子の引き渡しに同行した際、養親が赤ちゃんを見てお互いに「君に似ている」と言い合ったことを思い出した。私は啓治にも同じ思いを抱いたことがあるか訊いてみた。

「ええ、ありますよ。周りは娘が特別養子だってわかっていますが、それでも『奥さんに似てる』なんて言ってきます。よくよく見ると、新しくできた息子は、娘と結構似ているんです。不思議ですよね」

血がつながっているにせよ、いないにせよ、無意識のうちに子供に自分と似ているところを探すものなのかもしれない。

「娘には、もう実母が別にいることを少しずつ話しています。あと少しして三歳になったら、もうちょっとしっかり言うつもりです。後々のことを考えれば、真実告知は大切ですから。でも、私たちの間にしっかりとした信頼関係があれば、受け入れてくれると信じています」

夫婦は真実告知に耐えうるほどの信頼関係を子供と築こうとしているのだろう。

娘はできたばかりの弟をじっと見つめている。いつか彼女は弟との血縁関係を理解することになるに違いない。だが、姉弟が親からたくさんの愛情をもらい、お互いを大切に思う気持ちがあれば、それは大きな問題にはならないはずだ。

私は家族四人を見つめながら、そんな確信を抱いた。

赤ちゃんポスト

慈恵病院のマリア館の一角に、裏手へとつながる細いレンガの通路がある。三メートルほどの木が道路側に植えられ、壁の役割を果たしているため、歩く人の顔を見ることはできない。この細い通路の先に、「こうのとりのゆりかご（赤ちゃんポスト）」と記された木の扉が現れる。

木の扉は二重になっている。開くと「お父さんへ　お母さんへ」と記された手紙が置かれている。中身は非公開だが、育児困難に陥っている親を福祉につなげられるようなことが書かれているという。そして二枚目の扉の向こうに、医療用のベビーベッドがある。ここに、育てられなくなった赤ちゃんを横たえるのだ。

案内してくれた新生児相談室の安原美智子は言った。

「扉が開いた時点で、センサーが作動して院内に連絡がいくようになっています。医師や看護師が駆けつけて写真を撮り、健康状態を調べて、必要であれば治療を施す。治療を要する状態で連れてこられる赤ちゃんもいるので、何が起きてもいいように、準備を整えておかなければならないのです」

建物中に入ると、ベビーベッドが置いてある部屋の奥は面会室になっていた。こうのとりのゆりかごの扉には、「扉を開ける前に、右側壁のインターホンを鳴らして相談してください」と記されている。親の中には黙って子供を置き去りにするのが忍びなく、インターホンを鳴らして病院関係者に相談をする人もいる。そういう人たちを招いて、話ができるようになっているのだ。

安原は言った。

「このインターホンを鳴らすか鳴らさないかで、その後の赤ちゃんを待つ運命は大きく違ってくるんです。インターホンを鳴らせば、病院の人間が対応して特別養子などに出すことになります。でも、黙って置き去りにされると、赤ちゃんは遺棄児として扱われ、親が見つからない場合は乳児院、そして児童養護施設へと送られることになる。場合によっては、ずっと施設で、孤児として生きていかなければならないのです」

インターホンを押せば、親の同意のもとで赤ちゃんを特別養子に出すなど、いくつかの手立てを講じることができる。だが、それをしなければ、外に遺棄したのと同じ扱いで、将来の選択肢が狭められてしまうのだ。

これまで慈恵病院では、一三〇件の預け入れがあった。そのうち、身元が判明したのは一〇四件、判明しなかったのが二六件となっている。その後の子供がたどった道は、図8の通りだ。施設入所が二八件にとどまっているのは、慈恵病院の取り組みの成果だといえるだろう。

だが、慈恵病院の取り組みが社会で、きちんと評価されているとは言い難い。現在のこうのとりのゆりかごが抱えている問題を聞くために、院長の息子であり、副院長の蓮田健《たけし》（51歳）に話を聞くことにした。

蓮田健は、九州大学医学部を卒業した産婦人科医だ。この地で生まれて以来、地元と密接に関わってきた。一一年前に、こうのとりのゆりかごを設置したのは、父親である院長だが、最近は役割の大部分を健が担っている。

地元では、いまだにこうのとりのゆりかごに対する反感は強いという。健は言う。

「市は第三者検証委員会を設置して、うちの取り組みを調べていますが、現実的には監視です。ベビー・ボックスを立ち上げたばかりの頃は、あからさまにぶちこわすと言われたこともありました。最近は露骨に言われませんが、市はできるならやめてほしいと思っているはずです」

図⑧ 預入れられた子供のその後の養育状況（平成29年3月31日時点）

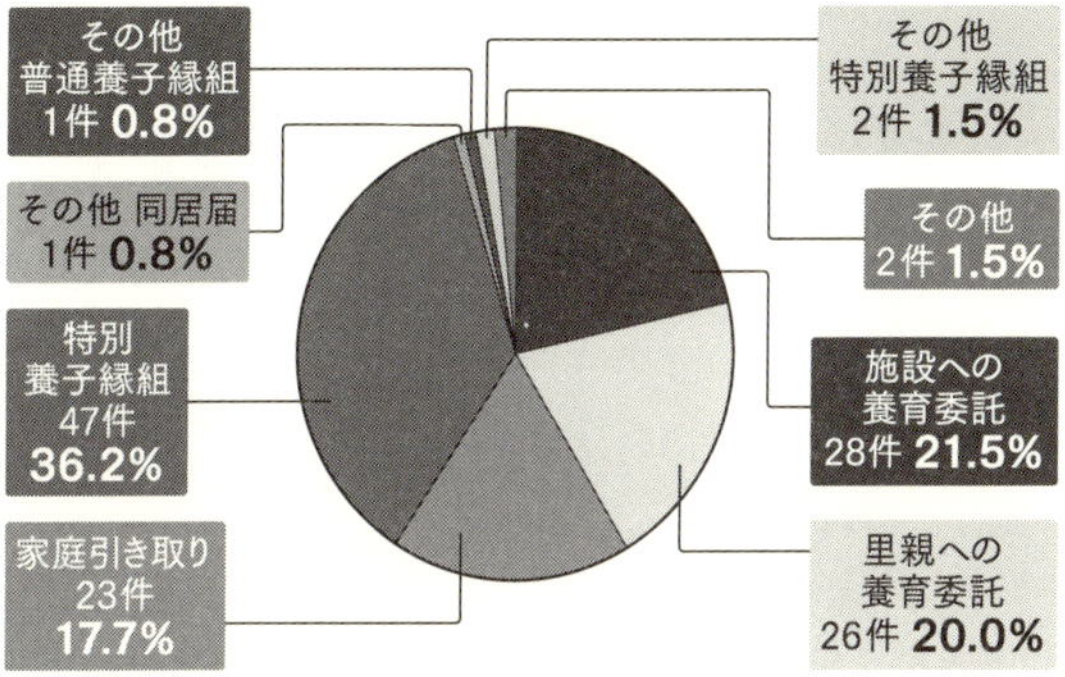

「『こうのとりのゆりかご』第４期検証報告」を参考に作成

市は大きく分けて、三つの理由から取り組みを批判しているという。一つは「匿名性」だ。匿名の預け入れを受け入れることで、赤ちゃんの出自がわからなくなり、健全育成が困難になるというのだ。二つ目は、「危険な出産の誘発」。こうのとりのゆりかごがあるから、自宅出産する人が増加するというのである。三つ目が、「新生児の健康被害」。実母が遠方から預けに来れば、その間に新生児の健康に害が及ぶ可能性がある、とされた。

いずれも、もっともだ。だが、健に言わせれば、現場を知らない人の意見だという。

「検証委員会は、子供を産めば女性は母性をもって子供を愛すると考えているようです。母性神話ですね。しかし、現実はそうではない。女性は望まない妊娠だってするし、虐待をする人だっているんです。私たちが手を差し伸べようとしているのは、そういう女性によって殺されたり、遺棄されようとする子供が対象なんです。つまり、殺されるよりは、うちで預かった方がいいという判断。赤ちゃんの健全な育成なんかとは、まったく次元の違う話なのです」

問題に対しては、予防と解決の二つの方法がある。予防は肺癌になるのを防ぐために「煙草をやめましょう」と言うことで、解決はすでに肺癌になっている患者に手術を施すもの。慈恵病院の、殺される子供を助けるという取り組みは、後者なのだ。

「検証委員会から批判を受ける度に、私たちはこう言っています。『私たちがこうのとりのゆりかごをやめたところで、ほかに子供たちを救う手段はあるのか』と。検証委員会からは返事がありません。つまり、彼らは代替案を示さずに、私たちの取り組みを批判しているだけなのです。それでは話は平行線になってしまいます」

健が強い口調でこう言う背景には、病院で起きたある事件がある。後述する院長に聞いた話も含めて記したい。

ある日、こうのとりのゆりかごに、死後数日が経った赤ちゃんが置かれたことがあった。銀色のシートにくるまれていたので開けてみると、すでに腐敗がはじまっていて、激しい異臭を漂わせていた。対応に当たった医者に応援を要請されたため、健が遺体状況確認をすることになった。

後日、母親の身元が判明して逮捕された。夜中に病院の前に不審な車が止まっており、そのナンバーをたまたまメモしていた人物がいたためだ。置いていったのは三〇代の女性だった。事件がニュースになった直後、病院に一本の連絡があった。学校の教師を名乗る人物は、次のように語った。

「逮捕された女性は、私の昔の生徒です。あの子は重度の難聴で友人がおらず、かわいそうでした。つらい思いをしていたのでしょうね。教室に私が入ると、あの子がいつも私のスカートを握り締めて、離れようとしなかったのが記憶に残っています」

難聴ゆえに、友人ができなかったり、いじめられたりしていたのかもしれない。

後日、始まった裁判では、女性の悲しい家庭環境が明らかになった。彼女は学校卒業後に知り合った男性との間に、最初の子供を妊娠した。だが、男性は彼女を捨てていなくなってしまった。女性は実家に戻り、パチンコ店に勤めながら生まれた子供を育てていた。母親からは常々こう言われていた。

「もう妊娠しないでよ。今度妊娠したら家を出ていってもらうから！」

だが、女性は未婚のまま再び妊娠。どうしようかと思っていた矢先に、パチンコ店が倒産して失業した。難聴で妊娠中の彼女が新しい職場を見つけるのは容易ではない。このままでは母親に家から追い出される。

彼女は追い詰められ、実家の風呂場で出産。死産だった。数日間、彼女はその子を家に置いていたが、腐敗が始まったことから、「こうのとりのゆりかごなら葬ってくれる」と考え、置いていったのだという。

　裁判の間、補聴器をつけた彼女は明らかに会話に不自由していた。裁判長は、彼女に子供がいることを重視し、懲役一年、執行猶予三年の刑を言い渡し、「早く子供のもとに帰りなさい」と言ったそうだ。

　健をはじめ、慈恵病院で働く医療スタッフの胸には、この事件が焼印のように残っている。社会のセーフティーネットに引っかからず、子供を殺めてしまう女性は必ずいる。だからこそ、手を差し伸べたいのだ。

　健は語る。

「自宅出産は、かなりの件数あると考えられます。たとえば、熊本県内だけで年間十数件に及ぶといわれています。多くが自宅で子供を産んでしまい、病院に運ばれてくるケース。全国規模で統計を取ったら、一体どれくらいの数になるか想像もつきません。そこには、妊娠を隠して産んだ母親もいれば、統計に表れなくても、殺された赤ちゃんもいるでしょう。そういう子供を救うのが、私たちの仕事だと思っているのです」

　健には、赤ちゃんを救うことができたと思う体験がいくつかある。

「ある日、生後一週間の未熟児が預けられたことがありました。普通なら、人工呼吸器をつけて治療しなければ死んでしまうような未熟児が、自宅出産で生を受けて一週間も医療機関にかからずに、親の世話だけで生き長らえていたのです。普通であれば、ものすごく危険な状況でした。

後日、この実母から連絡がありました。『私が母親です』と名乗ってきたのです。話を聞くと、寒い地方に住んでいたため、彼女は赤ちゃんが凍えないように抱いて温めて、ミルクをあげていたとか。でも、どうしても未熟児で育てることができないので、はるばる熊本まで連れて来て、うちに預けたのです。この赤ちゃんは、いったんは乳児院に預けられました。けど、実母と話し合い、やはり育てるということで引き取りました。赤ちゃんが生き長らえたのも奇跡ですし、実母のもとで育てられることになったのも奇跡です」

そう言って、健は今年届いたばかりの、その女性からの便りを見せてくれた。そこには、きれいな服を身につけた赤ちゃんが写っていた。

小さな命への情熱

慈恵病院のこうのとりのゆりかごは、一体どのようにしてできたのだろうか。院長の蓮田太二に話を聞くことにした。

太二は人工透析を受け、車椅子に乗っているものの、ほぼ毎日のように病院に顔を出しては業務に当たっている。この日は風邪をひいていたが、スケジュールを調整してインタビューに応じてくれた。

太二は力強い口調で言った。

「一一年前に、こうのとりのゆりかごを設置したのは、その頃熊本で三件立てつづけに赤ちゃんの遺棄事件があったからです。それでなんとか助けたいと思ってつくったんです」

これまで太二はマスコミにそのように説明をしてきた。だが、彼自身にはもう少し複雑な歴史があった。

太二は三人兄弟の次男として生まれた。父親は国文学者で有名な蓮田善明《ぜんめい》。一六歳だった三島由紀夫の才能を見いだし、処女作『花ざかりの森』を世に出した人物だ。彼は成城高校（現・成城大学）で教鞭を執りながら、国文学同人月刊誌『文藝文化』に創作を発表するなどしていた。

太平洋戦争で召集がかかり、善明は兵士として南方へと出征することになる。一九四五年に終戦を迎えた。上層部士官の精神的動揺は激しく、日本国を否定するような発言をする者が出てきて、善明はそのような者と激論した。その最中に出された所属連隊長の訓示に、天皇制度を否定する言葉があり、それに激怒。そして彼は上官を射殺し、自分もピストルで頭を撃ち抜いて自殺したのである。（この思想は三島由紀夫に大きな影響を与えたとされている）

戦後、未亡人となった母親は、熊本で三人の息子を育てることになった。十分あった預金は封鎖され、衣類を売る、いわゆる「たけのこ生活」となったが、母方の経済的援助もあり、子供たちをなんとか育てた。

太二は父親の自殺と貧困という過去を背負いながら、熊本大学医学部を卒業して、慈恵病院で産婦人科医として働きはじめた。病院は経営が困難で、未熟児を救うための医療機器さえなかった。太二は機器を自腹で買い、赤ちゃんの救命に尽力した。母親が戦後の貧困の中で育ててくれた体験から、一人でも多くの子供に幸せになってもらいたいと願っていたのだ。

だが、医療現場では過酷な現実も目にした。死産で生まれてくる子、重度の障害をもっている子、生まれつき父親のいない子。あるいは、母親が子宮から大量出血して痙攣《けいれん》して死に瀕することもあった。彼は祈りに一つの希望を見いだし、キリスト教に改宗した。

時代が変わり、世間では虐待事件が頻繁に報じられるようになった。太二はそうしたこともあって、生命尊重をテーマに活動する「熊本県いのちの懇談会（生命尊重センターの熊本支部）」にも入った。二〇〇四年、その会からの話で、ドイツを視察することになった。そこで捨て子を助けるためのドイツ版赤ちゃんポストである「ベビー・クラッペ」を見学。太二は、これまで助けることができないと考えていた子供たちを救う手立てがあることを知った。だが、日本で同じものを設置すれば、「遺棄幇助罪《ほうじょ》」として捕まる恐れがある。なかなか決断を下せずにいた。

そんな時に起きたのが、三件の遺棄事件だった。赤ちゃん三人のうち、二人が死亡。犯人の一人は専門学校の学生だった。太二は「ポストをつくっていれば、子供も母親も助けられたかもしれない」と思った。そして、こうのとりのゆりかごの設置を決めたのである。

「こうのとりのゆりかごの運営資金は、年間約二〇〇〇万円ほどです。寄付は五〇〇～六〇〇万円しか集まっていません。足りない一五〇〇万円は、病院側の自己負担でやっています。でも、それで大勢の子供の命を救えたと考えれば、高いとは思わない。ただ、もう少しこうした取り組みへの理解が広まってほしいと思いますけどね」

慈恵病院が取り組んでいるのは実母、子供、養親にとって極めてプライベートな問題であり、それぞれが大きな問題を抱えていることが少なくない。そのため、病院としてそれらを公にして理解を広めるのは、非常に難しいのだ。

「こうのとりのゆりかごの取り組みで重要なのは、実の親の匿名性を守れるかどうかだと思っています。市は、うちに子供を預けた女性の身元をちゃんと明かせという姿勢で向き合ってきます。しかし、育てられない子供の親を見つけ、育児の責任を負わせれば、悲劇を生むことがあります」

悔やんでも悔やみきれない事件があった。

ある日、こうのとりのゆりかごに一人の赤ちゃんが預けられた。その子は、いったんは乳児院に預けられた。母親が判明し、児童相談所は赤ちゃんを自分で育てるようにと、乳児院にいた赤ちゃんを返してしまった。その女性は相手の男性に逃げられ、相談できる相手もおらず、孤独の中でうつ状態となった。事件はそれから間もなく起きた。その女性が、赤ちゃんとともに心中自殺をしてしまったのである。

「児童相談所は女性が赤ちゃんを育てられると考えて、育児をさせようとした。その結果、心中事件が起きて二人の命が奪われてしまったのです。女性に無理に育児を強いるのは、こうした悲劇を生むことになりかねません。『こうのとりのゆりかご』に来る女性たちは、みんな苦しくてつらい思いをしているんです。それでもどうしようもないから赤ちゃんを預けに来る。そんな女性を捕まえて赤ちゃんを押し返したら、どうなるか考えてください。私がスタッフに

『母親を責めない』『無理に身元を暴かない』とくり返しているのは、そのためです」

慈恵病院の側が、この二つの考え方を実行に移さなければ、困っている女性たちに信頼されるはずがない。怒られるかもしれない、警察に通報されるかもしれないという不安があれば、誰も助けを求めに来るわけがないのだ。

最近は大阪でも有志が集まって、こうのとりのゆりかごと同様のものを設置しようという動きが出てきたが、全国的に見れば、まだまだ慈恵病院が孤軍奮闘している状態だ。今後について、太二はこう語る。

「慈恵病院は日本中から注目されていますが、日本の片隅にある病院でしかありません。熊本県内の人ならともかく、九州、中国、関東、東北などの人が自宅で産んだ子供を抱いてここまで預けに来ることは現実的ではありません。そういうことができない、また、そういうお金がない女性が大半だからです。

私の理想は、うちをモデルケースにして、日本の各都道府県にポストが設置されることです。そうすれば、母親は赤ちゃんを殺める必要はなくなりますし、未熟児の赤ちゃんを救うことにもなります」

かつて千葉で、産んだばかりの赤ちゃんを川に遺棄してた女性が逮捕される事件があった。その女性は熊本の「こうのとりのゆりかごを知っていたが、熊本まで行くお金がなかったから川に捨てた」と話したという。太二の頭には、そうしたこともあるのだろう。

「行政からは『ほかの地域にも設置するべき、と言わないでくれ』と釘を刺されています。でも、一一年やって思うのは、やはりやってよかったということ。それなりの人数の子供を救い、家族を幸せにできた自負はあります。今後は運営を息子の健に任せますが、きちんとした理念さえもっていれば、人々を幸せにできるものだと思っています」

私は話を聞きながら、何よりも太二の揺るぎない理念に心を打たれた。子供の幸せを守ってあげたい。あらゆる言葉や行動が、その理念に貫かれているのだ。

彼の試みは、今、確かに日本全国に広がっているし、今後も広がっていくだろう。

そうした一つひとつの積み重ねが、子供たちの幸せな未来を築き上げていくのである。

（二〇一八年一月取材）

あとがき

小中学校時代、それまでクラスにいたはずの同級生がいなくなったという経験をもつ人は多いのではないだろうか。

私には、そんな記憶がいくつもある。

同じ小学校だった男の子は、父子家庭で育って虫歯だらけだった。周りから「臭い」とからかわれ、いじめられていた。今思えば、虐待を受けていたのかもしれない。彼は小学校を卒業と同時に地元から姿を消した。

性同一性障害の男の子もいた。当時は、そんな用語さえ知られておらず、「オカマ」と蔑まれていた。あの子も小学校の高学年から不登校になり、中学に上がってからはほとんど見かけなくなった。

知的にボーダーだとされた女の子もいた。彼女は父親から性的虐待を受けていることを自慢げに話し、一部の男の子から性的ないたずらを受けることを喜んでいた。中学卒業後は、特別支援学校へ行ったと聞いたが、その後のことはわからない。

私は中学を卒業後、私立の高校、大学へ進み、そのまま作家になった。就職はしなかったが、それなりにレールの上を歩いてきたと思う。同じように大学を卒業した同級生たちの人生は、なんとなく風の噂で聞いて知っていたし、仕事の場で再会した人もいた。

だが、右に述べたレールからこぼれ落ちた同級生たちは違った。私にとって彼らは、「消えた同級生」だった。なんとなく、彼らが平坦ではない道のりを歩んでいったであろうことは想像していたが、近状は誰からも伝わってこなかったのである。

おそらく、私がノンフィクションの仕事をしていなければ、私は彼らのその後に思いを馳せることはなかっただろう。虐待、少年事件、貧困、精神病理、そうした現場に足を運んだことで、ふと彼らのことを思い出した。

――ああ、彼はこんな悩みをもっていたのか。こんなふうに苦しんでいたのか。

そんなことを想像し、同級生として何一つできなかったことを悔やんだ。今回私が児童福祉の現場を巡ってルポルタージュとしてまとめようと考えた背景には、そうした経験も大きく影響していたように思う。

一般論として、日本では児童福祉がまだまだ整っていないと言われている。欧米などと比べれば、そうした側面はあるのかもしれない。だが、本書を書き終えて痛切に感じたのは、児童福祉の現場で働く人々の熱意だった。

児童自立支援施設で働く職員は、妻や子供とともに施設内の寮に暮らし、ほぼ二四時間体制で子供たちを見守り、愛情を注いできた。

沖縄では、元校長が私財を投げうって、フリースクールや夜間中学をつくって、不登校の子供たちを支えていた。

精神科医は、自殺をくり返す子供たちの心の闇と向き合い、生きる希望を与えつづけている。特別養子縁組の支援団体は、実母が手放した子供たちを養親に引き渡すため、全国を奔走している。

私が会った人々の大半は、制度の不備を嘆いたり、誰かに責任転嫁したりするような発言をすることはなかった。それより、今、目の前で困っている子供たちに実直に向き合うことに必死だった。子供一人ひとりの心に寄り添い、何度裏切られても精一杯の愛情を注ぎ、人生は捨てたものではないと励ましつづけていた。

なぜか。

そうすることが、日本の未来をよくすることにつながるからだ。彼らが熱意を傾ければ傾けるだけ、子供たちの心に光が宿る。それが世の中を輝かせることにつながるのだ。

とはいえ、こうしたことは児童福祉に携わる人たちだけに任せて済む問題ではない。きちんと俯瞰《ふかん》して制度の改善に取り組まなければならないこともあるし、それには施設の外にいる私たちがどこまで彼らと同じような気持ちをもてるかが重要だ。子供のより良い未来を願うなら、一人でも多くの人たちが、当事者として子供たちに関わっていくことが必要不可欠なのだ。

それができた時、日本は誰にとっても希望がもてる国になるに違いない。

・本書は、月刊『潮』二〇一六年五月号から二〇一八年七月号まで二六回にわたって連載した「アナザー・チャイルド——社会から外れた子どもたち」、ならびに関連する記事をベースに加筆・改稿し、単行本化したものです。
・肩書、年齢、統計などは取材当時のものですが、本人や施設が希望した場合は、（仮名）として実名を伏せています。
・少年院等の子供のプライバシーについては、施設と協議の上、事実関係を一部変えている箇所があります。

石井光太（いしい・こうた）

1977 年東京都生まれ。2005 年にアジア諸国の障害者や物乞いをルポした『物乞う仏陀』でデビュー。ノンフィクションを中心に、小説や児童書など幅広く執筆活動を行う。主な著書に『レンタルチャイルド』『遺体』『浮浪児1945-』『「鬼畜」の家』『43 回の殺意』『原爆』などがある。

漂流児童
——福祉施設の最前線をゆく

2018年10月20日　初版発行
2020年10月 1 日　4 刷発行

著　者／石井光太
発行者／南 晋三
発行所／株式会社 潮出版社
〒102-8110
東京都千代田区一番町 6　一番町 SQUARE
電　話／03-3230-0781（編集）
03-3230-0741（営業）
振替口座／00150-5-61090
印刷・製本／株式会社暁印刷

ISBN978-4-267-02150-3 C0095

www.usio.co.jp